Daniela Fürstauer-Schmölzer • Sabrina Staudacher

JÖRG HAIDER

stv

Daniela Fürstauer-Schmölzer,
Sabrina Staudacher

JÖRG HAIDER

VISIONÄR UND POLITISCHER REBELL: SPUREN EINES SYSTEMBRECHERS

„Es gibt keine Alternative zur Freiheit.“
– Jörg Haider

Leopold Stocker Verlag
Graz – Stuttgart

Umschlaggestaltung: DSR – Werbeagentur Rypka, A-8143 Dobl/Graz
Umschlagabb. Vorderseite: roger tillberg / Alamy Stock Photo
Umschlagabb. Rückseite: Daniela Fürstauer-Schmölzer; Sabrina Staudacher

Bibliografische Information der Deutschen Nationalbibliothek
Die Deutsche Nationalbibliothek verzeichnet diese Publikation in der Deutschen Nationalbibliografie; detaillierte bibliografische Daten sind im Internet unter https://www.dnb.de abrufbar.

Hinweis
Dieses Buch wurde auf chlorfrei gebleichtem Papier gedruckt. Die zum Schutz vor Verschmutzung verwendete Einschweißfolie ist aus Polyethylen chlor- und schwefelfrei hergestellt. Diese umweltfreundliche Folie verhält sich grundwasserneutral, ist voll recyclingfähig und verbrennt in Müllverbrennungsanlagen völlig ungiftig.

Auf Wunsch senden wir Ihnen gerne kostenlos unser Verlagsverzeichnis zu:

Leopold Stocker Verlag GmbH
Hofgasse 5 / Postfach 438
A-8011 Graz
Tel.: +43 (0)316/82 16 36
Fax: +43 (0)316/83 56 12
E-Mail: stocker-verlag@stocker-verlag.com
www.stocker-verlag.com

ISBN 978-3-7020-2283-9

Layout: Ecotext-Verlag Mag. G. Schneeweiß-Arnoldstein

Inhalt

Vorwort von Claudia Haider

Bild © Gerhard Faktor

Im Wahlkampf 2008 stand die politische Situation für meinen Mann – wie man so schön sagt – „Spitz auf Knopf". Es entschied sich, ob das neu gegründete BZÖ bei den Wählern den nötigen Rückhalt finden würde. Die Wochen vor der Wahl waren durchgetaktet, ein Termin folgte dem nächsten. Die Stunden, die Tage wurden ausgeweitet, um möglichst viele Wähler anzusprechen. An so einem Tag lief mein Mann gefolgt von einem Sekretär die Stiege in der Landesregierung hinunter in Richtung Auto, das zum nächsten Wahleinsatz fuhr. Eine ältere Dame hielt Jörg auf (damals konnten die Bürger noch ohne Anmeldung in die Landesregierung) und bat: „Herr Landeshauptmann, bitte kommen Sie mit mir ins Krankenhaus. Meinem Mann geht es so schlecht und sein großer Wunsch ist es, Ihnen nochmals die Hand zu schütteln." Und was tat Jörg? Über die Schulter rief er seinem Sekretär zu: „Ich bin in einer Stunde wieder da, verschiebts alle Termine nach hinten", und verschwand mit der Dame. Nach einer Stunde kam er zurück – niemand wusste, wo er gewesen war – und arbeitete weiter seine Termine ab. Im Laufe des Nachmittages schloss der Besuchte für immer die Augen. Ich erfuhr von dieser Geschichte nach dem Tod meines Mannes. Für ihn war dies eine Selbstverständlichkeit gewesen, die keiner weiteren Worte bedurfte. So war er, der Jörg. Ein Mensch.

Claudia Haider

PS: Danke und „Chapeau!" an Daniela und Sabrina, die mit viel Akribie in ihrer Recherche das politische Leben meines Mannes in seiner Ganzheit erfasst und dargestellt haben!

Vorwort von FPÖ-Bundesparteiobmann und Klubobmann Herbert Kickl

Bild: © Freiheitliche Partei Österreichs

So wie ein Stein, der ins Wasser geworfen wird und Wellen schlägt, formte Jörg Haider die Politik und brachte dabei Dinge in Gang, die so weite Kreise zogen, dass sie uns bis heute beschäftigen. Bereits im Jahr 1992 sprach Jörg Haider mit dem Volksbegehren „Österreich zuerst" als Erster und Einziger offen an, was viele im Verborgenen bereits beunruhigte, aber vom politischen Mainstream ignoriert und von den linken Systemmedien tabuisiert wurde: die enormen Herausforderungen und großen Probleme, die illegale Zuwanderung und Massenmigration mit sich bringen, und die daraus resultierenden negativen Folgen für die Bevölkerung, ihre Heimat und die Gesellschaft. Hätte man damals auf ihn gehört, wäre uns vieles davon erspart geblieben, was uns heute, mehr als 30 Jahre später, massiv belastet und mit allen zur Verfügung stehenden Mitteln gestoppt und gelöst werden muss: massive Flüchtlingswellen, die zunehmende Islamisierung und Überfremdung Österreichs, Terror durch radikal-islamistische Gruppen oder Bandenkriege zwischen Flüchtlingsclans aus unterschiedlichen Herkunftsländern. Jörg Haider war ein Visionär, der wie viele andere Visionäre zu Lebzeiten oft nicht verstanden wurde, weil er seiner Zeit weit voraus war.

Jörg Haider war auch derjenige, der den rot-schwarzen Proporz aufbrach und gegen die Aufteilung des Landes zwischen SPÖ und ÖVP kämpfte, wo nicht Leistung zählte, sondern Parteibuchwirtschaft dominierte. Dieser Kampf muss heute in neuer, anderer Form weitergeführt werden, um uns alle vor einer

Kanzlerschaft von Schwarz und Rot mit den Grünen oder NEOS als billigen Steigbügelhaltern zu bewahren.

Gleichzeitig war Haider ein echter Österreicher, der ein feines Gespür dafür hatte, was die Menschen beschäftigt und bewegt, wo sie der Schuh drückt, was Angst und Sorge bereitet und was sie sich von der Politik erwarten. Haider setzte sich stets für soziale Gerechtigkeit ein, weil ihm bewusst war, dass es den Menschen nicht nur um wirtschaftliche, sondern auch um gesellschaftliche Sicherheit und Fairness geht. Nicht umsonst ist der Ausspruch, Jörg Haider habe als Landeshauptmann mindestens jedem Kärntner einmal die Hand geschüttelt, längst zu einem geflügelten Wort geworden.

Er verstand es wie kein anderer, diesen direkten Kontakt mit der Bevölkerung in konkrete, sozial geleitete Politik umzusetzen. Jörg Haider war kein „Landesfürst" wie seine sozialistischen Vorgänger in diesem Amt, Haider war ein „Volkslandeshauptmann". In dieser Rolle dient er der freiheitlichen Bewegung von heute als Vorbild dafür, dass die Politik wieder für das Volk gemacht wird. Haider zeigte, dass wahre politische Führung darin besteht, den Willen und die Bedürfnisse der Menschen in den Mittelpunkt zu stellen.

Vorwort von FPÖ-Landesparteiobmann Erwin Angerer

Bild: © Sabrina Staudacher

Wie für viele andere war Jörg Haider auch für mich ein wesentlicher Grund, sich aktiv bei der Freiheitlichen Partei zu engagieren. Er war derjenige, der den in Österreich etablierten sogenannten Proporz, ein System der politischen Vereinnahmung der öffentlichen Verwaltung oder von staatsnahen Unternehmen durch SPÖ und ÖVP, angegriffen und aufgebrochen hat. Denn zu jener Zeit war nicht die Qualifikation dafür maßgebend, ob man einen Job in diesen Bereichen bekommen hat, sondern ausschließlich das „richtige Parteibuch" zählte.

Seine Art Politik zu machen, einer Partei vorzustehen und konsequent einen Weg zum Wohle der Bürger – egal welcher politischen Einstellung – und eines Landes zu verfolgen, haben mich bewogen, ihn dabei zu unterstützen. Dass ich mich ab Beginn der 1990er-Jahre für Politik zu engagieren begonnen habe, ist den Visionen und der Überzeugungskraft Jörg Haiders zu verdanken. Nun bin ich seit mittlerweile mehr als 20 Jahren Bürgermeister in meiner Heimatgemeinde Mühldorf und kann sagen, dass viele meiner Entscheidungen und Handlungen noch immer auf einigen Grundsätzen, denen sich Jörg Haider verpflichtet sah, beruhen. Dazu gehört, lernfähig zu sein, Verantwortung zu übernehmen und sich Zukunftsfragen zu stellen.

Jörg Haider war unumstritten ein Visionär und bei vielen Themen seiner Zeit voraus. Mit seinem Einsatz für unser Land und die Menschen, seinen neuen, aber auch teilweise heftig umstrittenen Ideen, wie dem Müttergeld, dem Teuerungsausgleich, der Einführung des Kinderschecks oder der ersten Vision eines Gratiskindergartens, sowie seinen Anstößen einer zukunftsweisenden Bildungs-

und Wirtschaftsentwicklung, wie der „Lehre mit Matura" und dem Aufbau der Fachhochschulen, oder Projekten für Kärnten, wie dem Lakeside & Technologie Park Klagenfurt, dem Technologiepark Villach, Forschungszentren wie dem CTR oder der Koralmbahn, internationalen Betriebsansiedlungen wie Infineon oder Mahle, hat er Spuren hinterlassen, die in Kärnten noch lange nachwirken werden und die man noch lange sehen wird.

Fast bei jeder Begegnung mit Bürgern werde ich auf unseren ehemaligen Landeshauptmann Jörg Haider angesprochen. Er war eine beeindruckende Persönlichkeit, die es wie kein anderer verstanden hat, Menschen zu bewegen, sie abzuholen, wo sie Probleme hatten, und eine Lösung dafür zu finden. Ich glaube, es gibt kaum jemanden in Kärnten, der Jörg Haider einmal begegnet ist und sich nicht daran erinnert, denn er hat Eindruck hinterlassen.

Er war mit Sicherheit eine Ausnahmeerscheinung, aber natürlich – wie wir alle – auch nicht fehlerfrei. Trotzdem sprechen seine Erfolge, die er in Kärnten und Österreich verbuchen konnte, für sich. Er ist immer eine bodenständige Person geblieben und hatte trotz aller Höhen und Tiefen seiner politischen Karriere stets ein offenes Ohr für die Menschen im Land und hat sich wirklich für sie eingesetzt. Das hat ihn ausgezeichnet, und das haben die Menschen gespürt, weshalb ihn auch heute viele noch so positiv in Erinnerung haben.

Tatsache ist: Unser Land könnte ihn auch heute sehr gut gebrauchen. Er fehlt.

Jörg Haider.
Eine journalistische Reflexion von Willy Mitsche

Mit Jörg Haider verband mich seit Beginn meiner journalistischen Tätigkeit eine Art politisch-mediale Symbiose. Bereits in meiner Studentenzeit an der Wiener Universität war er mir ein Begriff. Unsere beruflichen Wege kreuzten sich aber erst 1976 in Kärnten. Jörg Haider wurde FPÖ-Landesparteisekretär, ich im Herbst desselben Jahres nach fünfjähriger Zeit als Freier Mitarbeiter angestellter Redakteursaspirant im ORF Kärnten. Es war die Zeit, in der die SPÖ dominierte und mit absoluter Mehrheit regierte, sowohl im Bund als auch in Kärnten.

Die Kärntner Landesregierung war damals, wie die meisten Landesregierungen in Österreich, nach dem Proporzsystem besetzt. Bei der Landtagswahl 1975 konnte die FPÖ den 1970 verlorenen Regierungssitz mit ihrem neuen Spitzenkandidaten Mario Ferrari-Brunnenfeld wieder zurückgewinnen. Das Stärkeverhältnis im Kärntner Landtag – SPÖ 20, ÖVP 12, FPÖ 4 – blieb bei drei Landtagswahlen (1970, 1975, 1979) unverändert, weil nach dem monarchistischen Prinzip *Divide et impera*, also „Teile und herrsche", regiert wurde. Mit anderen Worten: Jede im Landtag vertretene Partei bekam einen ihrer Stärke entsprechenden Verantwortungsbereich übertragen. Damals war jede im Landtag vertretene Partei auch Teil der sieben Personen umfassenden Landesregierung, aber die meisten wichtigen landespolitischen Themen wurden von der SPÖ gesetzt. ÖVP und FPÖ durften in ihren Ressorts ein paar Akzente setzen, wenn sie damit nicht die SPÖ-Politik konterkarierten, denn sie benötigten dafür die Zustimmung der SPÖ.

Die SPÖ stellte den Landeshauptmann, den ersten Landeshauptmannstellvertreter und zwei weitere Landesräte. Die ÖVP konnte den zweiten Landeshauptmannstellvertreter und einen Landesrat nominieren, der FPÖ blieb ein

Landesrat. Die attraktiven Ressorts wie Finanzen, Wohnbauförderung, Schulen, Soziales, Krankenanstalten, Verkehr etc. waren „selbstverständlich" in der Kompetenz der SPÖ. Die ÖVP war für Straßenbau und Landwirtschaft zuständig, die FPÖ für Gewerbe und Tourismus, allerdings mit eingeschränkten Kompetenzen, weil auch Gemeinden und Regionalverbände für den Fremdenverkehr zuständig waren. Die SPÖ mit ihrer absoluten Mehrheit im Landtag und in der Landesregierung konnte nach Belieben schalten und walten. ÖVP und FPÖ konnten ihre Anliegen nur mit Unterstützung der SPÖ verwirklichen. Die klassisch demokratische Rollenverteilung Opposition versus Regierung gab es in Kärnten damals nicht. Daher ist es auch nicht verwunderlich, dass die meisten Beschlüsse einstimmig gefasst wurden. Es gab so gut wie keine Kritik, lediglich im Wahlkampf wurde versucht, die unterschiedlichen Positionen der Parteien zu den damals diskutierten Fragen hervorzuheben.

Erst mit der Kandidatur Jörg Haiders bei der Landtagswahl 1984 kam ein bisschen Bewegung in die bis dahin ziemlich starren politischen Fronten. Haider gewann ein Mandat von der ÖVP, die SPÖ konnte ihre absolute Mehrheit mit 20 Abgeordneten halten.

Das Ergebnis freute auch die SPÖ, weil sie der Meinung war, Haider werde mit seinen politischen Inhalten nur im „ÖVP-Revier" erfolgreich sein, was zu einer weiteren Teilung des „bürgerlichen Lagers" führen würde. Und das sei im Interesse der SPÖ, wie mir damals seitens der SPÖ-Granden gesagt wurde. Das war ein Trugschluss, wie das Ergebnis der Landtagswahl 1989 gezeigt hat. Es war ein Triumph *par excellence* für Jörg Haider! Ein politischer Erdrutsch. Eine oft strapazierte Metapher, aber diesmal traf sie den Nagel auf den Kopf. Der Stimmenanteil der Freiheitlichen wurde mit einem Schlag mehr als verdoppelt, von fünf Mandataren im Landtag auf elf, je drei Mandate gewann Haider von SPÖ und ÖVP dazu. Zusammen mit der drittstärksten ÖVP und ihren acht Abgeordneten war damit eine Wahl Haiders zum Landeshauptmann möglich geworden. Mit 19:17 knapp, aber doch. Bis dahin war es aber noch ein weiter Weg, denn die Variante einer Koalitionsbildung im Kontext einer nach wie vor in der Landesverfassung verankerten Konzentrationsregierung war auf Landesebene ein völlig politisches Neuland. Erschwert wurde dieser Plan, weil die SPÖ mit vier von sieben Mitgliedern in der Landesregierung weiterhin über die absolute Mehrheit verfügte. Im Plenum des Landtages habe ich in meinen Anfangsjahren als ORF-Reporter keine harten politischen Auseinandersetzungen erlebt, wenn, dann waren es „Scheingefechte für die Öffentlichkeit, damit ihr was zu berichten habt", wie mir ein damaliger Abgeordneter sagte. Im Buffet des Landhauses wurden die vermeintlichen politischen Kontroversen bei einem Gläschen Wein amikal gelöst. In einem solchen politischen Biotop war es für die Gegner der SPÖ im Landtag und der Landesregierung schwierig, ein eigenes Profil zu entwickeln, falls sie es überhaupt wollten, zumal bei unbotmäßigem Verhalten der Landeshauptmann mit Kompetenzentzug oder Kompetenzverschiebung drohte.

Jörg Haider ließ sich in seiner Zeit als Landesrat nicht von solchen Drohungen einschüchtern. Er ließ sich auch nicht in diese Struktur implementieren, weil er ja das existierende System ändern wollte. Prompt wurde er mit einem Referatstausch „bestraft". Statt für Gewerbe und Tourismus, wie sein parteipolitischer Vorgänger Ferrari-Brunnenfeld, war er plötzlich für den unpopulären Straßenbau zuständig. Für einen *Homo politicus* wie Jörg Haider war aber diese „Strafmaßnahme" der SPÖ kein relevantes Hindernis, um politisch weiterhin erfolgreich tätig sein zu können.

Auch für politisch unabhängige Journalistinnen und Journalisten war es mitunter schwierig, die notwendige kritische Distanz zu wahren. Als junger Reporter wurde ich einmal von einem SPÖ-Abgeordneten vor Beginn eines Interviews mit der für mich überraschenden Frage konfrontiert: „Bist einer von uns oder vom politischen Gegner?" Als ich ihm antwortete, dass ich keiner Partei angehörte, reagierte er mit einem verächtlichen Unterton: „Also so ein Nullerl!" Auch der damalige Kärntner Landeshauptmann Wagner hatte eine eigenartige Auffassung von unabhängigem und objektivem Journalismus. Mehrmals hatte er mir eine SPÖ-Mitgliedschaft mit den Worten „empfohlen": „Junge, wenn du nicht zur Partei gehst, wirst du nichts in diesem Land, schade um dich!" Er duzte mich, so wie er es als Lehrer gewohnt war, ich ihn nicht. Von einigen Kollegen, die damals im ORF angestellt wurden, weiß ich, dass sie auch der SPÖ beigetreten sind. Nicht alle aus politischer Überzeugung, wie mir gesagt wurde. Nach meinem journalistischen Verständnis kam ein Parteieintritt, egal in welche Partei, nicht infrage, dafür nahm ich in den Anfangsjahren auch finanzielle Nachteile und drei befristete Arbeitsverträge in Kauf. Mir war es wichtig, im ORF einen freien, unabhängigen und objektiven Journalismus nach bestem Wissen und Gewissen praktizieren zu können, so wie es uns Professor Paupié an der Universität in Wien gelehrt hat. Sein Leitmotto: „Der gute Journalist macht sich mit keiner Sache gemein, auch nicht mit der guten", wurde zu meinem persönlichen Credo. Nach diesem Verständnis war daher ein Parteibuch nicht kompatibel mit meinem journalistischen Anspruch.

Heute, fast ein halbes Jahrhundert später, kann ich schon nachvollziehen, dass eine solche Denkungsart bei den politischen Machthabern der 1970er- und 1980er-Jahre Unverständnis und Skepsis ausgelöst hat, weil sie mit aller Kraft verhindern wollten, dass sich die Konstanten im fein austarierten politischen Biotop zu lockern beginnen. Der Ordnung halber sei erwähnt, dass dies kein Kärntner oder SPÖ-Spezifikum war; auch in anderen Parteien und auch auf Bundesebene wurden Journalisten scharf attackiert, die kritische Berichte verfassten oder nur kritische Fragen stellten. Auch in diesem Punkt kann ich mit einem persönlich erlebten Beispiel dienen: Vizekanzler Norbert Steger hat 1983 in ein Interview, das ich mit Jörg Haider nach einer langen FPÖ-Vorstandssitzung am Ossiacher See führte, eingegriffen und wollte mir das Mikrofon entreißen, weil ihm die Fragen nicht gefielen. Er hat mir deswegen vor laufender Kamera mit Konsequenzen gedroht. Ein einmaliger Vorfall in der journalistischen Geschichte Österreichs, der damals von allen relevanten Stellen scharf verurteilt wurde. In dieser Szene hat sich für mich der qualitative Unterschied zwischen Haider und Steger als Politiker manifestiert: Haider ruhig und gelassen, Steger als am Interview Unbeteiligter hypernervös und aggressiv. Mit diesem Verhalten hat sich der Vizekanzler meiner Meinung nach als Spitzenpolitiker disqualifiziert. In einigen österreichischen Zeitungen war dieser Eklat am nächsten Tag der Aufmacher auf Seite 1.

In seinen politischen Anfangsjahren zeigte sich auch, wie gut Haider die Medienklaviatur beherrschte. Auf kritische Berichte reagierte er ohne Groll und Bitterkeit. Dazu wieder ein Beispiel, bei dem ich selbst dabei war: Nach einer Pressekonferenz in Pörtschach, die Haider als Landesrat gab, saßen er, der Chefredakteur der sozialistischen „Kärntner Tageszeitung" und ich noch eine Weile bei einem Kaffee und diskutierten über Gott und die politische Welt. Bei dieser Plauderei hat sich Ernst Primosch für seine nahezu tägliche Kritik an Haiders Politik in der „KTZ" quasi entschuldigt: „Nimm das nicht persönlich, Jörg, aber der Poldi [Wagner] will das", sagte Primosch. Darauf Haider mit einem verschmitzten Lächeln: „Neste, es ist mir egal, was du über mich schreibst, Hauptsache, ich komme in der ‚KTZ' vor!" Später, in der Zeit als Landeshauptmann, soll diese Gelassenheit Haiders gegenüber kritischen Berichten in den Medien nachgelassen haben.

Möglicherweise ist die Position des Landeshauptmannes mit einer Aura umgeben, die die Kritikfähigkeit stark reduziert und die Meinungspluralität in der Bevölkerung nicht mehr wahrnimmt. Ich habe Hans Sima in seiner Endphase als Landeshauptmann als autoritären Machthaber erlebt, und sein Nachfolger Leopold Wagner agierte offensichtlich nach dem gleichen Strickmuster. Wagner lernte das politische Handwerk als SPÖ-Landesparteisekretär unter Sima.

Kritische Journalisten wurden entweder öffentlich abgekanzelt oder bei Parteiveranstaltungen ausgesperrt, wie ich das bei der SPÖ-Konferenz im Oktober 1972 in Völkermarkt selbst erlebt habe. Am Höhepunkt des „Ortstafelsturms" in Kärnten lud die SPÖ ihre Gemeindefunktionäre zu einer Konferenz ein, um sie von der Notwendigkeit der zweisprachigen Ortstafeln in mehreren Gemeinden Südkärntens zu überzeugen. Zur Konferenz in der Neuen Burg wurden die Journalisten der SPÖ-eigenen „Kärntner Tageszeitung" und des ORF sowie der Chefredakteur der „Kleinen Zeitung" zugelassen, nicht aber der Vertreter des ÖVP-Mediums „Volkszeitung", weil es sich um eine SPÖ-interne Konferenz handelte, wie argumentiert wurde. Ich war Assistent von Peter Pirker, der den Bericht für die „Zeit im Bild" gestaltete, und ich durfte dann den Artikel über die Veranstaltung für die „Volkszeitung" verfassen, was mich freute, weil ich dafür 150 Schilling bekam.

Am Beginn der Konferenz war ich im Saal dabei, wie Sima vom Rednerpult aus den Chefredakteur der „Kleinen Zeitung" wegen seiner kritischen Berichterstattung über die mangelnde Information der Bevölkerung zur Aufstellung zweisprachiger Ortstafeln scharf kritisierte. Heinz Stritzl wollte seine Sicht erläutern – ihm wurde diese Möglichkeit verweigert. Ich als angehender Journalist war perplex und schockiert ob dieses Eklats, denn solche Praktiken kannte ich nur aus Büchern über totalitäre Staaten. Das war eines Landeshauptmannes absolut unwürdig und würde heute vermutlich zum sofortigen Rücktritt führen. Damals, im Herbst 1972, war die Stimmung in Südkärnten sehr aufgeladen, was wohl auch daran lag, dass die Bevölkerung in den betroffenen Orten in den Entscheidungsprozess überhaupt nicht eingebunden worden war. Am Ende der Veranstaltung wurden Hans Sima und seine Gattin auf dem Völkermarkter Hauptplatz vor dem Einsteigen in das Dienstauto mit faulen Eiern beworfen.

Der große Unmut der Bevölkerung zeigte sich dann auch bei den Kärntner Gemeinderatswahlen im Frühjahr 1973. Die SPÖ erlitt in vielen Gemeinden schwere Verluste. Mehrere Bürgermeister der SPÖ verloren ihre Funktion, in Klagenfurt wurde Leopold Guggenberger von der ÖVP in einer Koalition mit der FPÖ zum neuen Stadtoberhaupt gewählt, *vice versa* wurde in Graz der FPÖ-Kandidat Alexander Götz mithilfe der ÖVP Bürgermeister.

Beim SPÖ-Landesparteitag im Frühjahr 1973 wurde Sima als SPÖ-Landesvorsitzender abgewählt, Leopold Wagner wurde sein Nachfolger als Parteichef. Sima blieb zunächst Landeshauptmann. Ein Jahr später musste er nach schweren innerparteilichen Auseinandersetzungen mit der neuen SPÖ-Spitze erkennen, dass seine Zeit als Landeshauptmann abgelaufen war, und er trat verbittert zurück. In der Ära Leopold Wagners war Hans Sima in der SPÖ eine *Persona non grata*. Ihr Verhältnis blieb bis ans Ende ihrer Tage tief zerrüttet, ohne Chance auf Versöhnung. Sima sagte mir zu dieser Frage in einem Interview, das ich mit ihm anlässlich seines 80. Geburtstages in seinem Haus in Dellach am Wörther See führte: „Wenn das mit der Versöhnung ehrlich gemeint ist, dann erwarte ich mir eine öffentliche Würdigung meiner politischen Leistungen, und zwar in der Form, dass eine Straße oder ein Platz nach mir benannt wird." Dazu ist es bis heute nicht gekommen.

Hans Sima war 1974 weg, aber sein autoritärer Stil wurde von Leopold Wagner nahtlos übernommen und galt innerhalb der SPÖ weiterhin als eine Art Maßstab für alle öffentlichen und halb öffentlichen Bereiche im Land. Der parteipolitische Nepotismus sozialistischer Prägung war in manchen Bereichen so dominant, dass sogar Lehrer und Lehrerinnen sowie Sekretärinnen vor Dienstantritt den Parteieintritt unterschreiben mussten, um den Job zu bekommen. Die Schuldirektoren und leitenden Beamten wurden ohnehin nach einem strengen Proporzsystem besetzt.

Trauriger Tiefpunkt dieses für mich manisch wirkenden „Parteibuchdiktates" war das Attentat auf Leopold Wagner durch seinen ehemaligen Schulfreund Franz Rieser bei der 50-Jahr-Maturafeier im Restaurant „Volkskeller" in Klagenfurt im Oktober 1987. Rieser schoss auf Wagner, weil er nicht Schuldirektor geworden war. Ein solcher feiger Gewaltakt ist natürlich niemals gerechtfertigt, aber der lang geplante und gezielt verübte Anschlag hat gezeigt, dass der höchste Repräsentant Kärntens den latent spürbaren Unmut in weiten Teilen der Bevölkerung über diesen *De-facto*-Parteibuchzwang bei Wohnungs- oder

Jobvergaben im öffentlichen Bereich nicht mehr vernommen hat. Im Geschworenenprozess listete Franz Rieser penibel auf, warum er den ersehnten Job nicht erhalten hatte. Es sei nicht die mangelnde Qualifikation, sondern ausschließlich seine fehlende Bereitschaft, der SPÖ beizutreten, dafür ausschlaggebend gewesen. Wagner habe ihm das auch unverblümt so gesagt, was ihn sehr gekränkt habe. Die Geschworenen sind offenbar dieser Version gefolgt und haben nach Meinung vieler Juristen ein sehr mildes Urteil für dieses schwere Verbrechen gefällt: drei Jahre Haft.

Leopold Wagner, dessen Leben beim Mordversuch nach eigenen Aussagen an dem sprichwörtlich seidenen Faden hing, hat sich nach einem längeren Aufenthalt im Krankenhaus noch ein paar Monate daheim erholt und kehrte dann für eine kurze Zeit in die Funktion als Landeshauptmann zurück, ehe er im September 1988 die politische Bühne endgültig verließ und das Zepter an Peter Ambrozy übergab.

Ich durfte den rekonvaleszenten Landeshauptmann noch im Krankenhaus interviewen, allerdings nur für das Radio. Das Kamerateam musste vor dem Krankenzimmer bleiben: „Die Leute wollen einen starken Landeshauptmann sehen und keinen daniederliegenden", sagte mir Wagner. Für den Report im ORF-Fernsehen konnte ich ihn erst ein paar Wochen später daheim befragen. Dabei habe ich den Eindruck gewonnen, dass das milde Gerichtsurteil den Menschen Wagner stärker getroffen hatte als der verabscheuungswürdige Anschlag. Mir saß ein Landeshauptmann gegenüber, der geplagt war von großen Selbstzweifeln, die ich in dieser Dimension von ihm nie gehört hatte, und der seine Entscheidungen einer kritischen Reflexion unterzogen hatte. Die einstige Hybris der Macht war verflogen.

Die sozialistische Nomenklatura hat diesen immer größer werdenden Ärger auf die „Parteibuchwirtschaft" völlig unterschätzt – offensichtlich, weil ihre Spitzenfunktionäre ihr Ohr nicht mehr an der Basis hatten. Es entstand eine Art politisches Vakuum, das Jörg Haider mit seinem immensen Fleiß, seinem politischen Instinkt, seinem herausragenden Charisma und seinem phänomenalen Personengedächtnis zu füllen wusste. Jörg Haider war permanent in Kärnten unterwegs, tingelte von einem Kirchtag zur nächsten Diskothek und hörte sich die Sorgen und Nöte der Menschen an. In den Gesprächen, die oft in weinseliger Laune stattfanden, wurde die in den Köpfen vieler Menschen verankerte hierarchische Rangordnung aufgehoben. Eine neue Form der Kommunikation zwischen dem Repräsentanten der vermeintlichen oder tatsächlichen Macht und dem gemeinen Volk entstand. Das devote „Sie" wurde durch das amikale „Du" ersetzt. Statt der Anreden „Frau" und „Herr" wurden „Jörg" und der Vorname des Gegenübers verwendet. Damit wurde eine Nähe auf der persönlichen Ebene signalisiert und wurden hierarchische Unterschiede eingeebnet, weil die Gespräche auf der sprichwörtlichen Augenhöhe stattfanden. Seine Lockerheit im Umgang mit Menschen und sein für damalige Politiker ungewöhnliches Outfit (Haider war meist in Jeans unterwegs) blieben haften. Den jungen Leuten imponierte dieser legere Umgang.

Das war damals in den 1970er- und 1980er-Jahren alles andere als selbstverständlich. Ein völlig neuer und unkonventioneller Stil im Umgang mit Politikern war damit geprägt. Davor war eine solche Kommunikation, wenn überhaupt, dann nur innerhalb derselben parteipolitischen Kaste möglich, also nur unter Parteifreunden bzw. Genossen. Jörg Haiders Verständnis von Politik stand in einem diametralen Gegensatz zur damaligen Praxis der Politiker. So entstanden neue freundschaftsähnliche Beziehungen abseits parteipolitischer Grenzlinien. „Der Jörg", wie es allgemein hieß, war mit halb Kärnten per Du. Neben einem fulminanten Namensgedächtnis half ihm sein fein austariertes Sensorium, die Stimmung im Land richtig einzuordnen und die Themen zu priorisieren, die die Menschen bewegten. Dazu gehörten die Jobs im öffentlichen und halb öffentlichen Bereich sowie die Vergabe von gemeinnützigen Wohnungen.

Dabei spürte er den Frust und die starke Aversion der Bevölkerung über diesen „Zwang zum SPÖ-Parteibuch". Viele waren mit diesen Auswüchsen nicht einverstanden, aber trauten sich nicht, ihre Kritik öffentlich zu artikulieren, weil sie Konsequenzen befürchteten. Öffentliche Kritik an den Herrschenden war verpönt und galt als „Majestätsbeleidigung". Die meisten Menschen wollten aber keine Bevormundung durch die Machthaber mehr.

In den zahlreichen Gesprächen mit der Bevölkerung hat Haider das sofort erkannt und dieses Thema neben der finanziellen Pleite des Zellstoffwerkes St. Magdalen zum Wahlkampfschlager gemacht. „ER" (Wahlslogan) sprühte vor Ideen und beschritt völlig unkonventionelle Wege in der Politik. Sein neuer politischer Stil war populär. Die alten politischen Muster wurden Makulatur. Der Vorname Jörg avancierte zum Wahlprogramm und zur Trademark der FPÖ abseits parteipolitischer Schablonen oder fester Ideologien.

Die SPÖ-Oberen standen diesem neuen, von Jörg Haider geprägten Stil ziemlich hilf- und ideenlos gegenüber. Man versuchte, Druck auf einzelne Institutionen wie beispielsweise den ORF auszuüben (selbst erlebt: „der Druck muss gespürt werden"). Haiders politische Ideen (Koralmtunnel, Lakesidepark etc.) wurden von seinen Gegnern *a priori* scharf kritisiert, ohne dass diese sich einer inhaltlichen Diskussion gestellt hätten. Er dürfe keinen Erfolg haben, wurde als Devise ausgegeben, aber je mehr versucht wurde, Haider zu dämonisieren, desto stärker schlug das Stimmungsbarometer zu seinen Gunsten aus. Dieses politische Umfeld muss hier skizziert werden, um verstehen zu können, wie Jörg Haider innerhalb von nur sechs Jahren ein Land wie Kärnten, das zu den SPÖ-Kerngebieten in Österreich gehörte, politisch „drehen" konnte.

Jörg Haider war aber nicht nur in der vertrauten, privaten Atmosphäre ein aufmerksamer Zuhörer für die Anliegen seiner Gesprächspartner, sondern auch ein exzellenter Rhetoriker bei öffentlichen Veranstaltungen und ein begnadeter Kommunikator in den Medien. Vor allem seine Auftritte im Fernsehen konnten sich im wahrsten Sinne des Wortes sehen lassen. Seine politischen Gegner in Kärnten konnten auf diesem Terrain nicht mit ihm mithalten. Ich bin der Meinung, dass die SPÖ bei der Landtagswahl 1989 ihr 18. Mandat auch aufgrund der schwächeren TV-Präsenz ihres Spitzenkandidaten verloren hat. Mit der im Mai 1988 eingeführten regionalen Fernsehsendung „Kärnten heute" wurde der ORF zum unfreiwilligen Wahlhelfer Haiders, weil von allen Kandidaten er diese Bühne am besten für sich nutzen konnte.

Damit wurde das damals schier Unmögliche in Kärnten Realität: Die SPÖ verlor 1989 die absolute Mehrheit und damit erstmals auch den Landeshauptmann.

Durch den Verlust der absoluten SPÖ-Mehrheit im Landtag entstand die Möglichkeit, Jörg Haider zum Kärntner Landeshauptmann zu wählen, auch wenn die damalige politische Konstellation im Landtag und in der Landesregierung für ihn alles andere als leicht war: In der Landesregierung hatte die SPÖ mit vier Mitgliedern weiterhin die absolute Mehrheit; Haider war allein, weil er den zweiten der FPÖ zustehenden Regierungssitz an den Koalitionspartner ÖVP abtrat. Im Landtag hatte die FPÖ-ÖVP-Koalition mit 19 Sitzen gegen 17 SPÖ-Mandate eine ganz knappe Mehrheit. Situationen, die vielen aussichtslos schienen, haben Haider immer gereizt. Er konnte auch sehr resolut sein, wenn es um die Umsetzung eines Themas ging, von dessen Richtigkeit er überzeugt war. Da setzte er alles in Bewegung, da reagierte er oft energisch auf mediale Kritik.

Trotz dieser schwierigen politischen Bedingungen verstand es Jörg Haider, seine Beliebtheit in der Bevölkerung zu steigern, was zunächst Umfragen signalisierten und später Wahlergebnisse bestätigten.

Haider war erfolgreich, auch weil er zu seinem Wort stand. Dazu wieder ein persönliches Beispiel: Als im Jahr 2002 die ORF-Direktoren bestellt werden mussten, wurde mir im Vorfeld der Bewerbung von den Kollegen der „Zeit im Bild" signalisiert, dass die Entscheidung für den Kärntner ORF-Direktor *de facto* schon gefallen sei. Der Posten sollte mit dem Redakteur Walter Seledec, einem deklarierten Freiheitlichen, besetzt werden. Dazu muss man wissen, dass die ORF-Direktoren vom Stiftungsrat auf Vorschlag des Generaldirektors gewählt werden. Bei den Landesdirektoren hat der Landeshauptmann laut Gesetz ein Anhörungsrecht, was in der Praxis in den meisten Fällen einer Akkordierung entspricht. In dieser Phase der Bewerbungsfrist habe ich nach einem Interview den Landeshauptmann darauf angesprochen und ihm gesagt, was mir aus der Wiener ORF-Zentrale zugetragen worden war. Darauf sagte Haider: „Ich kämpfe doch nicht seit Jahren gegen die Parteibuchwirtschaft im öffentlichen und halb öffentlichen Bereich, um bei der ersten sich bietenden Gelegenheit diese Linie zu konterkarieren. Sicher nicht. Bewirb dich." Das habe ich getan, der Rest ist bekannt.

Auch im Amt der Landesregierung, in den Landesspitälern und bei der Kelag erfolgte die Postenvergabe nach einem Objektivierungsverfahren. Nicht Parteibuch, sondern fachliche und soziale Kompetenz sowie Leistungsbereitschaft waren bei Postenbesetzungen entscheidend. Freilich waren Haiders Kritiker mit dem Objektivierungsmodell bei der Postenvergabe nicht einverstanden und monierten die eine oder andere Schwachstelle, die es gegeben haben mag.

Das war dennoch ein Paradigmenwechsel in der Kärntner Politik. Ein fundamentaler Unterschied zur früheren Praxis. Darüber waren auch einige FPÖ-Mitglieder verärgert, wie mir ein Betroffener einmal klagte: „Früher konnten wir Freiheitlichen nichts werden in Kärnten, jetzt dürfen wir nicht." Diese Verärgerung seiner Parteifreunde nahm Jörg Haider in Kauf. Sein Versprechen, gegen die Parteibuchwirtschaft zu kämpfen, war ihm zu wichtig, als dass er sein den Kärntner Wählerinnen und Wählern gegebenes Wort hätte brechen können.

Jörg Haider hatte viele Facetten, er polarisierte stark und war immer für politische Überraschungen gut, wie zum Beispiel, als er persönlich die Gelder für Bedürftige auszahlte. Dafür wurde er von seinen Kritikern scharf attackiert, von Feudalismus war die Rede, aber die betroffenen Menschen freuten sich und dankten es ihm. Damit hatte er einen beispiellosen politischen Erfolg.

Willy Mitsche
(ehem. ORF-Hörfunkdirektor)

Jörg Haiders freiheitliche Politik

Jörg Haider – ein Name, der polarisiert und fasziniert. Seine Persönlichkeit und seine politischen Überzeugungen waren geprägt von Leidenschaft und Vielfalt. Ihn in eine ideologische Schublade einzuordnen ist kaum möglich. Er engagierte sich für soziale Belange, vertrat wirtschaftsliberale Ansichten, setzte sich für eine intakte Umwelt ein, kämpfte gegen Privilegien und Günstlingswirtschaft, erteilte als einer der Ersten der ungezügelten Zuwanderungspolitik eine Abfuhr und warnte vor den Auswirkungen einer Europäischen Gemeinschaft, in der nur die Großen das Sagen hätten.

Dieses einleitende Kapitel versucht, die Grundsätze von Jörg Haiders Politik in Bezug auf einige ausgewählte Bereiche darzulegen. Unverkennbar ist dabei, dass Haider davon angetrieben war, etwas zu verändern. Stillstand, Nichtstun, die Dinge sich selbst überlassen – all dies mag auf viele Politiker bzw. Regierungen zutreffen, auf Jörg Haider jedoch nicht. In seinem Wunsch, Reformen und Innovationen herbeizuführen, schoss er für manche übers Ziel hinaus. Sein Politstil wurde daher gern als populistisch gewertet; tatsächlich nutzte er die mediale Berichterstattung jedoch wie kein anderer und gab vielfach die Themen vor. Damit gelang es ihm, den öffentlichen Diskurs für Bereiche zu öffnen, die ansonsten kaum Beachtung fanden. Die ehemalige „KTZ"-Chefredakteurin Claudia Grabner schrieb am Tag nach seinem Tod: „Der Mensch Jörg Haider. Der Politiker Jörg Haider. Zwei Seelen. Ein Herz. Und eine Leidenschaft. Es war diese Leidenschaft, die Respekt abverlangt. Es war ebendiese Leidenschaft, die Entsetzen lostrat. Jörg Haider – charismatisch, ambivalent. [...] Jörg Haider war aber auch eines – ein Mensch mit Format. Charakter. Alles Begriffe, um die man nicht umhinkommt beim Versuch der Beschreibung seiner Person, zum Trotz" (Grabner, 2008, S. 3).

Wenn Weggefährten, politische Begleiter oder Personen, die sein Leben gestreift oder beobachtet haben, Jörg Haider beschreiben, geschieht dies sehr pointiert. „Der Jörgl war Reformer", sagte Herbert Haupt (Haupt, 2024), er sei „Polit-Theologe" gewesen, meinte Gerald Grosz (Grosz, 2024), „er war eine Ausnahmepersönlichkeit, also sein Charisma, vor allen Dingen seine soziale Intelligenz", betonte Heinz-Christian Strache (Strache, 2024), „ein unglaublich einzigartiger Mensch insofern, weil er so viele positive Komponenten hatte", so Peter Westenthaler (Westenthaler, 2024), und „er blieb ein Unvollendeter", schrieb Erwin Zankel in der „Kleinen Zeitung" (Zankel, 2008, S. 6 f.). Dem kann man wohl zustimmen. Wenn Jörg Haiders Werk, seine Taten, sein politisches

Wirken und sein Vermächtnis eines waren, dann unvollendet. Mit der Gründung des BZÖ 2006 und dem Ergebnis der Nationalratswahl am 28. September 2008, knapp zwei Wochen vor seinem Tod, mit dem das BZÖ seinen Stimmenanteil von 4,1 Prozent 2006 auf 10,7 Prozent fast verdreifachen konnte, war das letzte Kapitel seines Lebens für ihn noch nicht zu Ende geschrieben. Sein großes Ziel, einmal als Bundeskanzler die Geschicke Österreichs lenken zu können, hatte er noch nicht erreicht. Der Vorhang fiel vor dem Ende des letzten Aktes.

Bevor wir uns den Meilensteinen seines politischen Lebens widmen, geht es in diesem Kapitel darum, die freiheitliche Politik Jörg Haiders ein wenig kennenzulernen und mehr über das politische Denken jenes Mannes zu erfahren, der die Vertreter der österreichischen Politlandschaft über so viele Jahre hinweg provozierte und zum Nachdenken anregte.

Haider und die Freiheit

„Politik ist der wichtigste Faktor im Leben, weil sie unser Leben regelt und die Rahmenbedingungen dafür vorgibt, wie sich unser Leben gestaltet", sagte Jörg Haiders Frau Claudia (Haider C., 2023). Damit sprach sie jene Sichtweise aus, die auch Jörg Haider selbst vertrat. Denn er hat nicht nur für die Politik an sich gelebt und gebrannt, sondern vor allem für das, was dahinterstand – für die Menschen im Land. Damit hat Haider Kärnten und die dortige politische Landschaft geprägt wie kaum ein anderer. Im Zentrum seiner Überlegungen standen dabei vorrangig die Freiheit jedes Einzelnen und dessen Selbstbestimmung. „Das unermüdliche Streben nach mehr Freiheit, mehr Transparenz und mehr Gerechtigkeit in einer lebendigen Demokratie waren und sind die Eckpfeiler freiheitlicher Politik", schrieb das Freiheitliche Bildungswerk (Freiheitliches Bildungswerk, 1996, S. 5). Eine Freiheit, getragen von Verantwortung, wie Haider selbst sagte:

> „Es geht dabei immer wieder darum, einen Weg zu finden, die größtmögliche Freiheit für alle Menschen zu garantieren, und dafür zu sorgen, dass die Menschenwürde gewahrt bleibt. Diese Freiheit kann nicht an Klassen, soziale Schichten oder Gruppen gebunden sein. Ich verstehe die Freiheit immer im Sinne von John Stuart Mill. Sein Begriff der Freiheit war immer mit

der Verantwortung gegenüber der Gemeinschaft verbunden. Es gibt keine Freiheit ohne Verantwortung, ohne Schranken, denn die Freiheit des Einzelnen findet dort ihre Grenzen, wo sie die Freiheit des anderen berührt. Wer Freiheit nutzen will, muss verantwortungsvoll mit ihr umgehen.“ (Haider J., 2009, S. 21)

Dieser verantwortungsvolle Umgang mit Freiheit und die Möglichkeit zur Selbstbestimmung implizierten, dass der Bürger in einem demokratisch geführten Staat aktiv wurde. Denn es ist, so Haider, „Demokratie für den Bürger nur dann ein Wert, wenn er auch mitwirken darf“ (Haider J., 1997a, S. 241). Dementsprechend schaffte Haider in Kärnten die Amtstitel ab, führte dort 1990 die Bürgermeisterdirektwahl ein und setzte sich damit für einen weiteren Ausbau der direkten Demokratie ein: „Ich halte es für entlarvend, wenn die politische Kaste immer meint, daß das Volk nicht reif sei, über bestimmte Fragen abzustimmen. Wer gibt dem Politiker das Recht, sich auszusuchen, welche Frage dem Volk vorgelegt werden kann und welche nicht? Das ist purer Zynismus und Arroganz der Macht!“ (Haider J., 1997a, S. 99) Und diese Arroganz der Macht, die rot-schwarze Privilegien- und Parteibuchwirtschaft war es, die Haider Zeit seines Lebens anprangerte und bekämpfte. Haiders politisches Bestreben war „die Freiheit der Person und nicht de[r] Vorrang der Institution. Wir wollen keine Verstaatlichung des Menschen, sondern eine Vermenschlichung des Staates. Wir wollen eine Gesellschaft mit menschlichen Werten und nicht eine mit wertlosen Menschen“ (Haider J., 1992, S. 4).

Dazu gehörten für Haider auch die Prinzipien „Recht“, „Freiheit“ und „Ordnung“, die er als „wunderbare Grundsätze für eine demokratische Gemeinschaft“ bezeichnete (Haider J., 1997a, S. 93). Das sahen auch andere so: „Dem System, das Haider ‚aufrichten‘ will, liegt nicht der Gedanke der Gleichheit, sondern der der ‚Gerechtigkeit‘ zugrunde“, schrieb etwa die österreichische Journalistin und Buchautorin Christa Zöchling in ihrem Werk „Haider. Licht und Schatten einer Karriere“, obwohl sie als damalige „profil“-Redakteurin Haider durchaus kritisch gegenüberstand (Zöchling, 1999, S. 88). Fakt ist: Haider stellte sich an die Seite der Bürger und versuchte, ihnen die Möglichkeit zu geben, ihr Leben selbstbestimmt zu führen. „Ich hatte eher manchmal den Eindruck, dass ihm der einzelne Bürger in seiner Lebenssituation wichtiger war als beispielsweise eine Diskussion über das große Ganze", sagte der ehemalige Nationalratsabgeordnete und politische Wegbegleiter Haiders Gerald Grosz, der sich dabei auf die im Jahr 2004 angestrebte Steuerreform bezog und ausführte: „Er hat gesagt: ‚Na schauts. Wenn die Frau Sowieso die Pension bekommt, und im Jahr 2015 bekommt aber eine gleiche Frau im gleichen Alter zehn Prozent weniger, dann ist das in Wahrheit ungerecht.' Und das hat er argumentiert: ‚[...] Der Mensch kommt im Jahr 2015 damit nicht aus. Das müsst ihr kapieren. Ihr müsst der Pensionsreform die Giftzähne ziehen'" (Grosz, 2024). Ein weiteres Beispiel für Haiders „Gerechtigkeit" war die sogenannte Mütterpension, wie Manfred Stromberger, vormaliger FPÖ-Landesgeschäftsführer in Kärnten, berichtete: „Das haben wir in Weitensfeld oben ausgezahlt. Da sind hunderte Frauen gekommen, alte Bäuerinnen und so. Und ich gehe die Stiege hinauf, da kommt mir eine gut bekannte alte Bäuerin entgegen. Kohlrabenschwarz [ÖVP]. Dann sage ich zu ihr: ‚Du gehst zum blauen Haider das Müttergeld holen?' ‚Ja', hat sie gesagt, ‚das tu ich. Mein ganzes Leben habe ich nie selber ein Einkommen gehabt, wenn ich was kaufen wollte für mich oder für die Kinder, musste ich zum Tate [Mann] gehen, damit er mir ein Geld gibt für eine neue Mantelschürze oder Schulsachen für die Kinder. Jetzt', hat sie gesagt, ‚habe ich das erste Mal in meinem Leben ein eigenes Geld [...].' Das ist Politik. Die Themen so zu erkennen, aus dem Gespür heraus, was die Leute fühlen. Und das dann umsetzen" (Stromberger, 2024).

Die Barauszahlungen, wie sie bei der Mütterpension oder auch den Pensionsrückzahlungen 2004 vorgenommen wurden, waren eine Erfindung Jörg Haiders, die es bis dato so nie gegeben hatte. Den Gedanken dahinter kannte Stromberger: „Weil die Leute das dann spüren. [...] Wenn es auf das Konto kommt, mit Ansuchen, Antrag, das ist ja nichts. Das Erlebnis war auch für die Frauen, dorthin zu gehen, Kontakt zu dem zu haben, der das Geld gibt. Da kommt dann das richtige Gefühl auf. [...] Diese Kleinigkeiten darf man in der Politik nicht unterschätzen, und der Haider hat das verstanden, genau das Gefühl bei den Leuten zu wecken. Dann kommt das raus, dass es heißt: ‚Er kennt jeden Kärntner und jeder Kärntner hat ihm die Hand gegeben.' Und die Menschen haben sich darauf gefreut, ihm die Hand zu geben: Ich sage euch eines, wenn wir wohin gekommen sind, in ein Zelt oder irgendwo, das hast du gespürt, wenn der Jörg Haider aufgetaucht ist. Im ganzen Zelt hat sich die Stimmung verändert. ‚Jetzt ist er da! Und hoffentlich kommt er her zu mir! Ich will ihm die Hand geben und etwas sagen!'" (ebd.)

Haider die Hand geben und ihm etwas sagen konnten die Leute auch bei den Sprechtagen des Landeshauptmannes, die er einführte. Seine ehemalige Mitarbeiterin und Büroleiterin Christa Jessenitschnig beschrieb seine Bürgernähe und den Ablauf eines Sprechtages: „Er war ja der erste Landeshauptmann, der gesagt hat, alle sollen zu ihm kommen. Das hat sich natürlich in Besucherzahlen niedergeschlagen. [...] Dadurch kamen auch diese Menschenmassen zustande. Ihm hat es total gefallen, er ist dort richtig aufgeblüht. Ein Referent saß dabei, er nahm sich immer sehr viel Zeit. Das zeitliche Planen war dadurch immer schwer. Diese Besuchstage dauerten häufig bis Mitternacht. Die Leute nahmen dies jedoch in Kauf. [...] Für die Leute war das kein Thema. Und er nahm das sehr, sehr locker, und die Menschen spürten das. Er achtete auch sehr darauf, dass die Dinge vollzogen wurden, die er versprochen hat. Das war ihm sehr, sehr wichtig, und da konnte er dann auch richtig ‚sauer' werden, wenn das Versprochene nicht gehalten wurde" (Jessenitschnig, 2024).

Dementsprechend hat er die Menschen nicht nur gehört, sondern ihnen zugehört, wie auch Kurt Scheuch betonte: „Das war ja eine Besonderheit an ihm, dass er im Moment, wenn er mit jemandem gesprochen hat, völlig in dem Problem der Person und in ihrer Welt aufgegangen ist. Und das war auch diese Besonderheit für die Menschen, die mit dem Jörg geredet haben, dass sie nicht nur das Gefühl gehabt haben, er kümmert sich um diese Leute, sondern dass er es auch wirklich getan hat. Das war unfassbar. Er war auch kein Politiker mehr, sondern er war in dem Moment dann ein Freund. Für viele Menschen war er dann auch so etwas wie ein Rettungsanker" (Scheuch, 2024). Danach hat sich auch sein politisches Handeln orientiert und gestaltet. Auf die Frage hin, wie man Jörg Haider politisch einordnen würde, sagte Gerald Grosz: „Vielfältig. Für mich ist Jörg Haider ideologisch nicht einzuordnen. Jörg Haider hatte eine freiheitliche Grundideologie. Diese Grundideologie und diese große geistige Wandlungsfähigkeit, die er hatte, diese Selbstreflexion, dass er seinen ideologischen Standpunkt für sich selbst *Step by step* weiterentwickelt hat – das haben ihm manche als Opportunismus vorgeworfen [...]. Ich sehe darin etwas ganz anderes. Ich sehe darin wirklich diese unglaubliche Gabe eines ewig Suchenden, der sich nie mit einer Antwort zufriedengegeben hat, sondern immer versucht hat, sich selbst neue Fragen zu stellen und darauf andere Antworten zu geben. Ich sehe ihn tatsächlich als echten Polit-Theologen, würde ich fast sagen, nicht als Ideologen, sondern als Polit-Theologen, der sich und seine Standpunkte jeden Tag in irgendeiner Form aufgrund eines Gespräches, aufgrund von Personenkontakten, aufgrund von innen- und außenpolitischen Entwicklungen einer Reinigung, einer Selbstreflexion, einer Selbstansicht unterworfen hat und gesagt hat: ‚So, da habe ich bisher so gedacht. Nein, das war falsch. Das können wir nur so oder so lösen.'" (Grosz, 2024)

Haider – ein Mann der Tat

Lösungsorientiert und offen für Neues, mit dem Bestreben, Kärnten voranzubringen: Die Initiativen, denen Jörg Haider den Anstoß gegeben hat, und die Projekte, die er zu Lebzeiten erfolgreich umsetzen konnte, waren mannigfaltig. Sie sind unter anderem ein Beleg für seinen Einsatz für die Entwicklung der Region und die Verbesserung der Lebensbedingungen der Kärntner.

Im Rahmen der Sommerkampagne „blaugemacht.at" der Freiheitlichen in Kärnten im Jahr 2021 wurde von FPÖ-Landesparteiobmann Erwin Angerer an einige wesentliche dieser Projekte erinnert: „Ich denke dabei an die Erfolgsgeschichte Lakeside Park, für die Haider anfänglich nur belächelt und kritisiert wurde. Allein hier wurden seit 2003 über 105 Millionen Euro investiert und hunderte zukunftsweisende Arbeitsplätze geschaffen. Kärnten stieg dadurch zu einem der führenden Bundesländer im Bereich der Forschung und Technologie auf. Oder das Klinikum Klagenfurt am Wörthersee, das auch heute noch eines der modernsten Krankenhäuser Europas ist, ist auf eine Initiative von Landeshauptmann Dr. Jörg Haider zurückzuführen. Auch der international beachtete Touristenmagnet Pyramidenkogel ist ein freiheitliches Leuchtturmprojekt für unser gesamtes Bundesland. Die Koralmbahn mit dem Tunnel und der jetzigen Trasse gibt es nur aufgrund des zähen Verhandlungsgeschickes von Dr. Jörg Haider und schließt unser gesamtes Bundesland an den internationalen Markt von der Ostsee bis zur Adria an" (Angerer, 2021). Weiters wurde unter Jörg Haider der Ausbau des Flughafens Klagenfurt vorangetrieben, um damit die regionale Erreichbarkeit und die Attraktivität Kärntens für Einheimische, Touristen und Geschäftsreisende zu verbessern. Der Neubau der Kärnten Therme, der Vollausbau des Tauern- und Katschbergtunnels, die Errichtung des Gailtalzubringers oder die Carinthische Musikakademie, die Wörtherseebühne, die Modernisierung und Erweiterung des Wörthersee Stadions, das Tibetzentrum in

Hüttenberg sowie der Ausbau und die Förderung der Musikschulen sind ebenfalls auf Initiativen Jörg Haiders zurückzuführen.

Bis heute unvergessen ist auch sein Einsatz im Bereich der Kultur, insbesondere der Volkskultur, die er mit dem Haus der Volkskultur, dem Museum Moderner Kunst, der damaligen Veranstaltungsreihe „Heimat-Herbst" und dem Kärntner Kultursommer prägte. In einer Presseaussendung zur Eröffnung des Kultursommers 2003 hieß es: „Der Kultursommer solle Auskunft und Botschaft über die Lebenswelt der Kärntner geben, er solle zeigen, wie sehr sowohl Hochkultur als auch Volkskultur neben- und miteinander existieren. Der Kultursommer solle auch eine Stätte zur Forschung und Entwicklung der Kultur in ihren verschiedensten Sparten sein" (Kärntner Landesregierung, 2003). Doch nicht nur *in puncto* Veranstaltungen, auch in modischer Hinsicht setzte Haider auf Kultur und Tradition und drückte damit seine Heimatverbundenheit aus. „Schlussendlich war es auch mein Mann, der die Tracht in Kärnten wieder salonfähig machte", erzählte Ehefrau Claudia (Haider C., 2024).

Neben der Weiterentwicklung der Infrastruktur und der Förderung der Kultur legte Haider, wie eingangs bereits erwähnt, besonderes Augenmerk auf die Sozialpolitik. Die Einführung des Kindergeldes, der Ausbau von Seniorenheimen oder die Pflegegeldreform sind nur einige wenige seiner Initiativen. Im Bereich der Jugend spiegelte sich Haiders Einsatz vor allem in der Einführung der „Lehre mit Matura" und der Lehrlingsfreifahrt wider. Auch die Frauenpolitik spielte in der damaligen FPÖ eine wesentliche Rolle. Am 25. Oktober 2000 wurde Herbert Haupt in der Regierung Schüssel I FPÖ-Sozialminister und damit zum „Frauenminister" Österreichs. Er kritisierte insbesondere die mangelnde Flexibilität für Frauen zur besseren Vereinbarkeit von Beruf und Familie sowie die unbefriedigende Regelung für Männer im Hinblick auf das Sorgerecht. Deshalb richtete er auch 2001 eine Männerabteilung im Frauenministerium ein. Gerald Grosz war in dieser Zeit Pressesprecher und persönlicher Sekretär von Herbert Haupt und weiß, wie die „Frauenpolitik" damals funktionierte: „Nachdem wir dann in unserer Regierungszeit *Step by step* wahrscheinlich – inflationsbereinigt – die höchsten Frauenförderungen ausbezahlt, die meisten Frauenprojekte gefördert, die meisten Gewaltschutzzentren aufgesperrt haben [...], also genau atypisch agiert haben, war in Wahrheit der Spuk dieses Frauenministers Herbert Haupt binnen weniger Monate erledigt. Weil er natürlich einen besonderen Druck hatte, ja nicht dieses Gleichgewicht dieser Frauenpolitik aus den Angeln zu heben", so Grosz, der die Bestrebungen Herbert Haupts mit einem Satz auf den Punkt brachte: „Mich kritisiert man, dass ich ein Mann bin, also muss ich eine noch bessere Frau sein" (Grosz, 2024).

Grosz zufolge sah auch Jörg Haider die Bedeutung der Frauenpolitik und die Notwendigkeit eines „weiblichen Ausgleiches": „Ich glaube, Frauen lagen ihm, also dieses In-den-Mittelpunkt-Stellen der Frau in der Politik lag ihm besonders am Herzen." Laut Grosz hat er Frauen wie Helene Partik-Pablé, Mares Rossmann, Liane Höbinger-Lehrer, Edith Haller, Ursula Haubner und Susanne Riess-Passer „in entscheidende Positionen, ich würde nicht sagen: gehievt, aber es ihnen ermöglicht. Am Ende war ja Jörg Haider der, der dafür verantwortlich war, dass mit Susanne Riess-Passer die erste weibliche Vizekanzlerin der Zweiten Republik installiert wurde" (ebd.).

Zudem sah Haider die beiden Bereiche Frauen- und Männerpolitik untrennbar miteinander verbunden: „Frauenpolitik ist auch Männerpolitik." Es gehe nicht darum, dass die Frau gleiche Aufgaben wie der Mann wahrnehmen müsse, sondern um ihre Souveränität in der eigenen Lebensgestaltung. Dazu gehöre auch eine flexiblere Gestaltung des beruflichen und privaten Alltages. Dafür müsse die Politik die Rahmenbedingungen verbessern, forderte Haider. (Haider J., 1997a, S. 238)

Genauso wichtig wie in anderen Bereichen war Haider der Einfluss der Politik auch auf Umwelt und Natur. Wer jetzt denkt, die Freiheitlichen hätten mit Umwelt- und Naturschutz nichts am Hut gehabt und auch heute nicht, der liegt weit daneben. Denn „die FPÖ ist seit jeher und am Anfang als einzige Partei dem Umweltschutz-Gedanken besonders nahegestanden. Seit dem Jahr 1986 [...] förderte und stärkte Jörg Haider innerhalb der FPÖ die Umweltschutz-Aktivitäten. [...] Und er sprach sich weiters dafür aus, die Ökologie vor die Ökonomie zu setzen. Er bezeichnete es als Voraussetzung, ein Umweltschutzbewußtsein zu stärken, das aber auf Heimatliebe beruht. Und er erklärte weiters, daß die Verantwortung für die kommenden Generationen jeden Raubbau an der Natur und an der Vermarktung der Natur verbietet", schrieb Erwin H. Aglas, Gründer des Österreichisches Pressebüros, im Jahr 1991 (Aglas, 1991, S. 104). Gerald Grosz sprach hier in Bezug auf Haider von „Liebe zur Natur": „Ich meine, was du nicht weißt, ist, dass Jörg Haider aus meiner Sicht einer der ersten großen Umweltschützer in Österreich war. Umweltschutz war für ihn Heimatschutz. Er hat das nicht so als linkes Projekt gesehen zur planwirtschaftlichen Enteignung der Leute: ‚Wir müssen uns jetzt alle dem Umweltgott oder dem Klimawandel opfern.' Nein, er hat gesagt: ‚Ihr lebt in der Umwelt, das ist die Schöpfung, wir müssen die Schöpfung rein halten, weil das ist in Wahrheit unsere Heimat'" (Grosz, 2024).

Während die FPÖ heute für Umwelt- und Naturschutz mit Hausverstand plädiert, gab es auch schon zu Zeiten Jörg Haiders wesentliche Umweltinitiativen, die bis heute Bestand haben. Ein Beispiel dafür sind die sogenannten Umweltgespräche, die Jörg Haider Ende der 1980er-Jahre einführte, wie Herbert Haupt berichtete: „Der Jörgl hat ein sehr hohes Umweltbewusstsein gehabt. Wir haben damals am Weißensee [...] und dann im Bärental auf der Klagenfurter Hütte laufend Umweltgespräche [geführt] und auch sehr viel in diesem Bereich umgesetzt. Ich war ja auch lange im Parlament Sprecher des Umweltausschusses" (Haupt, 2024). Ende August lud Haider jedes Jahr zu den Umweltgesprächen ein. „Es war immer eine großartige Veranstaltung, die bemerkenswerte Ergebnisse mit sich brachte, wie etwa die zukunftsweisende Idee, dass Wasser schützenswert ist", erzählte Claudia Haider (Haider C., 2024). In Erinnerung an Jörg Haider und um dem gelebten Umweltgedanken wieder einen Rahmen zu geben, ließ die FPÖ Kärnten die Umweltgespräche 2023 neu aufleben.

Haider – der Agendasetter

„Politik ist natürlich auch Marketing", sagte Jörg Haider in einem Interview im Jahr 2000 (Sommersguter, 2000), und für Haider war sein „Lifestyle" wohl Teil dieses Marketings und seiner Politik.

„Der Jörgl war ja kindisch, er hat immer die neuesten Handys [...] haben müssen", erinnerte sich Herbert Haupt mit einem Schmunzeln auf den Lippen an die damalige Zeit; auch habe Haider leidenschaftlich Uhren gesammelt (Haupt, 2024). Mit seinem Bewusstsein für und seinem Umgang mit Mode prägte Haider einen eigenen Stil und setzte damit Trends, wo vorher keine gewesen waren. Kleidungstechnisch war „Jörgl", wie ihn Haupt in freundschaftlicher Verbundenheit nannte, immer eine Nase voraus: „Der Jörgl hat in seinem Auto immer Kleidung drin gehabt. Zu jedem Anlass hat er sich umgezogen. Wenn irgendwo eine Veranstaltung war vom Kameradschaftsbund, ist er im Kärntner Anzug erschienen, wenn irgendeine Jugendveranstaltung war, mit Bluejean und ganz leger, und wenn er irgendwo mit einem Industrie- oder Wirtschaftsbetrieb etwas zu reden hatte, ist er mit dem feinen Sackl dahergekommen. Er war immer super angezogen" (ebd.). Das bestätigte auch Claudia Haider, die zum Modebewusstsein ihres Mannes sagte: „Er legte Wert auf seine Kleidung, und dank seiner Figur konnte er gut von der Stange kaufen – zum Teil auch sehr günstig – trotzdem sah es bei ihm gut aus" (Haider C., 2024). Gerald Grosz war sich sicher: „Er wollte auch durch Mode ausdrücken: ‚Ich bin Jahre jünger als alle anderen und ich bin um Jahre voraus. Ich bin Trendsetter!'" (Grosz, 2024)

Auch im Umgang mit Menschen – den Bürgern, die er täglich traf, und seinen Wählern – setzte Haider Trends. Einen seiner größten Vorteile sah Herbert Haupt in Haiders „absolutem Personengedächtnis", wodurch er die Menschen, denen er begegnet war, kannte und auch wusste, woher – „wie einfotografiert" (Haupt, 2024). Mit Freude und ein wenig Wehmut dachte Haupt an einstige Wahlkämpfe zurück: „Wir haben damals erstmals amerikanisch inspirierte Wahlkämpfe geführt. Wir sind mit einem Toyota Landcruiser von Fußballspiel zu Fußballspiel gefahren, in den Pausen rein, der Jörgl eine Ansprache. Die Damen von uns haben große blau-gelbe Blumen gebastelt. Die haben wir an die Frauen verteilt. Und so wie das Spiel weitergegangen ist, waren wir schon unterwegs zum nächsten. Da haben wir einen genauen Plan gehabt. Die Leute haben über den Jörgl geredet, wenn das Fußballspiel schon lang aus war, weil er es einfach immer zustande gebracht hat, so präsent zu sein […]. Und da hat er irrsinnige Sympathien damit zusammengebracht" (ebd.). Jörg Haider, ein Politiker, der nicht nur auf andere zuging, sondern der auch Gelegenheiten der Begegnung schuf, etwa mit dem Kärntner Ball „Redoute" – einer Plattform der gesellschaftlichen Zusammenkunft.

„Sehen Sie sich als Trendsetter?", wurde Haider einst gefragt. Seine Antwort: „Ich habe aus dem Bauch heraus ein Gefühl, was richtig ist und was nicht" (Sommersguter, 2000). Auch als Politiker und in seinem Auftreten gegenüber den Bürgern beschritt Haider neue Wege. Und das haben die Menschen an ihm geschätzt. Er war ein Politiker auf Augenhöhe. Kein anderer Landeshauptmann sei, so Zöchling, je so volksnah gewesen. Er definierte sich als Sprachrohr des kleinen Mannes (Zöchling, 1999, S. 146). Das bestätigte auch seine Frau Claudia: „Er konnte sehr gut zuhören. Was er gehört hat, hat er mit seinem Wissen und seinen Erfahrungen verbunden und daraus etwas gemacht. Seine Meinung hat er auch manches Mal geändert, denn er wusste, dass sich Dinge entwickeln" (Haider C., 2023).

Jörg Haider war also ein Politiker fernab eingefahrener Ideen, starrer Meinungen und unbeweglicher gesellschaftlicher und politischer Vorstellungen – und vielleicht gerade deshalb ein Agendasetter seiner Zeit? Auch der damalige ÖVP-Obmann Wolfgang Schüssel „hat in einem Interview für den ‚European' gemeint, Jörg Haider sei ‚zugegebenermaßen ein Agenda-Setter', also einer, der die Themen bestimmt" (Haider J., 1997a, S. 98). Haider selbst sagte dazu:

> „Ich betrachte das nicht nur als Anerkennung, sondern vor allem als eine Bestätigung, daß es eben die Freiheitlichen sind, die als bewegende Reformkraft in der Lage sind, dem Land eine bessere, vertrauensvolle Zukunftsperspektive zu geben." (Haider J., 1997a, S. 98)

Haider, der Reformer

Jörg Haider fungierte als Trendsetter in politischen Themen und in seiner Art, Politik zu machen mit dem Ziel, Reformen durchzusetzen. Was er wie wohl kein Zweiter versuchte und was ihm ein großes Anliegen war, war das Aufbrechen des statischen Systems und der Verfilzung der „Altparteien". Er wollte mitmischen, damit sich in Kärnten und Österreich endlich wieder etwas bewegte. Dass Haider in seinem Reformdrang selbstverständlich auf Gegenwehr stieß, ist nachvollziehbar. Doch auch davon ließ er sich nicht beirren. „Unsere Gegner haben in der Tat ein gespaltenes Bewußtsein. Für sie ist offenbar nicht der Inhalt der Politik entscheidend, sondern wer etwas sagt und vertritt. ‚Linke' haben jedenfalls ungeschmälerte Gedankenfreiheit", kritisierte Haider schon im Jahr 1997 (Haider J., 1997a, S. 14). Das Messen mit zweierlei Maß, die Angst vor dem Neuen, das Festsitzen auf dem starren Gebilde der Macht, das es zu verteidigen galt – nicht, um Bewegung in die Sache zu bringen und Politik für die Bürger zu machen, sondern um die eigenen Privilegien nicht zu verlieren, dem wollte Haider ein Ende setzen.

Jörg Haider wurde oft als „Rebell" bezeichnet. „Er selbst nannte in Interviews als sein großes politisches Vorbild immer Erzherzog Johann" (Haider C., 2024) und sah sich als Reformer seiner Zeit: „Wir Freiheitliche sind Reformatoren. Gewiß streitbare Geister und keine standpunktlosen Anpasser. Wir wollen in der politischen Wirklichkeit das ermöglichen, wozu uns die Verfassung die Chance gibt. Reformatoren mußten zu allen Zeiten gegen die Etablierten ankämpfen. Wer zur Quelle will, muß eben gegen den Strom schwimmen" (Haider J., 1992, S. 6). Und das tat er: „Ich habe Arbeiterkammer- und Nationalbankprivilegien aufgedeckt und die Objektivierung von Postenbesetzungen in Frage gestellt. Ich habe das Proporzsystem angeprangert und den Sumpf der Sozialversicherungen durchwatet. [...] In dieser Rolle des Reformers habe ich mir verständlicherweise nicht nur Freunde gemacht. Dass mich das System bekämpft, mit dem ich mich angelegt habe, ist wohl auch nur logisch", sagte Haider im Jahr 2005 zu Alfred Worm (Worm, 2005, S. 119).

Bei all der Kritik, die gegenüber der Person Jörg Haider und der Freiheitlichen Partei stets geäußert wurde, gilt es festzuhalten, dass Haider jemand war, der das Gesamte im Blick behielt und danach strebte, seine Politik in erster Linie lösungsorientiert zu gestalten. Er warnte vor einer ideologischen Einkapselung der FPÖ, forderte die Öffnung gegenüber neuen Wählern und sagte: „Jeder hat Überzeugungen und Wertvorstellungen – die Politik muss Lösungen für die Probleme anbieten" (ebd., S. 97). Haider war von seiner Sache überzeugt, und der Erfolg der Freiheitlichen, das Wachstum von 1986 bis zur Regierungsbeteiligung im Jahr 2000 gaben ihm recht. Er sah sich nicht nur als Vertreter des Volkes, sondern war es auch tatsächlich, wenn er Maßnahmen wie den „Familienfonds neu", die Mütterpension, den Pflegescheck oder die Ausweitung der Heizkostenhilfe für sozial Schwache forderte und umsetzte, denn, so Haider: „Wir Freiheitlichen schließen unsere Koalition zuallererst einmal mit den Bürgerinnen und Bürgern" (Haider J., 1997a, S. 89).

Haider – Rechtspopulist, Demagoge oder Symbolfigur für zivilen Widerstand?

„Jörg Haider ging immer wieder bis an seine äußersten Grenzen – und an die der anderen. [...] Er konnte skrupellos, narzisstisch und launenhaft sein. Einer, der mit dem Feuer spielte, einer, der politisch über Leichen ging. Aber auch einer, der sensibel, geistreich und selbstironisch sein konnte. Er war ein Ausnahmepolitiker mit Esprit und ein Agitator mit dunklen Emotionen. Er hatte eine unheimliche Lebenslust: Intensität, Schnelligkeit bestimmten sein Leben. Jörg Haider hat seinen Platz in den Geschichtsbüchern gefunden – nicht als ‚Robin Hood', aber auch nicht als ‚Dämon'. Als Mann, der über Jahrzehnte das

'Establishment' vor sich hertrieb, als Mann, der ganz Europa mit der umstrittenen Regierungsbeteiligung der FPÖ aufgeschreckt hatte, als Mann, der gnadenlos verhetzte und in der Öffentlichkeit zu schillern wusste. Als Sisyphos, der die FPÖ nach oben pushte, um sie dann wieder hinabzustürzen, und schließlich wieder sein BZÖ in die Höhe brachte. Jörg Haider war schlicht ein Mann mit vielen Gesichtern", schrieb die Journalistin Isabelle Daniel im Oktober 2008 als Nachruf auf Haider (Daniel, 2008, S. 58). Auch Gerald Grosz war sich der unterschiedlichen Wirkungen, die Haider auf die Menschen hatte und die sich auch nach dessen Tod nicht änderten, bewusst, als er 2018 in einem Interview sagte: „Jörg Haider, geliebt und gefürchtet zugleich, bekämpft und gleichermaßen respektiert. Ein Politiker, der polarisierte, ein Mensch, der zuhörte und half. Vielschichtig und schillernd, nicht fassbar, auch nicht in der historischen Retrospektive zehn Jahre nach seinem Tod" (Grosz, 2018, S. 15).

Wenn man Medienberichte ausführlich betrachtet und Bücher über Jörg Haider liest, dann kommt man an zwei Begriffen nicht vorbei: dem des „Rechtspopulisten" und dem des „Demagogen". Doch war Haider Rechtspopulist und Demagoge? „Von Anfang an erntete Haider Begeisterung und wüste Ablehnung. Er war der erste – erfolgreiche – 'Rechtspopulist' Europas, noch bevor es das Wort dafür überhaupt gab", schrieb Klaus Faißner 2018 in „alles roger?" (Faißner, 2018, S. 11). „Alltagssprachlich setzt man den Populismus häufig mit einer popularitätsheischenden, den Stimmungen in der Bevölkerung nachlaufenden und nachgebenden Politik gleich. In der Konsequenz ist er negativ besetzt. Es heißt, der Populist biedere sich 'Volkes Meinung' an; es gehe ihm nicht um die Sache, sondern allein um die Wählergunst. Den wissenschaftlichen Inhalt des Begriffs trifft das nur zum Teil. Hier wird mit Populismus in erster Linie eine Haltung umschrieben, die für das sogenannte 'einfache' Volk und gegen die herrschenden gesellschaftlichen und politischen Eliten Partei ergreift. Der Populismus befindet sich also in Opposition zum (angeblichen) Establishment und verzichtet deshalb bewusst auf die Zustimmung relevanter Bevölkerungsteile. Gerade dieser Außenseiterstatus verschafft ihm Glaubwürdigkeit unter seinen Anhängern", so Franz Decker und Marcel Lewandowsky dazu (Decker u. Lewandowsky, 2017). Der deutsche Sozialwissenschaftler Oliver Geden meinte: „[D]a der Rechtspopulismus von einer grundsätzlichen Gemeinsamkeit aller Menschen im Volk ausgeht, werden ihnen auch gemeinsame Interessen unterstellt, die in der politischen Willensbildung nicht verhandelbar seien. Rechtspopulisten sehen sich als Anwälte des Volkes sowie seiner Interessen gegenüber der politischen Klasse und inszenieren sich als Kämpfer für Freiheit und Volkswillen und gegen die Politik, die Positionen und die Werte der etablierten politischen Institutionen. Konflikte oder konkurrierende Interessen innerhalb des ‚Volkes' führt der Rechtspopulismus allein auf eine verfehlte Politik der herrschenden Parteien zurück, die es zu überwinden gelte, um die Einheit des Volkes wiederherzustellen" (Geden, 2006). Für Autor Gerhard Wisnewski war dieser „überlebensgroße Rechtspopulist, zu dem Haider aufgeblasen wurde, jedoch eine Kunstfigur. Denn in Wirklichkeit war Haider eben auch ‚Linkspopulist', nur wurde das verschwiegen beziehungsweise nicht groß zum Thema gemacht. Der spätere Haider kultivierte die Gabe, populäre Themen aufzugreifen, und dabei interessierte ihn relativ wenig, welches politische Etikett diesen Themen anhaftete. Und mit diesen populären Themen machte er sich dann auch selbst populär" (Wisnewski, 2009, S. 47). Haider selbst sagte zur Diskussion um seine Person: „Populismus wird gern als Schimpfwort für volksverbundene Politiker verwendet, deren Erfolg darin besteht, ihre Stimme für die Bürger zu erheben und ihre Stimmung zu treffen. Ich habe daher diese Bezeichnung immer als Auszeichnung empfunden" (Worm, 2005, S. 9).

Als „Demagoge" hingegen sah sich Haider nicht. Verwendet wird der Begriff laut Politiklexikon als „Bezeichnung für eine Person, der es gelingt, über verbale Angriffe (Hetze, Verleumdung) Teile oder die Masse der Bevölkerung zu beeinflussen (aufzuwiegeln/zu verführen) und damit (gewissenlos) Macht auszuüben" (Schubert u. Klein, 2020). Auch das „JuraForum" schreibt: „Ein Demagoge ist eine Person, die die öffentliche Meinung und das politische Verhalten durch rhetorisch geschickte, emotionsgeladene und suggestiv wirkende Ausführungen manipulieren kann, ohne dabei Rücksicht auf Fakten oder ethische Bedenken zu nehmen" (JuraForum, 2023). Im Streitgespräch mit Alfred Worm, der ihn fragte: „Herr Dr. Haider, geben Sie zu, dass Sie ein Demagoge sind?", antwortete er: „Nein. Ich bestätige Ihnen aber auf Anfrage gerne, dass ich einen politischen Unterhaltungswert habe. Ich nehme nicht alles so tierisch ernst. [...] Außerdem: Wenn das Verkünden von Grundwahrheiten und Tugenden wie Anstand, Verlässlichkeit und Pflichtbewusstsein schon Demagogie ist, dann war Martin Luther auch ein begnadeter Demagoge. Dann bin ich in guter Gesellschaft" (Worm, 2005, S. 102 f.).

Haider betrachtete sich auf die Frage, was er symbolisiere, so: „Ich bin sozusagen eine Symbolfigur für den zivilen Widerstand gegen das Establishment in Österreich und Europa geworden, weil hier plötzlich jemand in der Politik mitgewirkt hat, der nicht in diese starre politische Landschaft paßt" (Haider J., 2000). Also hat Haider diese „starre politische Landschaft" aufgemischt, wie Kurt Scheuch bei der Erinnerung an die Zusammenarbeit mit ihm erzählte: „Das war vielleicht ein wichtiger Punkt beim Jörg, es hat niemals Ruhe gegeben. Nie. Und wenn irgendwie einmal alles super gelaufen ist und nichts gewesen ist, dann hat er einen Stein genommen und ins Wasser geworfen. Und eine Welle gemacht" (Scheuch, 2024).

Haider und die Medien

Fürsprecher und Kritiker, Weggefährten und Konkurrenten, Begeisterte und „Hater", wie man heute sagen würde, gaben sich im Leben des Jörg Haider die Klinke in die Hand. Zudem hatte dieser ein wohl sehr spezielles Verhältnis zu den Medien. Die ehemalige Chefredakteurin der „Kleinen Zeitung" Antonia Gössinger bezeichnete er als seine Lieblingsfeindin, und das Nachrichtenmagazin „profil" widmete ihm sage und schreibe etwa 50 Titelseiten. Die erste erschien im Jahr 1986 mit der Schlagzeile „Jörg Haider – eine Karriere" (profil, 2000). Kein Wunder, denn eines musste man ihm lassen: Jörg Haider ließ sich verkaufen, erhöhte Einschaltquoten und Verkaufszahlen – und das wussten die Medien. Es war wohl eine sehr ambivalente Beziehung, vielleicht sogar Hassliebe? Manfred Stromberger beschrieb die damaligen Medien so: „Die haben damals noch eine Linie gehabt und den Politiker noch zu Wort kommen lassen. Am wenigsten eh noch den Jörg Haider, weil das hat ihnen nicht gepasst, dass er so erfolgreich ist. Ist dann eher runtergeschrieben worden, die haben eher das Negative rausgekehrt. Bei den anderen haben sie immer gesagt, wie super und welch eine tolle Idee" (Stromberger, 2024). Haider selbst meinte zum Thema Medien: „Ich gehöre nicht zu jenen Politikern, die vor Journalisten – in der Hoffnung auf wohlwollende Berichterstattung – den Rücken krümmen. Viele tun das – ich nicht. Ich akzeptiere im Sinne der Gewaltenteilung, dass Medien so etwas sind wie die vierte Gewalt. Gewalten untereinander steigen sich gegenseitig dauernd auf die Zehen, damit keine zu übermütig wird." (Worm, 2005, S. 49). Und er gestand ein: „Na ja, jeder Mensch hat eine subjektive Sichtweise!

Meinung ist ja bekanntlich mein. Das gilt auch für die beobachtenden Journalisten." (ebd., S. 102)

Doch mit Kritik konnte er durchaus umgehen: „Er ist gut damit zurechtgekommen, weil er einfach ein Talent war, das sich sehr gut anpassen konnte. Er war einfach einer, der gewusst hat und das Gefühl gehabt hat: ‚Das ist es jetzt, was die Leute sich von mir erwarten. Das, was ich, wenn ich es vermittle, den Leuten erklären kann, dass es was Gutes ist.' Und das hat sich in den Wahlergebnissen ja immer niedergeschlagen", erzählte Manfred Stromberger (Stromberger, 2024).

Aber nicht für nur die österreichische Presse, auch für das Ausland war Jörg Haider interessant und Gegenstand zahlreicher Berichterstattungen. Dessen war er sich auch bewusst: „Natürlich, es hat mir geschmeichelt, dass ich auf den Covers von Weltblättern aufgetaucht bin und durchaus kontroversielle Debatten ausgelöst habe. [...] Wie ich mich sehe? Ich empfinde mich als Reformer, als Reformgeist im österreichischen politischen System. Das war auch meine Motivation, als ich mich entschlossen habe, aktiv in die Politik zu gehen" (Worm, 2005, S. 117).

Hubert Patterer, Chefredakteur und Geschäftsführer der „Kleinen Zeitung" in Graz, der am 10. Oktober 2008 das letzte Zeitungsinterview mit Jörg Haider geführt hatte, sagte in einem Gespräch über Haiders Verhältnis zu den Medien: „Es war ein wechselseitiges Abhängigkeitsverhältnis, zwanghaft neurotisch von beiden Seiten, wenn man so will. Er hat die Journalisten gebraucht, er hat die Gegnerschaft gebraucht. Dieser Eros des Kritisiertwerdens und Verfolgtwerdens war sein Humus, sein Nährstoff für die Mobilisierung. Auch die Medien haben von ihm gelebt, waren manisch fixiert auf ihn. Nur dadurch ist ihre Nähe zu ihm erklärbar, Nähe auch in der Gegnerschaft" (Lux, Wiedergut u. Sommersguter, 2008, S. 84).

Jörg Haider war ein Politiker, der auch heute, mehr als 16 Jahre nach seinem Tod, kaum etwas von seiner Popularität eingebüßt hat. Nicht nur im Gedächtnis der Freiheitlichen Partei, auch in Zeitungen, Fernsehen und dem „World Wide Web" ist er nach wie vor präsent. Die Jugend, die ihn nicht mehr lebend kennengelernt hat, kennt ihn aus den sozialen Medien. Viele seiner Projekte, zahlreiche Initiativen, die er zu Lebzeiten gesetzt hat, existieren bis heute, wirken nach und prägen das Bild einer Ausnahmepersönlichkeit – wie auch immer man zu dieser stehen mag. Seine Freunde erinnern sich noch heute gern an gesellige Runden im Bärental, seine Weggefährten an die Zusammenarbeit mit und die Arbeit für ihn, politische Kontrahenten an sachliche und mitunter hitzige Diskussionen im Plenum von Nationalrat und Landtag. Jörg Haider – die Geschichte eines bewegten und bewegenden Lebens, die es so beinahe nicht gegeben hätte, wenn manch eine Entscheidung anders gefallen wäre.

1970er: Beginn einer beispiellosen Politkarriere

Bereits in jungen Jahren kristallisierten sich Jörg Haiders Redetalent, seine Begeisterung für die Bühne und seine Begabung für die Schauspielerei heraus. Dem war es auch geschuldet, dass der junge Jörg bei einem Redewettbewerb für Schüler im Jahr 1965 erstmals dem früheren FPÖ-Bundesparteiobmann und Klubobmann zum Nationalrat Friedrich Peter begegnete. „Einer der Teilnehmer stach bei seinem Rede-Wettbewerb besonders hervor. Er hatte das Thema ‚Maria Theresia und Friedrich der Große' gewählt und zeichnete sich nicht nur durch seine jugendliche Eloquenz aus. Friedrich Peter war über den Jungen und dessen sichtbare Begabung sehr angetan, und beschloß, sich seiner anzunehmen – was auch geschah. Damit war der Beginn für seine große Karriere gelegt. Der Junge hieß – Jörg Haider" (Aglas, 1991, S. 43).

Ein zweites Mal Aufmerksamkeit für sein Redetalent und sein politisches Verständnis wurde Haider im Jahr 1966 zuteil, als er an einem Redewettbewerb des Österreichischen Turnerbundes in Innsbruck teilnahm und mit dem Beitrag „Sind wir Österreicher Deutsche?" auch gewann.

Jörg Haider und die Politik sind zwei untrennbar miteinander verbundene Dinge, denn Haider lebte für die Politik. Sein Interesse dafür zeichnete sich ebenfalls schon früh ab: „Mit 14 Jahren [...] begann Jörg Haider, sich erstmals intensiver mit der Politik auseinanderzusetzen. 1964 trat er der schlagenden Mittelschulverbindung Albia bei und wurde Mitglied im Ring Freiheitlicher Jugend (RFJ)" (Zeppelzauer u. Zeppelzauer, 2009, S. 101). Drei Jahre lang war er dort Landesjugendführer und von 1970 bis 1975 Bundesjugendführer (Lehmann-Horn, 1992). „Der freiheitliche Chronist Piringer [sagte] über Haider: ‚[...] Als Bundesjugendführer des RfJ erwarb er in kürzester Zeit einen hohen persönlichen Bekanntheitsgrad, aus dem auch die Jugendorganisation der Freiheitlichen Gewinn zog. Unter Haiders Federführung entwickelte der RfJ einen wahren Feuereifer in der Erstellung politischer Konzepte, die sich oft nicht leicht in die programmatischen Konzeptionen der FPÖ einordnen ließen […]'" (ebd., S. 181).

Die Studienzeit

1969 inskribierte der junge Jörg Haider zum Studium der Rechte und Staatswissenschaften an der Universität Wien. Während seiner Studienzeit wurde er Mitglied der Burschenschaft Silvania. Sein Studium schloss er 1973 als *Doctor iuris* ab. Mit Rückblick auf sein juristisches Können und dessen Umsetzung im politischen Alltag sagte Gerald Grosz: „Er war ein brillanter Verfassungsjurist, der in der österreichischen Bundesverfassung ein und aus gegangen ist. Er brauchte in dieser Frage keine Berater" (Grosz, 2024). Nach seinem Studium war Haider bis 1976 als Wissenschaftlicher Mitarbeiter unter Dr. Günther Winkler am Institut für Staats- und Verwaltungsrecht der Universität Wien tätig. „Er war ein junger Bursch, freimütig und couragiert, nicht so schüchtern wie die anderen. Ich habe ihn 1973 gefragt, ob er nicht mein Assistent werden möchte. Er war ein ausgezeichneter Assistent, der die Fähigkeit hatte, sich in ein Thema hineinzuarbeiten. Erst damals habe ich erfahren, dass er auch politisch tätig war", sagte Winkler im Jahr 2008 in einem Interview (Winkler zit. n. Hämmerle, 2008). Haiders Entschluss, in die Politik zu gehen, sah Winkler als „Verlust für die Wissenschaft", denn „er hatte eine Begabung für präzises wissenschaftliches Denken, eine rasche Auffassungsgabe und einen ungeheuren Fleiß. Sein Fleiß war sicher eines seiner Erfolgsgeheimnisse auch in der Politik. Zudem war er neugierig wie eine Katze und aufnahmefähig wie ein Schwamm und verfügte über ein unglaubliches Gedächtnis" (ebd.), so Winkler, der auch Haiders Trauzeuge sowie Tauf- und Firmpate seiner Tochter Cornelia war.

„Wenn er nicht Politiker geworden wäre, wäre er heute wahrscheinlich ein angesehener österreichischer Verfassungsexperte, wahrscheinlich Präsident des Verfassungsgerichtshofes geworden. Weil ihm selbst in seinem Studium als Universitätsassistent eigentlich eine wissenschaftliche Karriere vorgebaut war", meinte Gerald Grosz (Grosz, 2024). Doch dazu kam es bekanntlich nicht. Haider entschied sich, den Weg in die Politik einzuschlagen. Warum? Kurt Scheuch war überzeugt: „Also er war nicht irgendjemand, der einfach so Politiker geworden ist, weil er talentiert und fesch war, sondern auch aus einem Bedürfnis heraus" (Scheuch, 2024).

Haider, Friedrich Peter und die „Tangente"

Jörg Haiders politisches Talent war bereits in sehr jungen Jahren sichtbar, tatsächlich „entdeckt" und entsprechend gefördert wurde es anfänglich insbesondere von Friedrich Peter. „Die beiden verband anfangs, wie Haider selbst betonte, eine Art Vater-Sohn-Verhältnis, das freilich nie konfliktfrei war" (Piringer zit. n. Lehmann-Horn, 1992, S. 181 f.). Die Wurzeln des Konfliktes zwischen Haider und Peter lagen bereits in den 1970er-Jahren, als Peter als Bundesparteiobmann aufgrund seiner Kriegsvergangenheit innerparteilich unter Druck geriet und Haider den Antrag stellte, einen Nachfolger für ihn aufzubauen. 1978 wurde Peter schließlich durch Alexander Götz ersetzt. Das Verhältnis zwischen Haider und Peter spitzte sich im Laufe der Zeit immer mehr zu. Zum Konflikt mit Peter sagte Haider selbst: „Ich habe ihm damals einmal gesagt, der Job eines Landesobmannes sei für ihn nicht mehr zeitgemäß. Er sei schon zu alt, er soll abtreten! Da war er sehr beleidigt und ist dann auch abgetreten. Das soll nicht heißen, dass ich von Friedrich Peter nicht beeindruckt war. Aber er hat mich in meinem sozialen Empfinden einmal zutiefst verletzt. Ich erinnere mich ganz genau. Als die Landtagswahl in Oberösterreich 1967 verloren ging, kam es zum so genannten Gleißner-Peter-Pakt zwischen ÖVP und FPÖ. Die geschlagene FPÖ garantierte damit das politische Überleben des ebenfalls geschlagenen ÖVP-Landeshauptmannes Heinrich Gleißner. Dafür handelte Friedrich Peter aber für sich die Position eines Landesschulinspektors aus, die er nie ausgeübt hat. Und das, obwohl er ohnedies als Klubobmann und Nationalrat nicht am Hungertuch nagte. Zugleich kündigte er einen fleißigen FPÖ-Bezirkssekretär mit fünf Kindern, weil nach verlorener Wahl angeblich kein Geld mehr da war. Bei einer Begegnung stellte ich Peter zur Rede und machte ihm Vorwürfe. Seine Antwort hat mich erschüttert: Auch er habe ein Recht, sich um die Versorgung seiner Familie zu kümmern, sagte er. Ab diesem Zeitpunkt wusste ich, dass ich ihn nicht mehr wertschätzen musste. Vielleicht verstehen jetzt manche, die das lesen, besser, warum ich emotionell für die kleinen Leute eintrete" (Worm, 2005, S. 117 f.).

Liebe Freunde,

zählen Sie zu den unkritischen und oberflächlichen Staatsbürgern? Dann können Sie sich die Mühe ersparen diese Schrift zu lesen.

Wir wenden uns nämlich an den interessierten jungen Staatsbürger, der nicht so einfach in den Tag hineinlebt, der nicht alles glaubt, was die beiden alten Parteien, ÖVP und SPÖ, jetzt mit schönen Worten versprechen.

Sie haben es sicher schon durchschaut: Mit unverbindlichen Versprechungen ist man vor Wahlen immer großzügig. Beim Einlösen der Versprechungen hapert's dann meistens.

„Gefälligkeitsdemokratie", nennt man so etwas.

Wir jungen Freiheitlichen machen bei diesem Theater aber nicht mit!

Wir möchten Ihnen vielmehr einige Ideen aus unserem Jugendplan vorstellen. Dadurch können Sie uns beurteilen. Er enthält nicht nur die sonst üblichen, unverbindlichen Absichtserklärungen. Unser Jugendplan zeigt konkrete Lösungen zu dringenden Problemen der Jugend auf. – Damit unterscheiden wir uns wesentlich von den etablierten Jugendorganisationen der ÖVP und SPÖ.

Sie sehen also: Wir jungen Freiheitlichen haben konkrete Vorstellungen – wir sind den anderen eben immer um eine Nasenlänge voraus!

Gefällt Ihnen unser Programm, dann unterstützen Sie uns bitte.

Wählen Sie FPÖ.

Jörg Haider

Dr. Jörg HAIDER
Jugendreferent der FPÖ

Die Jugend ist immer das „Aktiv-Element" der Gesellschaft. Und junge Leute sind kritisch. Alt sein allein ist kein Verdienst, hört man – ein wenig respektlos, wie manche meinen – öfters von den Jungen, wenn Ältere auf Anerkennung, Bevorzugung und Respekt pochen.

All das gilt – so meinen wir Freiheitlichen – auch für das politische Leben. Keine Partei soll am 5. Oktober nur deswegen bevorzugt werden, weil sie älter, größer oder etablierter ist.

Die FPÖ ist Österreichs jüngste Parlamentspartei. Ihre Abgeordneten sind die fleißigsten, die aktivsten. Und sie sind kritisch. Sie übernehmen nicht ungeprüft, was andere vorplappern. Die FPÖ ist allergisch gegen ausgefahrene Geleise und alte Zöpfe. Die Freiheitlichen sind aber auch kritisch genug, um zu wissen, daß jung sein allein auch nicht genügt und nur kritisieren zu wenig ist. Wir glauben vielmehr, daß sich jeder, ob jung oder alt, seinen Platz durch eigene Leistung erkämpfen muß. Daß dabei gerade für die jungen Mitbürger die entsprechende Starthilfe und Förderung gesichert sein muß, ist für uns Freiheitliche selbstverständlich.

Wir wollen jedoch keine Gleichmacherei, denn sie ist der größte Feind der persönlichen Freiheit, die wir im Rahmen einer freiheitlich-demokratischen Ordnung für jeden einzelnen in größtmöglichem Ausmaß gesichert wissen wollen. Denn gerade der freie unabhängige Mensch braucht geordnete und überschaubare Verhältnisse.

Wie diese „Freiheitsordnung", wie das Zusammenleben aller Mitbürger beschaffen sein soll, haben wir in unserem „Freiheitlichen Manifest zur Gesellschaftspolitik" und in unserer Wahlplattform „Alternative 75" klargestellt.

Unsere jungen Mitarbeiter im „Ring freiheitlicher Jugend" haben unsere Vorstellungen mit eigenen Vorschlägen ergänzt. Denn auch die Anerkennung der Jugend als gleichberechtigter, wenn auch manchmal schwieriger Diskussionspartner ist für uns gleichermaßen Selbstverständlichkeit.

Ich darf Sie daher namens der Freiheitlichen Partei sowie im eigenen Namen um eines bitten: Lassen Sie am 5. Oktober nicht andere über Ihre Zukunft entscheiden. Üben Sie Ihr – vielleicht erstmaliges – Stimmrecht aus! Entscheiden Sie mit und entscheiden Sie kritisch. Geben Sie einer jungen Partei eine Chance. Wählen Sie frei, ohne Vorurteil! Wählen Sie freiheitlich!

Friedrich Peter

Friedrich PETER
Bundesparteiobmann

Wir konnten hier nur einige wichtige Punkte unseres umfassenden Jugendplanes darlegen. Sollten Sie Interesse am gesamten Programm oder aber einem bestimmten Konzept der Jungfreiheitlichen haben, so schreiben Sie uns eine Karte.

WIR ÜBERSENDEN IHNEN GERNE UNSERE PROGRAMME:

JUGEND UND WOHNEN
JUGEND UND BILDUNG
JUGEND UND BUNDESHEER
JUGEND UND FREIZEIT
JUGEND UND SPAREN
JUGEND UND BERUFSAUSBILDUNG

Unsere Adresse lautet:

Ring freiheitlicher Jugend, 1010 Wien, Kärntnerstraße 28

TANGENTE SONDERNUMMER 20 A

P.b.b.
Erscheinungsort Wien
Verlagspostamt 1010 Wien

TANGENTE, Jugendmagazin des Ringes freiheitlicher Jugend – Sondernummer 20/A (September 1975) Eigentümer, Herausgeber und Verleger: Ring freiheitlicher Jugend. Für den Inhalt verantwortlich: Robert Havlik. Alle: 1010 Wien, Kärntnerstr. 28/Me. Tel.: 52 93 02. Druck: E. Schausberger + Co., 4623 Gunskirchen

▸ Auszüge aus der Sondernummer 20 A der „Tangente" vom September 1975.

„Jörg Haider entwickelte sehr bald einen hohen Bekanntheitsgrad, von dem auch der Bundesjugendring Nutzen zog. [...] Jörg Haider und Karl Sevelda[1] redigierten damals die Jugendzeitschrift ‚Tangente', in der sie ihre aufmüpfigen Konzepte und Vorschläge publizierten. [...] Mit dieser Zeitschrift hatten sie ein Kampfmittel in der Hand, das sie nach außen und auch innerparteilich einsetzen konnten. [Die ‚Tangente'] wuchs sich im Laufe der Jahre zu einer Plattform der Kritik an Friedrich Peter und an der gesamten FPÖ-Führung aus." Weiters konnte Haider damit „ungezwungen seine Aufbauarbeit fortsetzen und persönliche Positionen vorbereiten" (Aglas, 1986, S. 58 f.). So schrieb er beispielsweise in der Ausgabe vom September 1975 als Jugendreferent der FPÖ einleitend in seinem Vorwort: „Liebe Freunde, zählen Sie zu den unkritischen und oberflächlichen Staatsbürgern? Dann können Sie sich die Mühe ersparen diese Schrift zu lesen. Wir wenden uns nämlich an den interessierten jungen Staatsbürger, der nicht so einfach in den Tag hineinlebt, der nicht alles glaubt, was die beiden alten Parteien, ÖVP und SPÖ, jetzt mit schönen Worten versprechen." Vorgestellt wurden in der Ausgabe einige Ideen aus dem Jugendplan zu Wohnen, Bildungsreform, Bundesheer und Freizeit. Die Schlussworte der Ausgabe verfasste Bundesparteiobmann Friedrich Peter. Dabei bezog er sich vor allem auf die bevorstehende Nationalratswahl am 5. Oktober: „Die FPÖ ist Österreichs jüngste Parlamentspartei. Ihre Abgeordneten sind die fleißigsten, die aktivsten. Und sie sind kritisch. Sie übernehmen nicht ungeprüft, was andere vorplappern. Die FPÖ ist allergisch gegen ausgefahrene Geleise und alte Zöpfe. Die Freiheitlichen sind aber auch kritisch genug, um zu wissen, daß jung sein allein auch nicht genügt und nur kritisieren zu wenig ist. Wir glauben vielmehr, daß sich jeder, ob jung oder alt, seinen Platz durch eigene Leistung erkämpfen muß. Daß dabei gerade für die jungen Mitbürger die entsprechende Starthilfe und Förderung gesichert sein muß, ist für uns Freiheitliche selbstverständlich" (Tangente, 1975, S. 3).

Obwohl hier scheinbar noch nichts darauf hindeutete, schwelte der Konflikt zwischen Haider und Peter bereits. „Beim Villacher Parteitag 1976 kam es [schließlich] zu einer offenen Kampfansage gegen Friedrich Peter. Als ihr Urheber wurde Jörg Haider bezeichnet, der damals bereits Landesparteisekretär

1 Karl Sevelda erlangte später als Kabinettschef unter Vizekanzler Norbert Steger Bekanntheit (Graber, 2013).

in Kärnten war" (Aglas, 1986, S. 60). Als Friedrich Peter im Zuge der SP-FP-Zusammenarbeit von Vizekanzler Norbert Steger in den Aufsichtsrat der Verbundgesellschaft entsandt wurde, erreichte der Konflikt einen neuen Höhepunkt, da Haider in der Bestellung Peters einen Verstoß gegen Parteibeschlüsse über den Privilegienabbau sah: „Ich kann nicht mitansehen, daß die FPÖ in Form einer Kleinausgabe das macht, was sie den anderen Parteien 40 Jahre lang vorgeworfen hat" (ebd.). „1992 trat [Peter] schließlich aus Protest gegen den von Jörg Haider eingeleiteten Kurs der Partei aus der FPÖ aus" (Demokratiezentrum Wien, 2022).

Amerika oder Kärnten?

„Sein politisches Können blieb keinem verborgen. Jörg Haiders Karriere erhielt einen Schub, als er 1974 mit nur 24 Jahren Mitglied des Bundesvorstandes der FPÖ wurde. 1976 bekam er im Zuge seiner Arbeit als Assistent von Günther Winkler ein Stipendium in Amerika angeboten" (Zeppelzauer u. Zeppelzauer, 2009, S. 137). Im selben Jahr ehelichte er am 1. Mai 1976 seine Frau Claudia und freute sich über die Geburt seiner ersten Tochter Ulrike. Warum sich Jörg Haider und seine Familie schlussendlich gegen Amerika entschieden, weiß Claudia Haider noch genau: „Wir waren damals schon entschlossen, nach Amerika zu gehen, und hatten auch schon die Tickets gebucht und Jörg die Zusage für ein Stipendium. Zu der Zeit war ich hochschwanger und wollte deshalb drei Monate später nachkommen. Dann bot Mario Ferrari-Brunnenfeld Jörg den Posten als Parteisekretär in Kärnten an und argumentierte mit: ‚Eine junge Familie lässt man nicht allein.' So kam es, dass sich Jörg dazu entschied, nach Kärnten zu gehen anstatt nach Amerika. In Amerika hätte er nie eine politische, sondern eine wissenschaftliche Karriere eingeschlagen" (Haider C., 2023).

Damit war die Entscheidung gefallen für ein politisches Leben in der Öffentlichkeit. Dass das insbesondere für ihn als Ehemann und ab 1979 als zweifachen Vater nicht immer einfach war, steht außer Frage. Doch seine Familie gab ihm den nötigen Rückhalt, wie Claudia erzählte: „Der Beruf hat einfach das Leben bestimmt. Als Familie waren wir daran gewöhnt und haben das auch mitgetragen. Schlussendlich muss ich sagen, dass wir ein gutes Team waren, weil wir uns in der Grundsatzfrage immer einig waren" (ebd.).

Am 1. September 1976 trat Haider dann seine neue Stellung als Landesparteisekretär in Kärnten unter Mario Ferrari-Brunnenfeld als FPÖ-Landesparteiobmann an. Dieser wird in diesem Zusammenhang oft als „Mentor Haiders" bezeichnet. Und Haider begann sich einzubringen: „Voller Optimismus begann er von der ersten Sekunde an, alles umzukrempeln. Besonders die ‚Ärmsten der Armen' waren dem frischgebackenen Landesparteisekretär von Beginn an ein Anliegen – er übernahm Verantwortung für die sozial Schwachen. Haider leistete auch enorme Aufbauarbeit in der Partei und koordinierte in seiner Funktion als Landespartei- und Klubsekretär die politische Arbeit zwischen den Landesparteiorganisationen, dem Landtagsklub und der Basis" (Zeppelzauer u. Zeppelzauer, 2009, S. 147). Manfred Stromberger, der viele Wahlkämpfe für Jörg Haider leitete, wusste von seiner ersten Begegnung mit ihm zu berichten, die genau in diese Anfangszeit Haiders in Kärnten fiel: „Ich habe den Jörg als jungen Parteisekretär kennengelernt. Der Ferrari-Brunnenfeld hat ihn nach Kärnten geholt. Und wir haben diesen jungen Parteisekretär zu dieser Jubiläumsfeier in meiner Heimatgemeinde in Weitensfeld im Gurktal eingeladen. [...] Dann ist dieser Jörg Haider gekommen und hat eine Rede [gehalten]. Das war das erste Mal für unsere Mitglieder, dass sie eine Gänsehaut bekommen haben. Er war ein blendender Rhetoriker" (Stromberger, 2024).

Jörg Haider war der neue Mann in der Kärntner FPÖ, der begeisterte, wusste, worauf es ankam, und damit seinen Weg nach oben fortsetzte. 1983 schließlich löste Haider Ferrari-Brunnenfeld als Landesparteiobmann ab. Dieser wechselte daraufhin in die Bundesregierung.

Jüngster Abgeordneter im Nationalrat

1979 trat Jörg Haider als Spitzenkandidat bei der Nationalratswahl an. Im Wahlkampf forderte er neben einem Ende der Parteibuchwirtschaft auch einen sofortigen Privilegienabbau und machte die Minderheitenfrage in Kärnten auf bundespolitischer Ebene zum Thema. „Im Wahlkampf zeigte sich Haider jung, dynamisch und kämpferisch und repräsentierte damit eine moderne FPÖ", schrieben Regina und Andreas Zeppelzauer (Zeppelzauer u. Zeppelzauer, 2009, S. 155).

Er erreichte sein Ziel: Mit 29 Jahren zog Jörg Haider am 5. Juni 1979 als damals jüngster Abgeordneter ins Parlament ein. Er wurde FPÖ-Sozialsprecher.

Um Kärnten im Nationalrat wirksam vertreten zu können, ersuche ich Sie um Ihre persönliche Unterstützung und Ihre Stimme

Dr. Jörg Haider

Dr. Jörg Haider
29 Jahre, FPÖ-Spitzenkandidat für den Nationalrat
Mit Jörg Haider möchte die Kärntner FPÖ den jüngsten Nationalrat Österreichs ins Parlament entsenden.

FPÖ

Bild: Freiheitliche Partei Österreichs

▸ Wahlmaterial zur Nationalratswahl 1979.

„Er erhält von seinen Kollegen ein Ressort, welches keiner haben wollte, und muß sich fortan mit sozialpolitischen und arbeitnehmerrechtlichen Fragen auseinandersetzen" (Bruckberger, 1986, S. 56). Doch der junge Haider bewährte sich und konnte in seiner Zeit als Abgeordneter viel bewegen: „Haider forderte das Nachtschicht-Schwerarbeitergesetz: soziale Besserstellung, zeitlich früheren Pensionsanspruch, bessere Pausenregelung, intensive ärztliche Betreuung. Und Haider verbuchte seinen ersten ganz großen Erfolg: die Initiative wurde auch von den Großparteien gewürdigt, das Gesetz wurde beschlossen" (ebd., S. 57).

Am 5. Juni 1979 fand die erste konstituierende Nationalratssitzung der neuen Gesetzgebungsperiode statt. In der dritten Sitzung am 20. Juni 1979 nahm Haider als vorletzter Redner Stellung zur Regierungserklärung der Regierung Kreisky IV als Alleinregierung der SPÖ:

> „Es war nämlich klar, daß schon auf Grund des Wahlprogramms und jener Aussage über den Weg in die achtziger Jahre niemand so recht wußte, wo denn dieser Weg wirklich hinführen würde. Es blieb eine Menge von Unklarheiten übrig. Und diese Konsequenz haben Sie eisern in Ihrer Regierungserklärung durchgehalten. Offenbar unter Bezugnahme auf Ihre frü-

> here Aussage, nicht zuletzt auch anläßlich Ihres Parteitages, wo Sie gesagt haben: Nur keine Experimente!, und zwar als offensichtliche Erklärung Ihrer Strategie. Weil Sie also keine Experimente wollten, haben Sie nun offenbar einen Entschuldigungsgrund in dieser Aussage gefunden, daß Sie eine sehr unklare, verschwommene und bis zu einem gewissen Grad in ihren Konsequenzen nicht absehbare Regierungserklärung vorgelegt haben. Und weil Sie kein Programm, das klar ist, haben, experimentieren Sie jetzt und machen genau das, was Sie eigentlich nicht haben wollten. Wenn der Herr Klubobmann Fischer heute vormittag gemeint hat, die Weichen seien für die achtziger Jahre gestellt, dann würde ich meinen: Die Weichen hat er wohl gestellt, nur fehlen noch ein bißchen die Schienen, damit man weiß, wie lang und in welche Richtung dieser Weg wirklich gehen wird. (Zustimmung bei der FPÖ.)" (Haider J., 1979)

„Die Anträge, die vom Abgeordneten Dr. Jörg Haider eingebracht wurden, lesen sich wie ein Logbuch der Erfolge. Bei 39 FPÖ-Anträgen ist es gelungen, 20 positive Schlüsse zu erzielen" (Aglas, 1986, S. 62). Zu diesen Anträgen gehörte unter anderem die Durchführung des „Marshall-Planes" für wirtschaftliche schwache Regionen und für das Grenzland. Weiters ging es in den Anträgen um die soziale Verbesserung der Situation der Nachtschicht-Schwerarbeiter, die Schaffung eines Alleinverdienerabsetzbetrages für berufstätige alleinstehende Frauen und Mütter (Väter), die Staffelung der Familienbeihilfe nach dem Alter der Kinder, die Befreiung der Behinderten von der Kfz-Steuer und die Direktverrechnung der Arztkosten mit der Krankenversicherung für Bauern. 1981 wurde ein Wohnbausofortprogramm zur Bekämpfung der hohen Arbeitslosigkeit in der Bauwirtschaft vorgelegt, 1982 forderte die FPÖ eine nationale Aktion zur Sicherung der Jugendbeschäftigung. Weiters ging es in den Anträgen um die Schaffung von Lehrplätzen sowie die Verbesserung der Berufsausbildung (FPÖ Landesgruppe Kärnten, 1983).

Von 1979 bis 1983 war Jörg Haider im Nationalrat und als Sozialsprecher tätig, wodurch er die Möglichkeit hatte, maßgeblich an der Sozialpolitik Österreichs mitzuwirken. In dieser Funktion nahm er sich „besonders der Arbeitnehmer an und informierte sich in zahlreichen Betriebsbesuchen an Ort und Stelle" (FPÖ Landesgruppe Kärnten, 1983, S. 14). „Es gelingt ihm dabei immer, vorhandene Mängel abzustellen und Verbesserungen zugunsten der Arbeitnehmer durchzusetzen. [...] Das Recht auf Arbeit ist ein soziales Grundrecht. Soziale Gerechtigkeit schöpft aus der angemessenen Abgeltung für eine erbrachte Leistung und überdies für einen ausreichenden Schutz im Falle einer unverschuldeten Notlage. Das Ziel der damaligen Sozialpolitik war die freie Persönlichkeit, die sich ihrer Verpflichtung gegenüber der Gemeinschaft bewußt ist" (Aglas, 1986, S. 72 f.).

In seiner Funktion als Nationalratsabgeordneter fühlte sich Haider vorrangig als Vertreter der Kärntner: „Ich bin einer jener Kärntner Nationalratsabgeordneten, die direkt von der Kärntner Bevölkerung in den Nationalrat gewählt werden, weil die Kärntner FPÖ ein Grundmandat hat. Ich fühle mich daher auch in erster Linie als Vertreter der Kärntner Bevölkerung in Wien, der im Parlament vorrangig die Anliegen Kärntens zu berücksichtigen und durchzusetzen hat" (FPÖ Landesgruppe Kärnten, 1983, S. 6).

Jörg Haiders flammende Reden im Parlament, bei denen er kein Blatt vor den Mund nahm, die Regierenden frontal konfrontierte und Ungerechtigkeiten aufzeigte, sind weithin bekannt und können auch heute noch in den Parlamentsprotokollen nachgelesen werden. Auch mit seinen Anfragen im Nationalrat konnte Jörg Haider für Österreich und sein neues Heimatbundesland viel bewegen. Obwohl die FPÖ nur sechs Prozent der Abgeordneten stellte, stellte sie 33 Prozent der Anfragen. Es gelang damit, „wichtige Fragen, die die Bevölkerung bewegen bzw. die für Kärnten bedeutsam sind, im Interesse der Menschen bzw. des Landes zu regeln und die Ministerien oder die Verwaltungsbehörden zu einer geänderten Verhaltensweise zu bewegen". Damit praktizierten Haider und die FPÖ „bürgernahe, menschliche Politik" (FPÖ Landesgruppe Kärnten, 1983, S. 10). Hier nur zwei Beispiele: Durch seine Anfrage zur „Auftragsvergabe der ÖBB für Eisenbahnschwellen" gelang es, dass ein Kärntner Unternehmen ab Herbst 1981 in die Auftragsvergabe, die eine Investitionssumme von ca. 120 bis 140 Millionen Schilling umfasste, einbezogen wurde. Damit konnte ein Beitrag zur Arbeitsplatzsicherung in Kärnten geleistet werden. Seine Anfrage zur „Altersheimsteuer", die die Bewohner von Altersheimen der Sozialhilfeträger zusätzlich zu ihrer Heimgebühr in Höhe von acht Prozent zu bezahlen hatten, führte zu einem Abänderungsantrag, der von der Regierungspartei abgelehnt wurde. Es kam in der Folge zum Prozess vor dem Verwaltungsgerichtshof mit dem Ergebnis, dass die den alten Menschen unrechtmäßig abgenommene Umsatzsteuer zurückgezahlt werden musste (FPÖ Landesgruppe Kärnten, 1983).

Vom jungen Redetalent zum Sozialsprecher im Nationalrat, vom ambitionierten Jungpolitiker zum Zukunftsträger einer Partei – der Politiker Jörg Haider hatte sich etabliert, sich mit seinem Einsatz für „die einfachen Bürger" und gegen soziale Ungerechtigkeit einen Namen gemacht. Haiders erste Periode im Nationalrat endete 1983, als er sein Nationalratsmandat abgab. Er ging zurück nach Kärnten. Am 9. Juni 1983 wurde Jörg Haider als Landesrat für Tourismus und Gewerbe Mitglied der Kärntner Landesregierung. Am 24. September 1983 folgte Haider Mario Ferrari-Brunnenfeld nach, als ihn die Partei mit 94 Prozent der Delegiertenstimmen zum FPÖ-Landesparteiobmann von Kärnten wählte, der er bis 1998 blieb (Jörg Haider Gesellschaft, 2024).

1983: Haider an der Spitze der Landespartei

„Ich bin der Meinung, dass man aus einem solchen Wahlresultat die Konsequenzen zu ziehen hat, und ich werde die Konsequenzen ziehen" (ORF, 1983). Mit diesem Satz beendete der damalige Bundeskanzler Bruno Kreisky die nach ihm benannte Ära am Wahlabend des 24. April 1983. Obwohl die SPÖ mit 47,65 Prozent nach wie vor die stimmenstärkste Partei stellte, war der Verlust der absoluten Mehrheit für Kreisky Grund genug, seinen Rücktritt bekannt zu geben. Erstmalig angetreten waren 1983 die Vereinten Grünen Österreichs, die ein Grundmandat jedoch verpassten. Die ÖVP konnte einen leichten Zugewinn von 1,32 Prozent auf mehr als 43 Prozent verzeichnen, die FPÖ mit Norbert Steger als Spitzenkandidat verlor gut ein Prozent und pendelte sich bei fünf Prozent ein (ebd.).

Die Parteiführung rund um Steger, der dem Atterseekreis[2] angehörte, hatte in den Jahren zuvor bereits Anstrengungen unternommen, um aus dem nationalliberalen freiheitlichen Lager ein definiert liberales Lager zu machen. Das nationale Element ausklammernd erlebte die FPÖ bei der Nationalratswahl 1983 jedoch einen Absturz in der Wählergunst. Dennoch war es aufgrund der Wahlarithmetik so, dass die Freiheitlichen trotz Stimmenverlustes die bis dahin höchste Zahl an Mandaten erlangten. Zwölf der insgesamt 183 Sitze im Nationalrat wurden ab diesem Zeitpunkt von ihnen besetzt, die restlichen 171 Sitze teilten sich Rot und Schwarz. Friedrich Peter, der bis 1978 den Bundesparteiobmann der FPÖ stellte, hatte sich bereits in den 1970er-Jahren der SPÖ unter Kreisky angenähert. Die FPÖ unter Peter duldete nach der Nationalratswahl 1970 eine rote Minderheitsregierung, um im Gegenzug eine Wahlrechtsreform

2 Der Atterseekreis wurde 1971 unter Führung des damaligen Bundesparteiobmannes Friedrich Peter gegründet, um den liberalen Flügel innerhalb der FPÖ zu stärken (Freiheitlicher Arbeitskreis Attersee, o. D.)

durchzusetzen. Diese Änderung führte zu einer Aufstockung der Nationalratssitze von 165 auf 183, was vor allem Kleinparteien – wie der damaligen FPÖ – zugutekam. 1983, als die Alleinregierungszeit der SPÖ endgültig vorbei war, war es daher für Kreisky-Nachfolger Fred Sinowatz wohl ein folgerichtiger Schritt, die Koalition mit den Freiheitlichen statt mit der ungeliebten ÖVP einzugehen (Knittelfelder, 2023). Norbert Steger wurde unter Bundeskanzler Sinowatz Vizekanzler und Bundesminister für Handel, Gewerbe und Industrie. Die weitere FPÖ-Regierungsmannschaft bestand aus Justizminister Harald Ofner, Landesverteidigungsminister Friedhelm Frischenschlager (ab Mai 1986 Helmut Krünes), Finanz-Staatssekretär Holger Bauer sowie den Staatssekretären für Gesundheit und Umweltschutz Mario Ferrari-Brunnenfeld und für Land- und Forstwirtschaft Gerulf Murer. Als Staatssekretär in der ersten rot-blauen Koalition musste Ferrari-Brunnenfeld seinen Sitz in der Kärntner Landesregierung aufgeben. Jörg Haider übernahm für ihn nicht nur als Landesrat (für Tourismus und Gewerbe) in Kärnten, sondern ab September 1983 auch die Funktion des Landesparteiobmannes (Lehmann-Horn, 1992).

Was hier in wenigen Worten zusammengefasst ist, war das Ergebnis einer Entwicklung, die in den 1970er-Jahren ihren Anfang nahm und 1986, als Haider am Innsbrucker Bundesparteitag zum Bundesparteiobmann gewählt wurde, ein abruptes Ende fand.

Die bereits erwähnte komplette Loslösung des liberalen Atterseekreises, dem Norbert Steger und auch Friedrich Peter angehörten, von nationalen Elementen wurde von vielen Wählern nicht goutiert. Die Kärntner Landesgruppe rund um den damaligen Landesobmann Ferrari-Brunnenfeld und Landesparteisekretär Jörg Haider merkte bereits gegen Ende der 1970er-Jahre, dass eine abermalige Kurskorrektur vonnöten war, um die Wählergunst zurückzugewinnen. Haiders Politik, die insbesondere in seiner Tätigkeit als Nationalratsabgeordneter sehr sozial und liberal ausgerichtet gewesen war, passte sich dem Bürgerwunsch an und berücksichtigte zunehmend auch nationale Positionen, wobei er die soziale Frage nach wie vor sehr in den Mittelpunkt seines politischen Tuns stellte. 1982 erklärte Ferrari-Brunnenfeld die freiheitlichen Prinzipien mit folgenden Worten: „Auf dem Boden der sozialen Volksgemeinschaft besteht das freiheitliche Gedankengebäude. In diesem sind die Begriffe national, sozial, liberal und europäisch eingeschlossen" (Ferrari-Brunnenfeld, 1982). Die Freiheitlichen in Kärnten betonten somit kurz vor der richtungweisenden Nationalratswahl 1983 zunehmend auch den deutschnationalen Wesenskern der Partei. Dass sich die Bundespartei rund um Norbert Steger hingegen von allzu nationalen Elementen der Partei distanzierte, um sich dem Koalitionspartner anzubiedern und gleichzeitig den sozialistischen Weg der Regierung zu unterstützen, ohne freiheitliche Spuren zu hinterlassen, führte zu immer schärferer Kritik – insbesondere aus Kärnten. Vor allem nach der Regierungsbildung am 24. Mai 1983 wurden Stimmen laut, die die FPÖ lediglich als Steigbügelhalter einer SPÖ-dominierten Re-

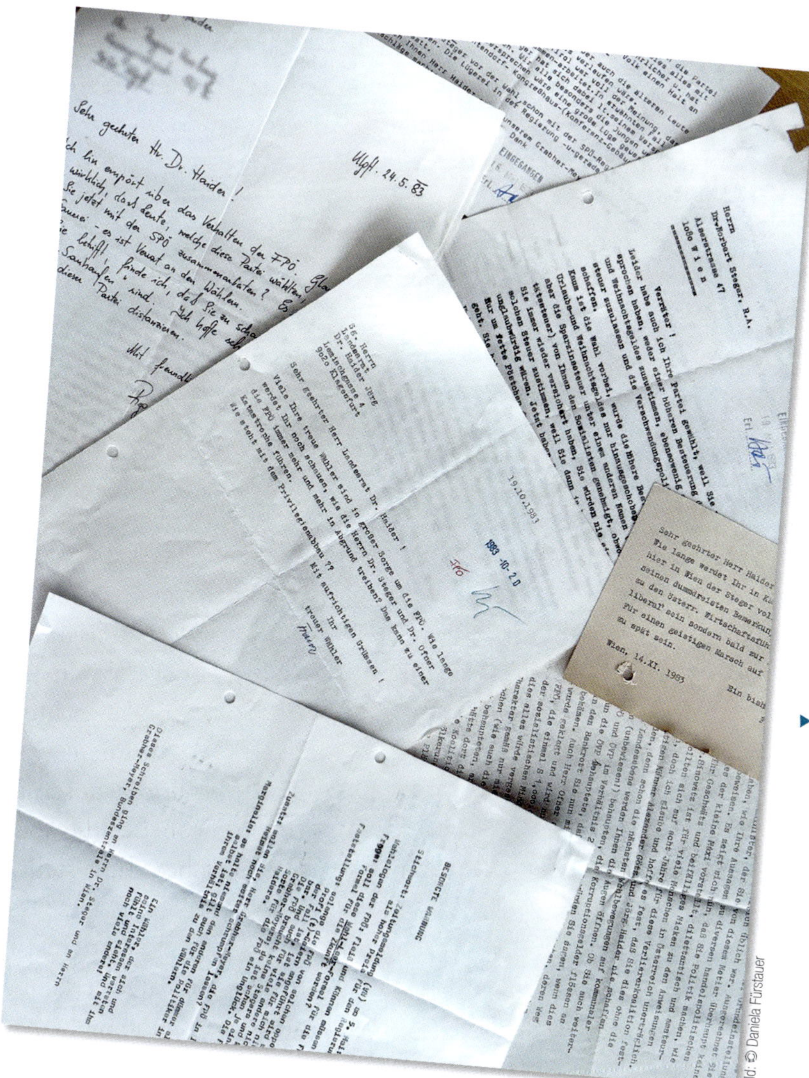

Bild: © Daniela Fürstauer

▸ Einige der diversen Zuschriften, die die FPÖ-Landespartei Kärnten erhielt.

gierung sahen. Dem Landesparteisekretär der FPÖ Kärnten wurden unzählige Briefe übermittelt, in denen Wähler ihrem Missmut über die freiheitliche Regierungsarbeit Ausdruck verliehen.

Die Beziehung zwischen der Kärntner Landesgruppe und Wien belastete zusätzlich der Umstand, dass kein Vertreter Kärntens in die Koalitionsverhandlungen mit der SPÖ eingebunden worden war. Dies war ein Affront gegen die Freiheitlichen in Kärnten, die nach der Wahl zur stärksten Landesgruppe österreichweit geworden waren. Mit 10,8 Prozent der Stimmen gab es in Kärnten einen großen Wahlerfolg, während es in den anderen Bundesländern zu herben Verlusten kam. Dass sich die Kärntner FPÖ ein weiteres Nationalratsmandat erhoffte, kam daher wenig überraschend, wurde jedoch zugunsten der Landesgruppen Oberösterreich und Salzburg nicht berücksichtigt. Eine Bundespartei, die sich zunehmend von den freiheitlichen Basiswerten verabschiedete, eine brüskierende Ablehnung gegenüber der starken Kärntner Landesgruppe sowie die Tatsache, dass Norbert Steger Jörg Haider bzw. Kärnten keinen Ministerposten anbot, sorgten dafür, dass es zu immer mehr Unstimmigkeiten zwischen Wien und Kärnten kam (Lehmann-Horn, 1992).

Haider hatte sich aus gutem Grund Hoffnungen auf eine Ministerposition gemacht, er war seit Jahren im Nationalrat engagiert und hatte als Spitzenkandidat seine Partei in Kärnten – entgegen dem Bundestrend – zum Wahlerfolg geführt. Aus seinem Terminkalender vor der Wahl ist ersichtlich, wie umtriebig der damalige Nationalratsabgeordnete Jörg Haider von einer Veranstaltung zur nächsten reiste, um die Wähler vom freiheitlichen Programm zu überzeugen. Wenige Tage vor der Nationalratswahl ließ er in der „Kleinen Zeitung" einen Beitrag abdrucken unter dem Titel „Mutig für den Bürger – hart gegen Privilegien":

> „Vier Jahre habe ich hart für Kärnten gearbeitet. Jede Kärntner Stimme für die Kärntner FPÖ hilft mir, direkt als Kärntner Vertreter ins Parlament gewählt zu werden. Deshalb habe ich schon in der vergangenen Periode den Anliegen unseres Landes Vorrang beigemessen. Vieles konnte ich gemeinsam mit meinen Fraktionskollegen erreichen. Beispielsweise die Beschlußfassung eines Marshall-Planes für wirtschaftlich schwache Regionen und das Grenzland, der zusätzliche Millionen

> an Wirtschaftsförderung für Kärnten bringt, oder die steuerliche Entlastung der Kulturvereine, die Direktverrechnung für die bäuerliche Familie bei ärztlicher Behandlung, das Karenzgeld für Bäuerinnen und Selbständigen-Gattinnen, ein eigenes Nachtschichtschwerarbeitergesetz oder die Schaffung eines steuerlichen Alleinerhalterabsetzbetrages für rund 400.000 alleinstehende und berufstätige Frauen und Mütter. Unsere Vorschläge haben auch die Mehrheit überzeugt. Vor der letzten Nationalratswahl habe ich aber auch versprochen, gegen die Politikerprivilegien ankämpfen zu wollen. Dieses Versprechen habe ich gehalten und 1980 als einziger Abgeordneter des Parlaments gegen die Privilegien gestimmt und die Gelder für soziale Zwecke verwendet." (Haider J., 1983)

Der Wahlkampf in Kärnten orientierte sich am jungen Jörg Haider, der die Geschwindigkeit vorgab. In einem Brief an die Kärntner, der an Tausende Haushalte verschickt wurde, listete die Landespartei die Erfolge Haiders als Abgeordneter und FPÖ-Sozialsprecher im Nationalrat auf. Im Zuge seiner parlamentarischen Arbeit hatte Haider rund 40 Anträge eingebracht, fast die Hälfte davon hatte er durchsetzen können. Beispielsweise wurde die Pkw-Luxussteuer bei Behinderten-Kraftfahrzeugen abgeschafft, ein Entfall der Steuer für Kulturvereine bis zu einem Jahreseinkommen von 100.000 Schilling bewirkt und die Schaffung des „Marshall-Planes" durchgesetzt. Als Abgeordneter setzte Haider auf eine breite Themenpalette, wobei es ihm jedoch immer wieder gelang, freiheitliche Kernelemente anzusprechen. Soziale Fragen beschäftigten ihn ebenso wie der Abbau von Politikerprivilegien und die offizielle Anerkennung der Leistungen der Kärntner Abwehrkämpfer durch die Republik Österreich. Haider setzte nicht nur auf die richtigen Themen, er wusste auch, wie er diese dem Wahlvolk näherbringen musste, und nahm während des offiziellen Wahlkampfes an 135 Veranstaltungen teil (FPÖ Kärnten, 1983, o. S.).

Sein Fleiß wurde honoriert, sodass einem erfolgreichen weiteren Wirken im Nationalrat nichts im Wege gestanden wäre. Die Weigerung der Bundes-FPÖ, das Kärntner Ergebnis bei Personalentscheidungen entsprechend zu würdigen, führte jedoch letztlich dazu, dass es innerhalb der Kärntner Landespartei zu weitreichenden Personalrochaden kam. Bereits Ende Mai 1983 wurde in einer

Vorstandssitzung beschlossen, dass Haider als Landesrat für Ferrari-Brunnenfeld übernehmen und sein Nationalratsmandat niederlegen sollte. Ferrari-Brunnenfeld hingegen sollte als Staatssekretär nach Wien wechseln und Haider ihn bis zum Parteitag im Herbst auch als Landesparteiobmann vertreten. Obwohl in eine hohe Staatsposition wechselnd, bedeutete der Staatssekretärsposten in Wien für Ferrari-Brunnenfeld einen erheblichen Machtverlust. Er war nun vom Wohlwollen des Koalitionspartners abhängig, und seine Einflussmöglichkeiten in Kärnten waren stark beschnitten. Haiders politische Karriere war hingegen gefestigt, innerparteilich gab es keinen Weg mehr an ihm vorbei: Er war als Parteisekretär an zentralen Schaltstellen in Kärnten positioniert gewesen, als Nationalratsabgeordneter hatte er in Zeiten ohne Handy und Internet einen großen Informationsvorsprung gegenüber anderen, die „Kärntner Nachrichten", die offizielle Parteizeitung, der er vorstand, nutzte er geschickt als mediales Sprachrohr. Zudem war er noch Mitglied im Bundesparteivorstand und ab März 1983 Bezirksobmann von Klagenfurt-Stadt. Jörg Haider hatte es als junger Mandatar geschafft, auf allen Parteiebenen (Gemeinde, Land, Bund) wichtige Positionen zu bekleiden (Lehmann-Horn, 1992). Norbert Steger und viele andere der Bundespartei dürften zu Beginn der 1980er-Jahre das politische Talent Haiders und seinen Drang, mitzuwirken und zu gestalten, falsch eingeschätzt oder absichtlich übersehen haben. Nur so ist es erklärlich, dass man Haiders politischen Erfolgen und jenen der Kärntner Landesgruppe im Allgemeinen nicht genügend Wertschätzung entgegenbrachte.

Dass Haider bei allen Bemühungen, zum Wohle der Partei auf interne Streitigkeiten zu verzichten, sehr wohl wusste, dass er mittlerweile zu einem Garanten für eine erfolgreiche FPÖ-Wahlarbeit geworden war, zeigte sich auch anhand eines Briefes, den er nach zweijähriger Tätigkeit als Landesparteiobmann der FPÖ in Kärnten an den Generalintendanten des ORF Gerd Bacher verfasste. In diesem kritisierte Haider die scheinbare Ignoranz des ORF gegenüber der Kärntner FPÖ, mögliche Interventionen der SPÖ beim öffentlich-rechtlichen Rundfunk und eine fehlende objektive Berichterstattung:

> „Wir als die nunmehr stärkste Landesorganisation der FPÖ, die als einzige Landesgruppe in den vergangenen Jahren sämtliche Wahlen mit respektablen Gewinnen bestanden hat, wir werden völlig ignoriert, und sogar der Hörfunk kam zu spät und

> wartete nicht einmal, bis es zur Ansprache von Vizekanzler Steger kam. Dies, obwohl der Parteitag sehr lebendig war, die Kärntner Delegierten und ich einige klare inhaltliche Forderungen an die Bundesregierung richteten und Vizekanzler Steger sich dazu äußerte. [...] Wir in Kärnten sind offenbar total uninteressant. Ich könnte mir in aller Bescheidenheit durchaus vorstellen, daß der Kärntner FPÖ-Obmann, der mit seiner Gruppe zum Unterschied von der Gesamt-FPÖ politisch sehr erfolgreich ist, ein durchaus interessanter Gesprächspartner sein könnte. Für Politiker anderer Kärntner Parteien will ich nicht sprechen. [...] Sei nicht böse über meine offenen Worte. Mit herzlichen Grüßen bin ich Dein Jörg Haider." (Haider J., 1985a)

Haider teilte in diesem Schreiben nicht nur gegen den ORF aus, der kein Radioteam zum Landesparteitag geschickt hatte. Dass er mehrmals darauf verwies, der einzig erfolgreichen FP-Landesgruppe vorzustehen, dürfte wohl auch Norbert Steger als direkten Seitenhieb verstanden haben. Die innerparteilichen Differenzen nahmen in der Folge zu, wobei es vor allem weiterhin Diskussionen über den politischen und ideologischen Kurs der Partei waren, die zur großen Belastungsprobe wurden.

1986: Weichenstellung in Innsbruck

Im Jahr 1985 feierte die Freiheitliche Partei in Kärnten ihr 30-jähriges Bestehen. Die Festrede hielt Landesrat und Landesparteiobmann Jörg Haider, der am 15. Juni 1985 im Villacher Kongresshaus die Parteimitglieder mit folgenden Worten begrüßte:

> „Sehr geehrte Damen und Herren!
> Die politischen Parteien unserer Republik sind ins Gerede gekommen. Und dies nicht nur in einem positiven Sinn. Veränderungen im Bewusstsein und politischen Denken der Bürger kündigen sich an und zeigen Wirkung. Traditionelle Bindungen zum angestammten politischen Lager beginnen aufzubrechen, Loyalitäten zerfallen und viele Menschen beginnen zurecht am Sinn ihrer beobachteten Treue zur politischen Idee der jeweiligen Partei zu zweifeln. Gar zu oft und gar zu augenfällig werden die politischen Parteien dieser Republik ihren Grundsätzen und weltanschaulichen Ideen untreu, um diese dem tagespolitischen Opportunismus zu opfern. Opportunismus erzeugt Enttäuschung und wird zum Vertrauensbruch gegenüber den treuen Anhängern einer politischen Idee." (Haider J., 1985b, S. 2)

Dieser Festtag fand nur kurz nach dem historischen Programmparteitag der FPÖ in Salzburg statt. Die „Neue Freie Zeitung" (NFZ) titelte am 6. Juni 1985 „Historische Stunde der Freiheitlichen" über den Parteitag, bei dem in einer Marathonsitzung 16 Stunden lang vom 1. auf den 2. Juni 1985 die programmatische Ausrichtung der Freiheitlichen fixiert worden war (Neue Freie Zeitung,

1985). Thematischer Schwerpunkt dabei war die abermalige Festlegung auf eine Ablehnung der Atomenergie; der parteiinterne „Atom-GAU", wie medial kolportiert (Stocker, 1985), blieb somit aus. Bundesparteiobmann Norbert Steger erklärte dazu in seinem Schlusswort:

> „Dieses Programm ist durch unser neues Selbstverständnis als Regierungspartei geprägt. Wenngleich das tagespolitische Geschehen in der Koalitionsregierung alle zum Kompromiß zwingt, wird dieses Programm die Richtlinie unseres politischen Handelns sein. [...] Die Freiheitliche Partei hat sich in den ersten beiden Jahren als Regierungspartei bewährt. Gemeinsam mit unserem Koalitionspartner haben wir schwierige Aufgaben bewältigt. [...] Natürlich müssen wir in der Tagespolitik Kompromisse schliessen, die freiheitliche Handschrift vieler Maßnahmen ist aber unübersehbar." (Steger, 1985, S. 11 ff.)

Obwohl das Parteiprogramm inhaltlich wohl auf große Zustimmung innerhalb der FPÖ stieß und auch Kärntens Landesrat und Landesparteiobmann Jörg Haider ausrichten ließ, dass das Parteiprogramm als Herausforderung der alten Parteien verstanden werden könne (Neue Freie Zeitung, 1985), waren insbesondere die strategischen Differenzen zwischen Steger und Haider zu diesem Zeitpunkt deutlich sichtbar. Nur zwei Wochen nach der Präsentation des Programmes sprach Haider – wie im einleitenden Zitat erkennbar – davon, dass die politischen Parteien dazu tendierten, ihre Grundsätze dem tagespolitischen Opportunismus zu opfern. Darüber, ob der Fingerzeig hier ausschließlich gegen die Altparteien SPÖ und ÖVP gerichtet war oder auch Norbert Steger und dessen Anhängerschaft galt, kann man nur spekulieren. Dass Steger in seiner Ansprache am Programmparteitag auf die Notwendigkeit von Kompromissen im tagespolitischen Geschehen hinwies, dürfte Haider möglicherweise motiviert haben, sich nur zwei Wochen später gegen eine derart bereitwillige Anpassung an die politische Situation auszusprechen. Politischen Stillstand zu verwalten gehörte nicht zu den Dingen, die Jörg Haider akzeptieren wollte. Dass SPÖ und ÖVP unwillig waren, Reformen anzugehen, und stattdessen ungeniert dem Proporzsystem und der Freunderlwirtschaft frönten, war ihm zuwider. Dass mit Norbert Steger jemand der Partei vorstand, der aus seiner Sicht nicht durchsetzungsfähig genug war, um sich gegen den großen Koalitionspartner aufzulehnen, dürfte für Haider, der – aufgrund schlechter Umfragewerte für die SPÖ und einer strauchelnden ÖVP im Zuge der Waldheim-Affäre – eine Chance für die FPÖ sah, nur schwer nachvollziehbar gewesen sein (Mölzer, 1990).

Laute Töne im Konzerthaus

Der 20. Mai 1986 markiert jenen Tag, der die weitere Entwicklung, vor allem die Geschehnisse rund um die Abwahl Norbert Stegers und die Wahl Jörg Haiders zum Bundesparteiobmann 1986, maßgeblich beeinflusste. An diesem Tag fand im Konzerthaus Klagenfurt der außerordentliche Landesparteitag der FPÖ Kärnten statt. Die Tagesordnung lautete wie folgt:

1. 19 Uhr: Eröffnung und Begrüßung durch den LPO
2. Totenehrung
3. Wahl der Mandatsprüfungs- und Stimmenzählungskommission
4. Politischer Bericht des Landesparteiobmannes
5. Diskussion
6. Wahlen
   a. des Landesparteiobmannes
   b. seiner Stellvertreter
   c. des Landesparteivorstandes
7. Anträge und Resolutionen
8. Schlußwort des Landesparteiobmannes
9. Kärntner Heimatlied (FPÖ Kärnten, 1986a)

Was sich hier liest wie der Standardablaufplan eines jeden Parteitages, war in Wirklichkeit ein hochemotionaler und richtungweisender Abend für die gesamte Kärntner FPÖ. Medial wurde vorab gern von einer internen Zerreißprobe gesprochen, und das Konzerthaus Klagenfurt bot wahrlich eine große Bühne für die Landesgruppe der Kärntner Freiheitlichen. Seinen letzten großen Auftritt im Gefolge des Kärntner Landesparteiobmannes hatte in diesen Stunden FPÖ-Staatssekretär Dr. Mario Ferrari-Brunnenfeld. Wie die „Kleine Zeitung" am 22. Mai zu berichten wusste, war Ferrari-Brunnenfeld in den Tagen zuvor zum „Buhmann" in der Kärntner FPÖ geworden. Hintergrund dessen war, dass er, der

Haider einst nach Kärnten geholt und zum Landesparteisekretär gemacht hatte, zuvor im Bundesvorstand für das Parteigerichtsverfahren[3] gegen die Kärntner Landesgruppe gestimmt hatte. In seiner Rede am Parteitag erklärte Ferrari-Brunnenfeld sein Ja zur Entscheidung, das Parteigericht einzuschalten, damit, dass „nicht irgendein Parteigremium, wo Politiker drinnen sitzen, eine Entscheidung fällt, sondern wo Richter und Rechtsanwälte uns einen Fingerzeig geben sollen, wie es weitergeht". Und, um Haider quasi zur Räson zu bringen: „Wir haben alle erlebt, liebe Freunde, wie früher der frenetische Jubel dem Parteiobmann Haider zugeflogen ist, wie ihm ihre Herzen zugeflogen sind. Jörgl, dies ist aber ein Auftrag, jene Tugend zu vollziehen, die die höchste des Siegers ist, nämlich Mäßigung!" (FPÖ Kärnten, 1986a, S. 1 f.). Bezugnehmend auf die starke Kritik der Kärntner Landesgruppe an der Bundespartei führte Ferrari-Brunnenfeld weiter aus: „Freunde, wir können nicht nur einfach von einer Regierungsmannschaft erwarten, daß sie in 3 Jahren all das vollzieht, was in 40 Jahren andere vermacht und vermasselt haben. Bitte, legen wir uns selber die Latte nicht so hoch, daß wir enttäuscht sind, nicht all das erreichen zu können, was wir uns gewünscht haben" (ebd., S. 3). Obwohl er bereits bei vielen Granden der FPÖ in Kärnten in Ungnade gefallen war, wagte es Ferrari-Brunnenfeld, Haider aufzufordern, sich direkt der Wahl gegen Norbert Steger zu stellen:

> „Ich würde meinen, es gibt derzeit eine Freiheitliche Partei und es gibt zwei Männer, die den Führungsanspruch anmelden. Ich glaube daher, daß sich Haider beim nächsten Bundesparteitag, sei dieser in 14 Tagen oder in 2 Monaten, das ist völlig egal, ich meine, er soll sich dann der Wahl stellen. Aber dann, liebe Freunde, wir alle miteinander und zwar nicht nur in Kärnten sondern auch anderswo, hat man sich dann diesem Schiedsspruch der Delegierten zu beugen und dann hat man diesen Schulterschluß zu vollziehen, egal ob es einem paßt [...]." (ebd., S. 4)

Damit stellte Ferrari-Brunnenfeld nicht nur Haider, sondern der gesamten FPÖ-Landesparteigruppe die Rute ins Fenster, da eigentlich niemand den er-

3 Für Details zum damaligen Parteigerichtsverfahren vgl. S. 67 ff.

folgreichen Landesparteiobmann nach Wien ziehen lassen wollte. In der Resolution der Delegierten an den Landesparteitag stand daher unter anderem: „Der außerordentliche Landesparteitag fordert den Landesparteiobmann auf, sich unter den gegenwärtigen innerparteilichen Verhältnissen und aufgrund der offenen Feindseligkeit der SPÖ gegen LR Dr. Haider, aus den innerparteilichen Führungsdiskussionen auf Bundesebene herauszuhalten und sich ausschließlich dem gemeinsamen Ziel einer weiteren Stärkung der Kärntner FPÖ zu widmen" (FPÖ Kärnten, 1986a, S. 2). Haider solle sich nicht in Wien „verbrennen", so der allgemeine Tenor.

Zu liberal, zu basisfern und zu ungeschickt

Was war aber nun in den Monaten zuvor passiert, dass Haider einerseits mit seinem ehemaligen politischen Ziehvater Mario Ferrari-Brunnenfeld brach und andererseits auch Norbert Steger, dessen Bundesparteiobmannschaft er aktiv unterstützt hatte, die Unterstützung verwehrte?

Um diese Frage zu klären, muss man freilich die Genese der Freiheitlichen Partei, ihren ideologischen Ursprung und auch ihre historische Entwicklung begreifen. Andreas Mölzer hat darauf bereits sehr umfangreich in „Der Eisbrecher" (1990) Bezug genommen; für dieses Buch erfolgt an dieser Stelle eine etwas verknappte Darstellung. Fest steht, dass die FPÖ unter der Obmannschaft Norbert Stegers, der gemeinsam mit anderen Funktionären der politisch-wissenschaftlichen Arbeitsgemeinschaft Atterseekreis angehörte, das liberale Element in der Partei verstärkt werden sollte. Man wollte sich von alten und allzu nationalen Gedanken lösen und nach Übernahme der Parteiführung durch Steger mit Slogans wie „National hat keinen Stellenwert" punkten. Die Anbiederung Stegers an den Koalitionspartner, um nur ja möglichst in der Regierung zu bleiben, war gegensätzlich zu Haiders innerparteilichem Verständnis. Er sah die freiheitlichen Werte unter Steger in der Koalition nicht vertreten und musste befürchten, dass bei den bevorstehenden Wahlen 1987 die FPÖ zu einem Steigbügelhalter der SPÖ verkommen würde. Stegers Aussagen in einer ORF-Pressestunde, wo er eine eindeutige Koalitionsaussage zugunsten der SPÖ traf und sich so ungeschickt äußerte, dass klar wurde, dass er ausschließlich seine Position als Vizekanzler retten wollte, befeuerten den Konflikt mit Haider und auch anderen Landesparteien. Haider selbst hatte rechtzeitig gemerkt, dass es notwendig war, auch die nationalen Elemente einzubeziehen, um das Wählerpotenzial der FPÖ zu nutzen (Mölzer, 1990). Manfred Stromberger, sein späterer Wahlkampfmanager, sagte dazu: „Der Jörg Haider war am Anfang sehr liberal angehaucht, eher so wie Heide Schmidt, heutige NEOS. Aber dann hat er in Kärnten gesehen, dass wir eher heimatverbunden und national verwurzelt sind, und hat dann schlauerweise umgeschaltet" (Stromberger, 2024). Stromberger gehörte auch zu jener Parteigruppierung im Kärntner Gurktal, die Haider in den 1970er-Jahren nicht davon überzeugen konnte, sich für Norbert Steger als neuen Bundesparteiobmann auszusprechen: „Ich kann mich noch gut erinnern, der Jörg Haider als Parteisekretär hat dann damals uns allen gesagt, wir Kärntner sind für Steger [...]. Und [wir] haben gesagt, nein, mit uns kannst du da nicht rechnen, [...] der Steger ist ‚nicht unser Kandidat'" (ebd.). Später, als die Querelen mit Steger immer offensichtlicher wurden, die Umfragewerte der FPÖ im Keller waren und sich viele treue Wähler vom Bundesparteiobmann unverstanden fühlten, soll Haider gegenüber Stromberger seine damalige Fehleinschätzung zur Person Stegers kundgetan haben:

> „Der Jörg Haider ist dann drauf gekommen, dass der Norbert Steger nicht der Wunderwuzzi ist, der politische, für den wir ihn gehalten haben. [...] Wir sind dann dort [Osterfeier] auch gewesen, und dann ist Jörg Haider erschienen. Und dann ist er hergekommen, dann hat er nur bescheiden gesagt: ‚Ich bin in der Zwischenzeit drauf gekommen, ihr habt wahrscheinlich damals recht gehabt.'" (Stromberger, 2024)

Der Unmut der Parteibasis gegenüber der FPÖ-Regierungsmannschaft in Wien wuchs stetig an, die Bundesparteispitze vermochte es nicht, freiheitliche Inhalte in der Regierung durchzusetzen, die Umfragewerte deuteten auf einen totalen Abfall in der Wählergunst hin. Einzelne Landesgruppen organisierten ihre Wahlkämpfe lieber ohne Schützenhilfe der Bundespartei, die FPÖ in Kärnten war dabei jedoch bereits 1984 unter Jörg Haider so erfolgreich, dass sie mit 16 Prozent ein äußerst starkes Ergebnis erreichte, während die Bundespartei weiter strauchelte. Der Vertrauensverlust in die Fähigkeiten von Stegers Mannschaft war bundesweit so groß, dass neben den Kärntnern auch die Oberösterreicher, die Salzburger und die Steirer begannen, sich gegen eine Obmannschaft von Norbert Steger zu formieren (Mölzer, 1990). Aus den Unterlagen des Parteiarchives in Kärnten geht aus unzähligen Briefen, Faxen und sonstigen Zuschriften hervor, dass viele Parteimitglieder offen die Niederlegung der Obmannschaft durch Steger forderten.

Die Ereignisse überschlugen sich schließlich im Frühjahr 1986, als Friedrich Peter den Ausschluss Haiders forderte, nachdem die Kärntner Freiheitlichen angekündigt hatten, die Beziehungen zur Bundespartei stillzulegen. Im Radiointerview des ORF-Mittagsjournals begründete Haider die Entscheidung der Kärntner FPÖ, auf eine Kooperation mit der Bundespartei zu verzichten, damit, dass es trotz konkreter Zusagen auch bei Personalentscheidungen wieder zu keiner Aufwertung der Kärntner Partei gekommen war. Die Bestellungen von Helmut Krünes zum Verteidigungsminister und von Friedhelm Frischenschlager zum neuen Klubchef hatten die angespannten Beziehungen zwischen der Kärntner Landesgruppe und der Bundesführung in Wien weiter verstärkt:

> „Wesentliche Regierungsfunktionen sind auf den Wiener und niederösterreichischen Raum beschränkt und ich glaube, dass die Freiheitliche Partei mehr ist als eine Wiener Mischung und die Stimmen in den westlichen und südlichen Bundesländern letztlich doch immer dazu beigetragen haben, dass die Partei Grundmandate hat und politisch erfolgreich auf Parlaments- und Regierungsebene arbeiten konnte. Es ist daher unsere erklärte Absicht, nun den Versuch zu machen, in Zukunft durch eine gewisse Abkoppelung von Wien unseren eigenständigen Weg stärker zu profilieren. Aber auch doch noch die Hoffnung daran zu knüpfen, dass, wenn der Gesamtpartei etwas liegt daran, dass sie erfolgreich in die 87er Wahl geht, dass von ihr aus das Signal zu kommen hat, das auch uns wieder beruhigt und uns die Gewissheit gibt, dass unsere Arbeit gewünscht ist." (ORF, 1986)

Walter Grabher-Meyer, der Generalsekretär der Bundes-FPÖ, dessen Abbestellung die Kärntner FPÖ in ihrer Resolution vom 20. Mai 1986 forderte (FPÖ Kärnten, 1986a), entgegnete ebenfalls im ORF-Radiojournal, dass Haiders Aufbegehren zur Eigenständigkeit bzw. Kooperationsbeendigung mit der Bundespartei klar eine Verletzung der Parteistatuten bedeute. In der Folge wurde den Kärntner Freiheitlichen das Ultimatum gestellt, das Kooperationsaus mit der Bundespartei entweder zurückzunehmen oder die Konsequenz der Einleitung eines Schiedsgerichtsverfahrens tragen zu müssen. Anfang Mai wurde die Klage gegen Haider und die Kärntner Freiheitlichen beim Parteischiedsgericht eingereicht, was dazu führte, dass sich die Kärntner FPÖ endgültig von der Bundespartei zu emanzipieren begann (Mölzer, 1990). Dass Haider versuchte, dennoch die Wogen zu glätten und einen Bruch oder gar eine Abspaltung innerhalb der Partei zu verhindern, zeigt sich daran, dass er nur rund einen Monat später an der Landesobmännerkonferenz in Salzburg teilnahm, um einen Kompromiss zu erreichen. „Nachdem sich dann aber im Verhältnis zur Bundespartei weiter nichts besserte, haben wir gesagt, wir machen etwas Neues, wir ziehen uns nach Kärnten zurück, lassen Bund, Bund sein, machen unsere Aufgaben und versuchen auf diese Weise politisch zu überwintern" (Mölzer, 1990, S. 85). Haider, der offensichtlich erkannte, dass mit einer in sich zerstrittenen Partei keine Wahlen zu gewinnen waren, wusste auch, dass er seine Anstrengungen in erster Linie auf Kärnten richten musste, wo er als Straßenbaureferent bereits Anerkennung erfahren hatte. So erklärte er am 20. Mai 1986 bei seiner Rede am außerordentlichen Landesparteitag auch: „Wir wissen, dass auch wir die Gemeinsamkeit mit der Bundespartei brauchen, ebenso wie die Bundespartei ohne Landesgruppe Kärnten nicht erfolgreich sein kann" (FPÖ Kärnten, 1986a, S. 4). Die Frustration darüber, dass die Bundespartei weder personell noch inhaltlich mehr auf die Kärntner Interessen Rücksicht nehmen wollte, war nicht zu übersehen:

> „Umso größer ist aber unsere Enttäuschung, wenn die Wiener Führung unsere erfolgreiche Arbeit ignoriert und trotz klarer Absprachen keine Bereitschaft zeigt, auch unseren sachpolitischen und inhaltlichen Interessen wenigstens teilweise Rechnung zu tragen. [...] Wir fürchten uns vor der Uneinsichtigkeit der Bundesführung, die nicht erkennen will, dass es an der Zeit ist, Stil und Gangart ihrer Politik zu verbessern und im Umgang mit jenen Landesgruppen, die die bedeutenden Stimmenträger sind, verständnisvoller zu wirken. [...] Daher kann und muss jeder mit unserem entschlossenen Widerstand rechnen, der uns vor dem Parteigericht anklagt, weil wir überzeugt sind,

> dass das Recht auf unserer Seite ist. Wir Kärntner Freiheitlichen sind weder Angehörige einer östlichen Kaderpartei, noch Marionetten einer willkürlich agierenden Parteispitze." (ebd., S. 6)

Der Bruch zwischen Bundes-FPÖ und Kärntner FPÖ war an diesem außerordentlichen Parteitag kaum zu übersehen. Die mehr als 400 Delegierten sparten nicht mit Kritik an der Bundespartei, und so wurde auch wenig überraschend Staatssekretär Dr. Mario Ferrari-Brunnenfeld als Stellvertreter Haiders abgewählt. Während Haider mit mehr als 96 Prozent der Delegiertenstimmen erneut zum Landesparteiobmann gewählt wurde und auch seine Stellvertreter – wie Kriemhild Trattnig, Jörg Freunschlag, Alois Huber, Herbert Haupt und Peter Grauf – zwischen 80 und 94 Prozent Ja-Stimmen erhielten, kam Ferrari-Brunnenfeld auf ein schwaches Ergebnis von lediglich 48 Prozent. Haider konnte sich der Unterstützung der Kärntner Landesgruppe nach diesem Ergebnis sicher sein. Und obwohl bereits an diesem Abend viele Stimmen laut wurden, die eine Ablöse Stegers forderten, bemühte sich Haider darum, einen endgültigen Bruch mit der Bundespartei zu verhindern, und rief die Parteikollegen in Wien dazu auf, „Friede mit Kärnten zu machen, dann gibt es keine Zerreißprobe" (Kuscher, 1986).

Dass zu diesem Zeitpunkt die Stimmung nicht nur in Kärnten, sondern auch in anderen Landesgruppen am Brodeln war, zeigt sich unter anderem an einem Telegramm des damaligen Wahlkreisparteiobmannes der Obersteiermark, der an den außerordentlichen Landesparteitag der Kärntner Freiheitlichen gerichtet war:

> „Sehr geehrte Kärntner Delegierte,
> liebe Kameradinnen, liebe Kameraden,
> als an Kärnten anrainender obersteirischer Wahlkreis übermittle ich Ihnen die Sympathieerklärung vieler obersteirischer Parteifreunde und hoffe sehr, dass der außerordentliche Landesparteitag in Kärnten dazu beiträgt, dass die freiheitliche Partei gesamtösterreichisch die Stärke der Kärntner Landesgruppe erreicht." (o. N., 1986)

Tatsächlich ging die „Mobilmachung" von Kärnten aus, die Umstände in der Partei entwickelten sich jedoch immer schlechter – Meinungsumfragen zeigten nur mehr eine geringe Wählerzustimmung für die FPÖ, sodass vor dem Innsbrucker Parteitag das große Rumoren gegen die Steger'sche Obmannschaft in Oberösterreich, Salzburg und der Steiermark ebenfalls nicht mehr zu überhören war. Gernot Rumpold, der damals als FPÖ-Landesgeschäftsführer in Kärnten tätig war, sagte dazu, dass zu diesem Zeitpunkt die Mehrheit der Bundesländer bereits auf Haiders Seite gewesen sei (Rumpold, 2024). Haider selbst erinnerte sich an die Entwicklungen kurz vor dem Parteitag wie folgt: „[I]ch bin dann drei Wochen vor dem Parteitag in Salzburg bei Erich Schäfer in einer Salzburger Ortsgruppe zum Stammtisch eingeladen worden, um als Kärntner Landespolitiker einen Vortrag zu halten. Auf konkrete Fragen bezüglich der Zukunft der Partei sagte ich zu, den Baumeister der FPÖ spielen zu wollen. Darauf explodierte die Entwicklung" (Mölzer, 1990, S. 88). Haider zufolge habe es daraufhin auch Gespräche mit Steger gegeben, dem er anbot, einen anderen Spitzenkandidaten für die kommenden Nationalratswahlen ins Rennen zu schicken, selbst jedoch auf eine Gegenkandidatur am Innsbrucker Parteitag zu verzichten. Auch die Obmannschaft sollte Steger abgeben: „Du mußt auch erklären, daß dieser Spitzenkandidat im Falle eines Wahlerfolges auch der neue Bundesparteiobmann wird, dein Kredit ist verspielt. Wir stehen nur vor der Wahl, dich politisch überleben zu lassen und die Partei zu ruinieren oder umgekehrt" (ebd.). Steger selbst ging auf Haiders „Ultimatum" nicht ein, sondern beschloss, am Parteitag nochmals zu kandidieren. Erst zwei Wochen vor dem Innsbrucker Parteitag sagte Haider in einer Runde um den damaligen Grazer FPÖ-Vizebürgermeister Paul Tremmel zu, als Gegenkandidat zu kandidieren, sofern sich Norbert Gugerbauer als Generalsekretär aufstellen lasse.

Innsbrucker „Kampfabstimmung"

Schlussendlich kam es dann am 13. September 1986 zur „Kampfabstimmung" zwischen Norbert Steger und Jörg Haider. Dass es hier um rein persönliche Befindlichkeiten dieser beiden Männer ging, wäre eine äußerst vereinfachte Darstellung der Ereignisse. Tatsächlich wurden auf diesem Parteitag die Weichen für die weitere Entwicklung der FPÖ gestellt. Es ging ums nackte politische Überleben, und die Delegierten hatten die Aufgabe, zu entscheiden, welcher

Kurs eingeschlagen werden sollte und welchem Kapitän man die Navigation der Partei überlassen wollte.

In Kärnten kam es am 11. September in Villach zu einer Delegiertenbesprechung, bei der der Beschluss gefasst wurde, Haider – entgegen der Resolution vom Mai – als Gegenkandidaten zu Steger aufzustellen. Gleichzeitig erklärte die Landesparteileitung ausdrücklich, dass Haider im Falle einer Niederlage einen anderen gewählten Bundesparteiobmann zur Kenntnis nehmen würde. Ein wichtiger Grundstein für Haiders Kandidatur wurde somit erst zwei Tage vor dem Innsbrucker Parteitag gelegt; die medialen Spekulationen, wie dieser Parteitag wohl ausgehen würde, nahmen ab da so richtig an Fahrt auf. Die „Kronen Zeitung" spekulierte am 12. September, dass es einen dritten Überraschungskandidaten geben könnte, der als Konsenslösung am Parteitag präsentiert werden solle (FPÖ Kärnten, 1986b). Auch die „Neue Volkszeitung" brachte einen neuen Namen ins Spiel und tippte auf Verteidigungsminister Krünes als Kompromisskandidaten (Neue Volkszeitung, 1986). Die „Presse" fing Stimmen ein, die über den Ausgang der Wahl orakelten – und auch hier wurde der Name Krünes ins Spiel gebracht, der – ging es nach dem Tiroler Landesobmann Eigentler – als alleiniger Kandidat nominiert werden sollte. Bundesgeschäftsführer Mario Erschen hatte sich ebenfalls auf Krünes eingeschossen und bereits von SPÖ-Chef Sinowatz und Bundeskanzler Vranitzky die Zusicherung erhalten, dass die Koalition weiter bestehen würde, wenn Krünes komme.

Am 13. September 1986 wurden die Karten jedoch nochmals neu gemischt. Krünes erklärte, nur dann antreten zu wollen, wenn er sich keiner Kampfwahl stellen müsse. Auch Haider müsse demnach seine Kandidatur zurückziehen, Steger erklärte dazu: „Ich bin bereit, wenn Haider ebenfalls diesen Schritt zurück macht, nicht als Parteiobmann zu kandidieren, sondern Dr. Helmut Krünes als neuen Obmann vorzuschlagen, damit die Partei geschlossen in die Wahl 1987 geht" (Freiheitlicher Pressedienst, 1986, Nr. 13). Er schloss mit den Worten: „Ich möchte dafür sorgen, daß die Partei als Ganzes auch die Schicksalswahlen 1987 überlebt, egal wie mein persönliches Schicksal ausschaut. Ergreife, Jörg, die Hand und schlage sie nicht zurück" (ebd.). Diese Worte wurden vor allem von den Delegierten, die sich nach einer neuen Parteiführung sehnten, nicht mehr gehört, sodass ein Redner nach dem anderen seine Unterstützung für Haider kundtat. „Diese Partei braucht einen neuen Obmann, und er muß Haider heißen", so beispielsweise der Kärntner Gemeinderat Erhard Schmoly (ebd., Nr. 14). Auch Haider blieb von Stegers Appell unbeeindruckt und bekräftigte kurz darauf nochmals seine Kandidatur. Die Sitzung des Bundesparteitages wurde noch chaotischer, als Krünes plötzlich erklärte, Steger im Wort zu sein, aber noch nicht wisse, ob er die Position des Vizekanzlers einnehmen wolle. Daraufhin wurde der Bundesparteitag unterbrochen, und Steger erklärte nach Wiederaufnahme der Beratungen, dass Krünes nochmals bekräftigt habe, nur dann zu kandidieren, wenn es keinen Gegenkandidaten gäbe. Indes wurden immer mehr Stimmen laut, die sich für Haider als neuen Bundesparteiobmann aussprachen (ebd., Nr. 15). Die oberösterreichische Gemeinderätin Karin Cirtek erklärte beispielsweise: „Die Regierungsmitglieder befinden sich zur Zeit auf einem fliegenden Teppich, jedoch haben sie leider gänzlich jeden Bodenkontakt verloren. Daher brauchen wir unbedingt einen neuen Aufschwung! Jörg Haider, der von der Basis verlangt und getragen wird, ist dafür bestens geeignet" (ebd., Nr. 18). Der Obmann des Kärntner Seniorenringes, Alfred Posch, legte nach mit den Worten: „Wir brauchen einen Mann mit Zivilcourage, der den Erfolg in Kärnten auf ganz Österreich ausdehnt" (ebd.). Unter dem Eindruck der aufgeheizten Stimmung traf Verteidigungsminister Helmut Krünes die Entscheidung, nicht selbst zu kandidieren, sondern Norbert Steger als Parteiobmann zur Wiederwahl vorzuschlagen. Über das Verwirrspiel rund um die Kandidatur Krünes' berichtete die „Kleine Zeitung":

> „Helmut Krünes wurde sowohl von Steger als auch von Haider politisch vereinnahmt. Der politisch noch unverbrauchte Verteidigungsminister erlitt an einem einzigen Tag stärkere Abnützungserscheinungen als in den drei Monaten seiner Regierungstätigkeit. Er schwankte wie ein Rohr im Wind. Herz und Hirn schienen Haider zugetan, doch er fühlte sich Steger im Wort. Ein Brutus, der seinen Cäsar meuchelt, wollte Krünes nicht werden. Da ihn Steger nicht aus dem Wort entließ, mußte Krünes auch noch die Pflicht hinunterschlucken, Steger zur Wiederwahl vorzuschlagen." (Zankel, 1986, S. 3)

Der oberösterreichische Gemeinderat Raimund Wimmer stellte den Antrag, Jörg Haider als Parteiobmann zu wählen. Um 23:20 Uhr wurde das Ergebnis der Obmannwahl bekannt gemacht: Jörg Haider hatte 263 Stimmen (57,7 Prozent) erhalten, Norbert Steger 179 (39,2 Prozent). Stegers vermeintliches Ass im Ärmel – die Delegierten darauf hinzuweisen, dass die SPÖ im Falle einer Wahl Haiders zum Obmann die Koalition platzen lassen und die FPÖ nachher nicht mehr in der Regierung sitzen würde – konnte am Ausgang der Wahl auch nichts mehr ändern (Freiheitlicher Pressedienst, 1986, Nr. 22–24). Wie Medienberichten zu entnehmen ist, überschlugen sich die Ereignisse in Innsbruck daraufhin. Norbert Steger soll von einzelnen Mitgliedern der Parteibasis beschimpft worden sein, Generalsekretär Walter Grabher-Meyer erlitt eine Herzattacke (Zankel, 1986, S. 3 f.). Gernot Rumpold war dieser Moment noch gut in Erinnerung: „Am Parteitag ist es dramatisch geworden. [...] Der Grabher-Meyer hat eine Herzattacke gehabt, direkt am Rednerpult. Weil er als damaliger Generalsekretär den Parteitag nicht mehr in den Griff bekommen hat" (Rumpold, 2024). Haider bemühte sich seinerseits im Jubel des Wahlerfolges um die Anhänger Stegers und richtete auch versöhnliche Worte an seinen Vorgänger:

> „Sicherlich sind Wunden geschlagen, wenn es bei einer Kampfabstimmung zu demokratischen Auseinandersetzungen kommt. Ich habe Verständnis, daß derjenige, der unterliegt, einige Zeit brauchen wird, um das alles zu akzeptieren. Es wird daher mein Bemühen sein müssen, als neuer Bundesparteiobmann, auch wieder die Brücke zu unserem früheren Bundesparteiobmann Dr. Steger durch persönliche Bemühungen zu schlagen." (Haider J., 1986)

Dass dies nicht nur leere Worte waren, um die Stimmung zu beruhigen, ergibt sich auch aus einer Interviewpassage mit dem ehemaligen FPÖ-Bundesparteiobmann und Vizekanzler Heinz-Christian Strache: „Und im Übrigen hat ja auch der Steger bestätigt, dass der Jörg Haider nach dem 86er Parteitag immer wieder Gespräche mit Steger gehabt hat im Sinne einer menschlichen Aussöhnung" (Strache, 2024).

Das von Steger bei seiner Abschlussrede in Aussicht gestellte mögliche Ende der Koalition mit der SPÖ war ebenfalls nicht nur bloßes Gerede, sondern wurde bereits kurz darauf von der SPÖ umgesetzt. Bundeskanzler Franz Vranitzky kündigte am 15. September 1986 die Koalition mit der FPÖ und setzte Neuwahlen für den 23. November 1986 an (Die Presse, 1986). Haider blieb ob dieser Entscheidung ruhig. Man habe gewusst, dass eine Abwahl Stegers mit einer Abkehr von der bedingungslosen Aufrechterhaltung der freiheitlichen Regierungsbeteiligung einhergehe. Die Partei könne auch durch den Gang in die Opposition gestärkt werden (Mölzer, 1990). Tatsächlich bescherten die Ende November angesetzten Nationalratswahlen der FPÖ einen starken Stimmenzuwachs. Zehn Prozent der Wähler gaben der Freiheitlichen Partei rund um ihren designierten Obmann ihr Vertrauen. Bemerkenswert dabei ist nicht nur eine Zahl von mehr als 472.000 Wählern, die sich für die FPÖ entschieden, sondern auch die Tatsache, dass die Politik der beiden Großparteien abgestraft wurde. Das traditionelle Lagerdenken in Österreich brach in diesen Novembertagen langsam auf. Neben Haiders FPÖ konnten auch die Grünen rund fünf Prozent der Stimmen erreichen, und weitere elf Prozent entfielen auf die Nichtwähler. Damit war in der österreichischen Politik eine Wende eingeleitet worden, die gleichzeitig die Abkehr vom bekannten rot-schwarzen Politsystem bedeutete (Mölzer, 1990).

1989: Erster freiheitlicher Landeshauptmann in Österreich

21. Jänner 1987, fünf Tage vor Jörg Haiders 37. Geburtstag. In einem Alter, in dem viele Menschen daran arbeiten, sich beruflich und familiär zu festigen, war Jörg Haider bereits zu einer innenpolitischen Größe in Österreich geworden und stand einer Partei vor, die das eigene Profil zu schärfen versuchte und sich nicht mehr den Großparteien anbiedern wollte. Dass mit Haider ein anderer Wind in der freiheitlichen Partei wehen würde als unter Altparteiobmann Norbert Steger, hatte Bundeskanzler Franz Vranitzky im Herbst 1986 dazu bewogen, die Zusammenarbeit zwischen SPÖ und FPÖ aufzukündigen. Seither galt die Vranitzky-Doktrin, die eine weitere Koalition mit der FPÖ rigide ausschloss. Am 21. Jänner fand daher die ungeliebte Große Koalition aus SPÖ und ÖVP wieder zusammen und bildete – trotz beidseitiger Wählerstimmverluste – die Bundesregierung. Für Haider bedeutete diese Regierung die Rückkehr zu einem verkrusteten System, das durch „Parteibuchwirtschaft, Anpassungsdruck und die politische Freunderlwirtschaft" (Haider J., 1988b) gekennzeichnet war.

Freiheitliche Aufbruchstimmung

Ab diesem Zeitpunkt konnte Haider auf Bundesebene vollends eine kantige Oppositionslinie verfolgen, denn die Zugewinne für die FPÖ bei den Wahlen, seit Haider die Obmannschaft übernommen hatte, zeigten bereits, dass die traditionellen politischen Lager dabei waren, aufzubrechen. Bei seinen Reden kritisierte er in den späten 1980er Jahren zunehmend den koalitionären Stillstand:

> „Diese Regierung hat offenbar unsere Zukunft abgeschrieben. Als politische Masseverwalter sind aber die roten und

> schwarzen Minister fehl am Platz. Wir stehen nur mehr rund 140 Monate vor der Jahrtausendwende. Der Zeithorizont der Regierung endet aber beim Budget 1991, bei der Pensionsvorschau 1992 und beim Straßenbau irgendwo 1995. Besonders schwer freilich wiegt aber das totale Versagen der Regierung in der Umweltpolitik. Oder ist es den Verantwortlichen verborgen geblieben, daß der Untergang unserer Lebenswelt apokalyptische Dimensionen angenommen hat?" (Haider J., 1988a)

Um das alte System aufzubrechen, war es jedoch notwendig, absolute Mehrheiten zu brechen. So musste sich Haider 1989 der Mammutaufgabe stellen, in Kärnten erstmalig seit Bestehen der Zweiten Republik eine absolute SPÖ-Mehrheit im Land zu verhindern. Bis zur Landtagswahl am 12. März 1989 hatte 44 Jahre lang durchgehend die SPÖ den Landeshauptmann gestellt. Dass die FPÖ bei der Wahl 1989 fast 13 Prozent dazugewinnen konnte, während die SPÖ erstmalig unter 50 Prozent fiel und auch die ÖVP massive Einbußen hinnehmen musste, war die Folge vieler Faktoren. Das Parteiarchiv gibt einige Unterlagen aus der damaligen Zeit preis, sodass gut nachvollziehbar ist, mit welch hohem zeitlichen und personellen Aufwand dieser Wahlkampf betrieben wurde. Spitzenkandidat Jörg Haider tingelte nahezu pausenlos durch Kärnten, besuchte täglich einen Bezirk nach dem anderen und hielt sich in jedem Bezirk von frühmorgens bis spätabends auf. Im Jänner 1989 absolvierte er in Völkermarkt an einem Tag beispielsweise sechs Betriebsbesuche, dazwischen ging er noch ins Seniorenhaus des Bezirkes, und er zeigte sich um 19:30 Uhr – noch immer fit – auf der Faschingssitzung in Sankt Jakob im Rosental. Einen Tag zuvor war er bei acht Firmenbesuchen in Feldkirchen, bei einer Verteilaktion in der Feldkirchner Fußgängerzone und abschließend um 19:30 Uhr bei einer Infoveranstaltung in Bodensdorf (FPÖ Kärnten, 1989b). Dass Haider sich selbst viel abverlangte, wurde auch immer wieder von seinem Umfeld bestätigt. Eine Mitarbeiterin Haiders sagte dazu: „Er hat ein enormes Pensum von sich abverlangt. Das erwartete er auch von seinen engen Mitarbeitern, ohne es jemals anzusprechen. Sein Vorleben war für uns Motivation und Auftrag" (Jessenitschnig, 2024). Neben Haiders persönlichem Einsatz waren es aber vor allem die freiheitlichen Themen, die den Nerv der Zeit trafen. Die FPÖ versprach in ihrem Wahlprogramm unter anderem, sich für einen Abbau der Parteibuchwirtschaft, die Einführung eines Pflegegeldes für die Betreuung pflegebedürftiger alter und kranker Menschen sowie eine Erneuerung des Wohnbauförderungssystems einzusetzen. Auch im landwirtschaftlichen Bereich wurden freiheitliche Forderungen laut, die – wie beispielsweise die Landwirtschaftsprämie für Bergbauern – in Haiders Zeit als Landeshauptmann auch umgesetzt wurden. Dass er dem System der Freunderlwirtschaft und Packelei nichts abgewinnen konnte, zeigte sich später auch daran, dass er Bürgermeisterdirektwahlen einführte und Behörden als Dienstleistungsbetriebe an den Bürgern verstand und in diesem Sinne umbaute (Skorianz, 2001).

Neben einer inhaltlichen Punktlandung waren es aber vor allem auch die Skandale der beiden Großparteien in den 1980er-Jahren, die nicht nur die Innenpolitik erschütterten, sondern auch die Glaubwürdigkeit von SPÖ und ÖVP massiv in Frage stellten. Im Zuge des Noricum-Skandals wurden illegale Waffengeschäfte der Noricum, einer Tochterfirma der staatlichen VÖEST, öffentlich, Ex-Innenminister Karl Blecha (SPÖ) wurde in der Folge verurteilt. Leopold Gratz, Ex-Außenminister unter Fred Sinowatz, brachte 1988 die Lucona-Proksch-Affäre in große Bredouille. Er wurde 1993 wegen Falschaussage zur Zahlung von 450.000 Schilling Strafe verurteilt. Fred Sinowatz wurde 1992 ebenfalls wegen einer falschen Zeugenaussage zu einer Geldstrafe verurteilt, wie auch Hannes Androsch 1989. Die Waldheim-Affäre rund um den damaligen Bundespräsidenten Kurt Waldheim, der von der ÖVP unterstützt wurde, prägte zusätzlich das politische Klima in Österreich erheblich (Kleine Zeitung, 2023). All dies trug dazu bei, dass die FPÖ zunehmend an Stärke gewinnen konnte. Und selbst die Medien, die Haider vielfach verteufelten, konnten über die Missstände in der österreichischen Innenpolitik nicht mehr hinwegtäuschen[4]:

> „Dabei hat Jörg Haider ja in so vielem recht was er sagt. Wie er die Koalition geißelt, wie er von den Skandalen spricht, wie er diese Parteienlandschaft, die auf so etlichen Ebenen wieder großkoalitionäres Gehabe zeigt, madig macht. Ja, er hat recht, und es ist das auch die legitime Strategie einer Opposi-

4 Die beiden folgenden hier zitierten Aussagen sind wie oben angeführt in einem Sammeldokument aus dem Parteiarchiv der FPÖ Kärnten zusammengefasst (FPÖ Kärnten, 1988).

tionspartei, daraus Kapital zu schlagen" (Ritschel, Salzburger Nachrichten).

„Die Verteufelung Jörg Haiders bringt nichts. Denn die Wähler haben längst erkannt, daß seine Kritik an SPÖ und ÖVP zumindest teilweise berechtigt ist" (Leitgeb, Ganze Woche).

Die Stimmung in diesen Aufbruchstagen Ende der 1980er-Jahre war sehr aufgeheizt, aber man spürte, dass es zu einer Veränderung kommen musste. Die Bühne für Haider stand somit bereit, und er selbst war auch bereit, diese für sich zu nutzen. Sein Onkel hatte ihm 1986 einen Großbesitz im Bärental geschenkt, was ihn wirtschaftlich unabhängig machte, sodass er nicht auf das Wohlwollen anderer angewiesen war und seine politische Linie treu verfolgen konnte (Zeppelzauer u. Zeppelzauer, 2009).

Rund einen Monat vor der Landtagswahl beantwortete Jörg Haider dem „Kärntner Blick" einige Fragen, die seinen politischen und auch privaten Charakter teilweise widerspiegeln:

„1. Wo liegen Ihrer Meinung nach die besonderen Vorzüge Kärntens?

Haider: Mentalität der Menschen und in der Landschaft.

4. Wären Sie Landeshauptmann, mit wem würden Sie am liebsten im Kollegium der Landesregierung zusammenarbeiten?

Haider: Mit allen konstruktiven Kräften.

7. Angenommen, Ihnen würde ein Volksbegehren vorgelegt werden, in dem Sie die Kärntner Bevölkerung ersucht, 10 % Ihres Gehaltes zur Verfügung zu stellen – wie würden Sie reagieren?

Haider: Ja, außerdem würde ich als Landeshauptmann die Politikerpension abschaffen.

> 10. Angenommen, alle Kärntner Spitzenpolitiker sollten ein Kinderdorf-Patenkind übernehmen. Es stehen folgende Kinder zur Auswahl: Österreicher, Italiener, Vietnamese, USA, Kenianer und Rumänen. Für welches Kind würden Sie sich entscheiden?
>
> Haider: Ich würde mich für jenes Kind entscheiden, das keiner von den anderen haben will." (Haider J., 1989, S. 1 f.)

Kurze und prägnante Antworten, die vermutlich vielen Kärntnern aus der Seele gesprochen haben. Wenige Wochen später – am 12. März 1989 – ging Haider mit der FPÖ als zweitstärkster Partei aus der Kärntner Landtagswahl hervor. Das Meisterstück, die SPÖ-Dominanz in Kärnten zu brechen, war ihm gelungen. Dennoch war die SPÖ nach wie vor die stärkste Kraft im südlichsten Bundesland und hätte eigentlich die besten Chancen gehabt, wieder den Landeshauptmann zu stellen. Der Missmut über die jahrelange absolutistische Herrschaft der SPÖ führte jedoch dazu, dass die ÖVP mit der FPÖ einen Pakt schloss und Jörg Haider zum Landeshauptmann machte. Dass der FPÖ dieser „Putsch" gelingen könnte, war in der „Kronen Zeitung" bereits drei Jahre zuvor diskutiert worden:

> „Zum anderen werden in der SPÖ ‚Putschgerüchte' gehandelt, die besagen Jörg Haider wolle bei der nächsten Landtagswahl in Kärnten Landeshauptmann Wagner stürzen und sich mit Hilfe des neuen, ehrgeizigen Kärntner ÖVP-Chefs Harald Scheucher zum Landeshauptmann küren lassen. Obwohl nur ein Gerücht – ein solcher Coup ist Haider durchaus zuzutrauen, wobei er allerdings mit Leopold Wagner einen gefinkelten politischen Fuchs zum Gegner hat." (Gnam, 1986)

Während 1986 über einen möglichen Landeshauptmann Haider noch orakelt wurde, wurde dies am 30. Mai 1989 mit der Angelobung Haiders Realität. Dass er bei seiner Wahl zum Landeshauptmann auf die Schützenhilfe der ÖVP angewiesen war, wurde Haider nur zwei Jahre später zum Verhängnis, als er den wohl größten Tiefschlag seiner bis dahin ungebremsten Politkarriere erleben musste.

Bild: © Freiheitliche Partei Österreichs

▸ Wahlplakat der „Unbestechlichen“: Norbert Gugerbauer, Jörg Haider, Heide Schmidt.

Bis 21. Juni 1991 stand Haider Kärnten als Landeshauptmann vor und hatte die Ressorts Personal, Land- und Forstwirtschaft, Energie und Gewerbe übernommen. Getreu der Wahlkampfforderung „Politische Moral in Kärnten" (FPÖ Kärnten, 1989a, S. 1) verzichtete Haider auf die ihm zustehende Abfertigung aus seiner Tätigkeit als Nationalrat und legte seine Funktion als Klubobmann des freiheitlichen Parlamentsklubs, die er seit 1986 innehatte, 1989 zurück. In nur zwei Jahren seiner Amtstätigkeit bot Haider den Kärntnern ein komplett neues Bild eines Landeshauptmannes. Er thronte nicht hinter den Mauern der Landesregierung, sondern gab sich bürgernah, hielt persönlich Bezirkssprechtage ab und zeigte sich darum bemüht, Lösungen für die Fragen und Sorgen der Bürger zu finden (Skorianz, 2001). Christa Jessenitschnig, die maßgeblich am Aufbau des Haider'schen Regierungsbüros beteiligt war, wusste noch gut, wie es damals war: „In diesem Büro gab es anfangs sehr, sehr wenig Struktur. Die Mitarbeiterinnen der Amtsvorgänger hatten das Büro mitsamt Unterlagen verlassen. Wir standen, mehr oder minder alles ‚Neulinge' – Menschen mit viel Mut, Motivation und vor allem Freude und einem ganz tollen ‚Chef' –, vor dieser neuen Aufgabe. Wir begannen bei null, das Arbeiten war herausfordernd, *Learning by doing* war angesagt. Es gab keine ‚Schonzeit', wir wurden ins kalte Wasser geschmissen, sind aber gut geschwommen. Das Motto unseres Chefs, ‚Ein Landeshauptmann für alle Kärntnerinnen und Kärntner', wirkte sich natürlich auf das gesamte Büro aus! […] Er war sehr bürgernah" (Jessenitschnig, 2024).

Haider hörte zu und besaß somit eine Eigenschaft, die die meisten Politiker im Laufe ihrer Karriere immer mehr verlieren. Gerald Grosz sagte dazu: „[Haider war] im Zwiegespräch ein total normaler Mensch und hatte die Besonderheit, [dass] er sich nicht selbst hören wollte, sondern zuhörte. Er musste auch reden, er sprach brillant, rhetorisch grenzgenial. Aber er konnte zuhören. Er hat wunderbar zuhören können. Stumm wie ein Fisch hat er zugehört, seine Analyse daraus getroffen und wurde dadurch entweder zu einer Handlung oder zu einem guten Rat bewegt" (Grosz, 2024). Er hatte, wie ihm Wegbegleiter immer wieder attestierten, ein Gespür für die Belange der Bürger. Zudem wusste er aber auch, wie man einen Wahlkampf führte, und so trat er gemeinsam mit Generalsekretärin Heide Schmidt und Spitzenkandidat Norbert Gugerbauer 1990 zum Teamwahlkampf der „Unbestechlichen" bei der Nationalratswahl an. Auch nach diesem Wahlgang war klar, dass die FPÖ immer mehr zur entscheidenden dritten Kraft werden würde. Ein Plus von nahezu sieben Prozent stand weiteren Verlusten der SPÖ und ÖVP gegenüber, dennoch hielt Rot-Schwarz an einer Weiterführung der Großen Koalition auf Bundesebene fest (Freiheitliches Bildungsinstitut, 2024b).

Politischer Tiefschlag – Landeshauptmann-Abwahl 1991

Dass es just nach der Nationalratswahl am 7. Oktober 1990 in Kärnten scheinbar zu einer heimlichen Packelei von SPÖ und ÖVP kam, mag durchaus Zufall gewesen sein. ÖVP und SPÖ verhandelten ohne Einbeziehung des Landeshauptmannes eine Änderung der Referatsaufteilung in der Landesregierung, sodass Haider das Personalreferat (wechselte zur SPÖ) und das Agrarreferat (ging zur ÖVP) entzogen wurden (FPÖ Kärnten, 1991). Ob es der ungebremste Erfolg der Freiheitlichen war, die Angst vor weiteren tiefgehenden Strukturänderungen durch den FPÖ-Landeshauptmann oder einfach Teil des politischen Spieles – für Haider bedeutete diese Vorgehensweise hinter seinem Rücken jedenfalls einen Vertrauensbruch durch die ÖVP.

Was dann am 13. Juni 1991 geschah, muss daher wohl auch in einen weitaus größeren Kontext als jenen, den der Kärntner Landtag an diesem Tag bot, gestellt werden. An diesem Donnerstag tagte die 32. Sitzung des Kärntner Landtages der 26. Gesetzgebungsperiode. Zum Tagesordnungspunkt 6 (Zl. 360-2/26), in dem es um mögliche Sanktionen gegen Betriebe, welche Ausländer ohne Genehmigung beschäftigen, ging, entbrannte eine hitzige Debatte. Als siebter Redner der Debatte meldete sich Landeshauptmann Haider zu Wort. Er appellierte an die Fraktionen des Landtages, geschlossen an die Bundesregierung heranzutreten, um das Arbeitslosenversicherungsgesetz zu ändern und die Zumutbarkeitsbestimmungen anzupassen:

> „Das heißt, daß jemand, der arbeitsfähig, aber nicht arbeitswillig ist, einen verwandten oder gleichartigen oder annähernd gleichartigen Beruf zu ergreifen, den sollte man mit der Sanktion bedenken, daß er über eine entsprechende Kürzung der Arbeitslosengelder veranlaßt wird, doch einen Beruf zu ergreifen. (Abg. Hausenblas: Zwangsvermittlung ist das!) Ich weiß schon, Sie kommen jetzt mit dem Thema: Das ist Zwangsarbeit! Zwangsarbeit dann, Herr Kollege (Abg. Dipl.-Ing. Freunschlag: Zwangsvermittlung!), oder Zwangsvermittlung. Dann frage ich sie: Wie rechtfertigen Sie das gegenüber den Tausenden und Abertausenden fleißigen österreichischen Arbeitnehmern, die jahraus, jahrein ihrer beruflichen Verpflichtung nachgehen? Wie rechtfertigen Sie das gegenüber jenem, der von mir aus als Zimmermeister seinen Arbeitsplatz verloren hat, aber in der Bauwirtschaft dann sehr wohl eine verwandte Tätigkeit aufnimmt – nur damit er nicht Stempeln gehen muß. Und der zahlt mit seinem sauer verdienten Geld immer höhere Abgaben, damit dann ein paar sich in der Hängematte des Sozialstaates es sich gutgehen lassen können. Das ist kein System, das wir wirklich verteidigen können. (Beifall von der FPÖ-Fraktion. – Abg. Hausenblas: Was Sie fordern, hat es schon gegeben, aber im Dritten Reich!) Nein, das hat es im Dritten Reich nicht gegeben, weil im Dritten Reich haben sie ordentliche Beschäftigungspolitik gemacht, was nicht mal Ihre Regierung in Wien zusammenbringt. Das muß man auch mal sagen. (Zwischenrufe der Abg. Hausenblas und Prettner.) Offenbar sind die Leute dort so gut ausgestattet gewesen, daß die höhergradigen Hitlerjungen noch fast 40 Jahre eure Partei

> angeführt haben. Das ist ja auch eine Tatsache. […]" (Haider J., 1991a, S. 2561)

Haiders Rede ging weiter, nach ihm trat ein weiterer Abgeordneter der ÖVP ans Rednerpult, danach folgte SPÖ-Mandatar Gerhard Hausenblas, der die Zweite Präsidentin, Kriemhild Trattnig, bat, eine Obmännerkonferenz aufgrund der Äußerungen Haiders zur Arbeitsmarktpolitik im Dritten Reich einzuberufen. Nach der Unterbrechung der Debatte meldete sich Haider zu Wort und erklärte, dass er „in keiner Weise eine positive Bewertung der Beschäftigungspolitik des Dritten Reiches gegenüber der österreichischen Beschäftigungspolitik gemeint habe". Nachdem Haider seine Bemerkung mit „Bedauern" zurücknahm, stimmten die Abgeordneten einer Weiterführung der Sitzung zu, die wenig später ohne weitere Zwischenfälle beendet wurde (Kärntner Landtag, 1991). Damit schien die Sache erledigt. Tatsächlich folgte nur acht Tage darauf jedoch die Abwahl Jörg Haiders als Landeshauptmann.

Haiders Äußerung zum Dritten Reich war, sieht man sich das Protokoll der damaligen Sitzung an, keine – wie von den Medien oftmals behauptet – Lobeshymne auf die Beschäftigungspolitik des Dritten Reiches. Seine Aussage war nicht mehr als eine unbedachte Reaktion auf die Provokationen und ständigen Zwischenrufe der SPÖ und, wie auch Claudia Haider bestätigte, keiner bewussten Denklogik folgend: „Also lassen wir die Kirche im Dorf, es war eine unbedachte Äußerung auf einen Zwischenruf in einer hitzigen Debatte im Kärntner Landtag und keine Grundsatzrede. Wobei ich mich schon gefragt habe, was er sich dabei gedacht hat, denn es war so fern seiner Ideologie" (Haider C., 2024). Auch Gernot Rumpold ist dieser Tag in besonderer Erinnerung geblieben. Haider hatte sich eher kurzfristig dazu entschlossen, die Landtagssitzung zu besuchen, da er erst an diesem Tag von einer Auslandsreise zurückgekommen war: „Wir sind [von Taiwan] nach Hause gekommen, komplett übermüdet, mit Jetlag. […] Und er sagt: ‚Ich gehe noch in den Landtag.' Er war übernächtigt. Und dann ist dieser Sager gefallen. […] Taipeh war eine wunderschöne Reise mit einem unrühmlichen Ausgang" (Rumpold, 2024).

Nachdem es in der Vergangenheit viele Beispiele gegeben hatte von hohen Politfunktionären, die mit erschreckenden Aussagen zum Nationalsozialismus aufhorchen ließen bzw. deren NS-Vergangenheit öffentlich wurde, und vor allem die Waldheim-Affäre einen differenzierten und sensibleren Umgang mit der österreichischen NS-Vergangenheit einleitete, hätte Haider wissen müssen, dass es völlig unangebracht war, Vergleiche mit dem Dritten Reich zu ziehen. Es war ein Fehler, für den er sich entschuldigte, was der Koalitionspartner wie die Opposition auch anfänglich akzeptierten. Was danach geschah, kam daher für Haider überraschend. Noch am 14. Juni gab der ÖVP-Parteivorstand bekannt, dass die Koalition mit der Haider-FPÖ weitergeführt werden würde. Nur einen Tag später änderte LHStv. Christof Zernatto seine Meinung und erklärte, dass die Koalition nur ohne Haider weiterbestehen würde. Mittlerweile wurde publik, dass es die Bundesparteien von SPÖ und ÖVP waren, die hier ein gewaltiges Wort mitredeten, und dass die SPÖ der ÖVP den Landeshauptmann ohne Bedingungen angeboten hatte (FPÖ Kärnten, 1991). Zernatto wurde in der Folge schwach und unterstützte am 21. Juni 1991 einen Misstrauensantrag gegen Landeshauptmann Haider, der seine Abschlussrede im Kärntner Landtag mit folgenden Worten einleitete:

> „Ich bedanke mich für die Möglichkeit, daß ich vor einer, mich unmittelbar betreffenden Abstimmung die Möglichkeit habe, einige Worte zu sagen, da ich annehme, daß die zwischen SPÖ und Österreichischer Volkspartei akkordierte Abstimmung so ausgehen wird, daß man mir das Vertrauen versagt und ich damit aus meiner Funktion als Landeshauptmann auszuscheiden habe. [...] Wer meinen politischen Weg bisher kennt, der weiß, daß ich niemals auf ein Paktum mit anderen Parteien aus war, sondern auf eine Koalition mit den Bürgern. Wenn Sie wirklich der Meinung sind, daß ich oder vielleicht meine gesamte Gesinnungsgemeinschaft sich in eine politische Isolation durch die jüngste Diskussion begeben hätte: Warum haben Sie dann wirklich Angst, das Volk in Kärnten zu fragen? Warum bedarf es wirklich der unzähligen Ratschläge aus Wien [...]? Warum bedarf es dieser Vormundschaft unseres Landes, wo ich doch annehmen kann, daß in diesem Hohen Haus alle Fraktionen an einer eigenständigen, kärntenorientierten, unabhängigen, vor allem niemals aus Wiener Parteizentralen ferngelenkten Politik ein Interesse haben sollten?“ (Haider J., 1991b)

Haider sprach hier nicht nur die Einmischung aus Wien an, sondern auch die Haltung von SPÖ und ÖVP gegen Neuwahlen. Rot-Schwarz hatte sich zu diesem Zeitpunkt längst auf die Landeshauptmann-Rochade geeinigt, und der Misstrauensantrag gegen Haider wurde mit 25 Ja- zu elf Nein-Stimmen angenommen. Jörg Haider musste den Landeshauptmannposten räumen, ihm folgte Christof Zernatto. Obwohl die Abwahl 1991 einen politischen Tiefschlag für Haider bedeutete, zeigte sich, wie sehr es ihm in diesen zwei Jahren gelungen war, die Bevölkerung für sich zu gewinnen. In kürzester Zeit wurde eine Großkundgebung in Klagenfurt auf dem Neuen Platz organisiert, zu der mehr als 15.000 Menschen aus ganz Österreich erschienen (Zeppelzauer u. Zeppelzauer, 2009). Die Kundgebung fand am 19. Juni statt, zwei Tage vor der Abwahl, und blieb auch Haiders Mitarbeitern in prägender Erinnerung: „Innerhalb von wenigen Tagen wurde eine Kundgebung organisiert. Der Neue Platz war gefüllt mit Tausenden Menschen aus ganz Österreich. Aus allen Landesteilen waren die Menschen angereist und haben nicht verstanden, was da passiert ist, dass dieses Unrecht ungesühnt passieren konnte. Wut und Tränen der Enttäuschung sind geflossen, die Solidarität für Jörg Haider war so nah, so spürbar, so ergreifend und doch – es war unabänderlich, Landeshauptmann Jörg Haider war zum damaligen Zeitpunkt Geschichte" (Jessenitschnig, 2024).

In seiner Rede während der Kundgebung am Neuen Platz sagte Haider damals: „Wenn wir keine gemeinsame Plattform mit der Volkspartei mehr finden, werde ich es auch sehr mannhaft zur Kenntnis nehmen, dass ich diese politische Demütigung von Rot und Schwarz zu ertragen habe. Aber dafür werde ich mir jene Kraft holen, damit ich dann 1994 spätestens zum Sprung auf den Landeshauptmannsessel ansetze – aber durch das Vertrauen der Kärntner Bevölkerung getragen und nicht durch eine Packelei mit den anderen. Und ich weiß, meine Freunde, auch wenn sie mich abwählen sollten, dass ich auch bis zur Neuwahl in euren Herzen trotzdem der wirkliche Landeshauptmann bleibe, der dieses Kärnten gestaltet und auch mitverändert hat" (ORF, 1991).

Es blieb aber nicht nur bei der öffentlichen Kundgebung. Unzählige Schreiben und Anrufe langten zuhanden des Landeshauptmannes ein. Viele Menschen erklärten sich mit ihm solidarisch, und auch Haider selbst, für den „eine Welt zusammengebrochen ist" (Jessenitschnig, 2024), erkannte: „Die entscheidende Phase in der Innenpolitik war, wie mich SPÖ und ÖVP in Kärnten gewaltsam entfernt und versucht haben, meine Person zu dämonisieren und meine Wähler

WIR HALTEN ZU JÖRG
SOLIDARITÄTSKUNDGEBUNG
ES SPRICHT LANDESHAUPTMANN
DR. JÖRG HAIDER
MITTWOCH, 19. 06. 91
20.00 UHR NEUER PLATZ
KLAGENFURT
Bezahlte Anzeige der FPÖ

WIR HALTEN ZU JÖRG
SOLIDARITÄTSKUNDGEBUNG
ES SPRICHT LANDESHAUPTMANN
DR. JÖRG HAIDER
MITTWOCH, 19. 6 1991
20 UHR, NEUER PLATZ
KLAGENFURT
Bezahlte Anzeige

WIR HALTEN ZU Jörg!
Solidaritäts-kundgebung
Es spricht
Landeshauptmann
Jörg Haider
Mittwoch, 19. Juni 1991, 20 Uhr
Klagenfurt, Neuer Platz
BEI JEDER WITTERUNG!

LANDESWEIT wirbt ein „Komitee für Jörg Haider" um Solidarität mit dem Landeshauptmann, dessen Sessel ins Wanken geraten ist. Mittwoch abend gibt es auf dem Neuen Platz in Klagenfurt eine Kundgebung. (Foto: Fritz)

▸ Das Presseecho zur Solidaritätskundgebung „Wir halten zu Jörg": „Kronen Zeitung", „Kurier", „Kleine Zeitung", „Kärntner Nachrichten" (im Uhrzeigersinn).

dadurch abzuschrecken. Das Gegenteil ist eingetreten: Die Österreicher haben ziemlich rasch erkannt, dass mit diesem Vorgehen der Altparteien der einzige ernstzunehmende Mitbewerber Vranitzkys ausgeschaltet werden sollte" (Basta, 1991e, S. 46).

Für Haider war der Zuspruch der Bürger wie Balsam. Er kehrte daher der Politik auch nicht den Rücken, sondern übernahm im März 1992 wieder den Vorsitz als Klubobmann im freiheitlichen Parlamentsklub, wo er mit seiner kritischen Haltung gegenüber der vorherrschenden Asyl- und Einwanderungspolitik innerhalb weniger Monate erneut für Aufregung im starren rot-schwarzen Regierungssystem sorgte.

1992: „Österreich zuerst“

Im Zuge des Neujahrstreffens 1993 in Graz hielt Jörg Haider eine flammende Rede, in der er auf das geplante Volksbegehren „Österreich zuerst“ Bezug nahm:

> „Meine Damen und Herren, wir müssen in den nächsten Jahren trachten, Österreich durch richtige Weichenstellungen aus dem Strudel der europäischen Umbruchserscheinungen herauszuhalten. Das heißt, daß wir den Einwanderungsstrom in Österreich verhindern müssen, daß wir die innere Sicherheit nicht in Frage stellen dürfen durch Illegalität, durch eine Zunahme der organisierten Kriminalität. Das heißt, daß wir die soziale Sicherheit und den sozialen Frieden nicht gefährden dürfen, indem wir österreichische Arbeitnehmer gegen billige ausländische Arbeitskräfte austauschen. [...] Ich glaube daher, daß es eine staatspolitische Verantwortung ist, wenn wir Freiheitlichen sagen ‚Österreich zuerst‘. ‚Österreich zuerst‘ auch in Bezug auf die Einwanderungs- und Migrationspolitik in unserem Lande. ‚Österreich zuerst‘ nicht als ein parteipolitisches Kampfthema, sondern als eine Sache des Herzens für all jene, die zu diesem Land ein positive Beziehung haben und die diesem Land eine gute Zukunft geben wollen. [...] Wir haben bisher in völliger Ruhe und Besonnenheit zwölf Punkte zum Volksbegehren ‚Österreich zuerst‘, die eine grundlegende Änderung der Einwanderungs- und Ausländerpolitik ermöglichen sollen, vorgelegt. Zwölf Punkte, die in der Sache bisher von niemanden entkräftet werden konnten. [...] Wir, im kleinen Österreich, tun ein Maximum an humanitärer Leistung, aber

> wir können nicht alle aufnehmen, die sich nur wirtschaftlich verbessern wollen." (Haider J., 1993, S. 20 ff.)

Und im Hinblick auf die heftige Kritik am Volksbegehren sagte er:

> „Jene, die sagen, man dürfe dieses Land in der politischen Diskussion nicht spalten, man dürfe keine Emotionen schüren, sind es, die damit sehr wohl einen Schritt setzen, um in dieses Land eine Spaltung hineinzubringen, indem sie von vornherein signalisieren, es werde in Zukunft gute und schlechte Österreicher geben. Die guten Österreicher sind jene, die ‚Anständigkeit zuerst' unterstützen, und die schlechten Österreicher sind jene, die das Volksbegehren ‚Österreich zuerst' unterstützen. Sie sind also unanständig. Ich halte das für eine wirklich brutale, politische Weichenstellung, die hier von auch höchsten Repräsentanten unseres Staates willenlos mitgetragen wird. Denn was bedeutet denn das? Wenn ich von vorneherein sage, jeder, der Angst hat, daß in der Einwanderungsbewegung heute eine falsche Politik gemacht wird und dieses Volksbegehren unterschreibt, ist unanständig, weil er nicht für offene Grenzen, für ein sofortiges Wahlrecht und vieles andere mehr zugunsten der Ausländer eintritt? [...] Aber wir wollen das Recht behalten über den Umfang und über das Ausmaß selbst bestimmen zu dürfen. Wir sind daher auch mit diesem Volksbegehren für jene Ausländer aktiv, die sich seit vielen Jahren hier bei uns niedergelassen haben [...]." (Haider J., 1993, S. 23–27)

Was war zuvor passiert, dass sich der Bundesparteiobmann der FPÖ mit diesen Worten an seine Mitstreiter wandte? Warum hatte er Sorge, dass es zu einer gesellschaftlichen Spaltung kommen könnte? Welche Inhalte des Volksbegehrens „Österreich zuerst" waren politisch so explosiv, dass es zu einem massiv mobilisierten Widerstand kam?

Wendepunkte

1990, knapp ein Jahr, nachdem Jörg Haider erstmalig zum Kärntner Landeshauptmann gewählt worden war, markierte das Ende des Ost-West-Gegensatzes im europäischen Staatengefüge, aber vor allem auch für das österreichische Politsystem einen historischen Wendepunkt. Galt Österreich zuvor lange als Transitland für Flüchtlinge, so hatte sich dies bereits seit Mitte der 1980er-Jahre geändert, als sich die Zahl der Asylansuchen zwischen 1987 und 1990 von 11.000 auf 22.000 verdoppelt hatte. Dass die BRD zudem damit begann, illegal eingereiste Flüchtlinge nach Österreich zurückzuschieben, führte zu einem Umdenken in der Asylpolitik. Asylverfahren sollten beschleunigt werden; Innenminister Franz Löschnak (SPÖ) engagierte sich für eine Visumpflicht für türkische Staatsbürger und begründete dies mit dem zunehmenden „Schlepperunwesen", das einen „Strom von Türken" mit sich bringe (ORF, 1990). Die von Löschnak befürwortete Entlassung von türkischen Asylwerbern aus der Bundesbetreuung begründete dieser mit einem „dramatischen Anstieg" der Asylfälle und wies in der Folge darauf hin, dass dies „eine freiwillige Leistung sei. Darauf habe niemand Anspruch" (Der Standard vom 10. Jänner 1990, zit. n. Zuser, 1996, S. 16). Sein Kabinettschef Manfred Matzka fügte laut „Standard" hinzu, dass „das Boot mehr als voll" sei (Der Standard vom 12. Jänner 1990, zit. n. Zuser 1996, S. 16). Medial erklärte nur wenige Wochen später Bundeskanzler Franz Vranitzky (SPÖ) „Wir haben keine Unterbringungsmöglichkeiten mehr und können die gute Absicht daher nicht in die gute Tat umsetzen" (Der Standard vom 7. März 1990, zit. n. Zuser 1996, S. 20). Die Stimmung war Anfang 1990 demnach bereits durch die österreichische Staatsspitze sehr aufgeheizt worden, die Zahl der Asylanträge ging weiter nach oben und der Plan des Innenministeriums, in der kleinen burgenländischen Gemeinde Kaisersteinbruch mit 200 Einwohnern 800 rumänische Asylwerber unterzubringen, brachte das Fass zum Überlaufen. Die von der rot-schwarzen Bundesregierung mit 15. März 1990 eingeführte Visumpflicht für Rumänen führte dazu, dass rumänische Staatsbürger nur nach Österreich einreisen durften, wenn sie 5000 Schilling oder den ausländischen Gegenwert bei sich hatten. „Nix Valuta, nix Austria", war ein zentraler Slogan, der zu dieser Zeit entlang der burgenländisch-ungarischen Grenze vielerorts gehört wurde (ORF, 1990).

Als Folge von Kaisersteinbruch strebte das Innenministerium eine Neuordnung der Flüchtlingsunterbringung an, in deren Fokus die quotenmäßige Aufteilung der Asylwerber auf die Bundesländer stehen sollte. Mittels eines Beschlusses der Landeshauptleutekonferenz hätte die Regelung über die Aufteilung der Flüchtlinge in Kraft treten sollen. Da aber alle Landeshauptleute grundsätzlich dafür eintraten, keine weiteren Flüchtlinge mehr aufzunehmen, wurde die Regelung schließlich per Verordnung des Innenministeriums durchgesetzt. Ein Brief des oberösterreichischen Landeshauptmanns Josef Ratzenböck (ÖVP) erlangte dabei mediale Aufmerksamkeit, als dieser darin das Innenministerium aufforderte, Flüchtlinge, „denen man die Abstammung ansieht" (Der Standard vom 10. März 1990, zit. n. Zuser 1996, S. 26), aus der Tourismusgemeinde Franking zu entfernen, da ansonsten zu befürchten sei, dass es zu Ertragseinbußen im Fremdenverkehr komme. Konsequent lehnte damals Kärntens Landeshauptmann Jörg Haider die Quotenverteilung ab.

Wie u. a. aus einem Bericht des Magazins „profil" hervorgeht, hatte bereits das Jahr 1989 aufgrund des einsetzenden Zustromes aus Osteuropa alles verändert; die vorübergehenden 160.000 Flüchtlinge des Ersten Golfkrieges stellten zudem eine große Herausforderung für Österreich dar (Lackner, 2009). Ab 1992 kamen zusätzlich 100.000 Vertriebene aus dem Balkankriegsgebiet nach Österreich. 1993 lebten bereits rund 300.000 Menschen mehr in Österreich als noch im Jahr des Mauerfalls 1989. 1992 verzeichnete Österreich mit 1,1 Prozent die höchste jährliche Wachstumsrate seit 1960 – mit Ausnahme des Rekordjahres 2015 (1,13 Prozent) (laenderdaten.info, 2024). 1995 bestätigte auch SPÖ-Nationalratsabgeordnete Annemarie Reitsamer in einer Rede vor dem Nationalrat, dass sich aufgrund der weltpolitischen Ereignisse die Situation in Österreich in der Ausländerfrage maßgeblich geändert habe: „Die verstärkte Diskussion seit Beginn der neunziger Jahre, bedingt durch die Ostöffnung, bedingt durch den Krieg im ehemaligen Jugoslawien, hat die Zahl der legal in Österreich befindlichen Ausländer letztendlich von 460.000 auf 700.000 ansteigen lassen" (Reitsamer, 1995, S. 41). Nicht Haider bzw. die FPÖ haben demnach die „Ausländerfrage konstruiert", wie oftmals der Vorwurf lautet, sondern die FPÖ war die einzige Partei, die sich der wachsenden Ängste und Sorgen der Bürger aufgrund der stetig steigenden Flüchtlingszahlen auf politischer Ebene annahm und es wagte, die geltende Rechtslage zu hinterfragen.

Obwohl also bereits seit Beginn der 1990er-Jahre auf höchster Regierungsebene über Schlepperunwesen und die „Flüchtlingsproblematik" diskutiert wurde und die Flüchtlingszahlen infolge weltweiter Kriegswirren stiegen, führte das von Jörg Haider 1992 initiierte Volksbegehren „Österreich zuerst" zu einer – wie es Faißner nannte – durch „politische Gegner und Medien veranstaltete[n] Hexenjagd" (Faißner, 2018, S. 11). Dieses Volksbegehren lag ab 1993 zur Unterfertigung auf (Eintragungswoche 25. Jänner bis 1. Feber 1993) und behandelte den Umgang mit dem steigenden Zuzug von Ausländern und daraus resultierenden notwendigen Änderungen der Asyl- bzw. Einwanderungspolitik. Was darauf folgte, glich einer historischen Zäsur. Nicht nur hagelte es Kritik vom Bundespräsidenten, der Kirche und den politischen Gegnern, das Volksbegehren war auch ein Mitgrund für die Abspaltung des Liberalen Forums unter Heide Schmidt von der FPÖ. Zuvor hatte sich am 23. Jänner 1993 am Wiener Heldenplatz die größte Demonstration der Zweiten Republik zusammengefunden, um gegen Ausländerfeindlichkeit zu demonstrieren. Als unmittelbarer Anstoß für dieses „Lichtermeer" galt das Volksbegehren „Österreich zuerst", das in der Folge gern als Ausländer-Volksbegehren tituliert wurde. Auch die Menschenrechtsorganisation „SOS Mitmensch" hatte sich als eine Initiative von Künstlern, Intellektuellen, Kirchenvertretern und Gewerkschaftern als Antwort auf das Volksbegehren formiert (Rachbauer, 2023). In Deutschland titelte der „Spiegel" in Bezug auf Haider und das von ihm initiierte Volksbegehren: „Kräfte der Finsternis" (Spiegel, 1993). Das „profil" schrieb in seiner Ausgabe vom 25. Jänner 1993, das Ausländer-Volksbegehren sei eine Kraftprobe für Haider (profil, 1993).

Was war nun aber so brisant, so skandalös und scheinbar vom politischen Konsens so weit entfernt, dass ein einfaches Volksbegehren solche Kontroversen herbeiführen konnte?

Das Volksbegehren „Österreich zuerst“

„Im Wesentlichen trat das Volksbegehren ‚Österreich zuerst' für folgende Punkte ein:

1. Verfassungsbestimmung: ‚Österreich ist kein Einwanderungsland';

2. Einwanderungsstopp bis zur befriedigenden Lösung der illegalen Ausländerfrage, bis zur Beseitigung der Wohnungsnot und Senkung der Arbeitslosenrate auf 5 Prozent;
3. Ausweispflicht für ausländische Arbeitnehmer am Arbeitsplatz, wobei aus diesem Ausweis die Arbeitsgenehmigung und die Anmeldung zur Krankenversicherung hervorzugehen hat;
4. Aufstocken der Exekutive (Fremdenpolizei, Kriminalpolizei), sowie deren bessere Bezahlung und Ausstattung zur Erfassung illegaler Ausländer und zur wirkungsvollen Kriminalitätsbekämpfung, insbesondere des organisierten Verbrechens;
5. sofortige Schaffung eines ständigen Grenzschutzes (Zoll, Gendarmerie) statt Bundesheereinsatz;
6. Entspannung der Schulsituation durch Begrenzung des Anteils von Schülern mit fremder Muttersprache in Pflicht- und Berufsschulklassen mit höchstens 30 Prozent; bei einem mehr als 30-prozentigen Anteil von fremdsprachigen Kindern Einrichtung von Ausländer-Regelklassen;
7. Entspannung der Schulsituation durch Teilnahme am Regelunterricht nur bei ausreichenden Deutschkenntnissen (Vorbereitungsklassen);
8. kein Ausländerwahlrecht bei allgemeinen Wahlen;
9. keine vorzeitige Verleihung der österreichischen Staatsbürgerschaft;
10. rigorose Maßnahmen gegen illegale gewerbliche Tätigkeiten (wie z. B. in Ausländervereinen und -klubs) und gegen Missbrauch von Sozialleistungen;
11. sofortige Ausweisung und Aufenthaltsverbot für ausländische Straftäter und
12. Errichtung einer Osteuropa-Stiftung zur Verhinderung von Wanderungsbewegungen" (Freiheitliches Bildungsinstitut, 2024d)

Liest man mehr als 30 Jahre später die Kernforderungen dieses Volksbegehrens, so wird sich der Aufschrei der Empörung bei den meisten Lesern wohl in Grenzen halten. Haider beschäftigte sich bereits früh mit zielführenden Maßnahmen für Integration, mit importierter Kriminalität und möglichem Lohndumping durch Arbeitskräfte aus dem Ausland. Dass er das Land zur Migrationspolitik befragen wollte, stieß aber vor allem bei den anderen Parteien, die sich zuvor selbst an einem Kurswechsel in der Asylpolitik versucht hatten, auf massiven Widerstand. Gern wird in diesem Zusammenhang auch die Forderung der SPÖ nach einem „Einreisevisum für Polen und Tschechen" (Der Standard vom 1. Juni 1990, zit. n. Zuser 1996, S. 34) von 1990 zitiert, um gegen den florierenden Schwarzmarkt in Wien vorzugehen. Bereits wenige Monate zuvor hatte Wiens SPÖ-Bürgermeister Helmut Zilk einen temporären Visumzwang für Polen vorgeschlagen. Und auch Bundeskanzler Vranitzky überraschte im Zusammenhang mit dieser Causa mit den Worten „Wir brauchen keine Salami-, Schnaps- und Zigarettenhändler auf unseren Straßen" (Der Standard vom 12. Juni 1990, zit. n. ebd.). Solche ausländerkritischen Äußerungen von SPÖ-Vertretern waren 1990 demnach salonfähig, und auch die Suche nach Antworten auf die zunehmende Zuwanderung gehörte zur politischen Praxis. 1993 jedoch mussten sich all jene Österreicher, die dem Volksbegehren „Österreich zuerst" recht gaben und die Einwanderungspolitik grundsätzlich hinterfragten, als „rechtsextrem" und „ausländerfeindlich" beschimpfen lassen.

Erhard Busek (ÖVP) warf Haider beispielsweise vor, „aus unserem politischen System und unserer politischen Kultur ausgestiegen zu sein" (Spiegel, 1993). Anhand dieses Zitates lässt sich schon eher ableiten, worauf 1993 der enorme Gegenwind gegen „Österreich zuerst" – zumindest auf politischer Ebene – fußte. Haider war Vorreiter der Umgestaltung des politischen Systems sowohl in Kärnten als auch in Österreich. Dass er regelmäßig die rot-schwarze Privilegien- und Parteibuchwirtschaft anprangerte und die FPÖ im Nationalrat als Oppositionspartei gegen das SPÖ-ÖVP-System positionierte, war den Vertretern der „Altparteien" natürlich ein Dorn im Auge. Mit Aussagen wie: „Was wir derzeit in Österreich erleben, ist eine ausgewachsene Vertrauenskrise der Bürger gegenüber der Allmacht der Parteien und der Apparate, sowie gegenüber der Arroganz der Funktionäre, die sich einbilden, daß dieses Land das persönliche Eigentum der rot-schwarzen Einheitspartei darstellt" (FPÖ Kärnten, 1986a, S. 31), rüttelte Haider am Sittenbild der Republik, das seit Jahrzehnten vom

Lagerdenken der Nachkriegszeit geprägt war. Es war daher auch kaum verwunderlich, dass jedes gesagte Wort Haiders auf eine moralische und politische Goldwaage gelegt wurde in der Hoffnung, ihn, dem die Wählergunst immer mehr zuteilwurde, mundtot zu machen.

Und dann?

Anfänglich gelang dies sogar, indem durch die enorme Mobilmachung gegen das Volksbegehren das anvisierte Ziel einer 20-prozentigen Eintragungsquote der Wahlberechtigten deutlich verfehlt wurde (7,35 Prozent, 416.531 Unterstützer). Mittel- und langfristig jedoch kam es zu einschneidenden Änderungen des Asylrechtes bzw. in der österreichischen Integrationspolitik, die eindeutig auf das Volksbegehren „Österreich zuerst" zurückzuführen sind. Der Forderung aus dem Jahr 1993 nach einem Aufstocken der Exekutive zur Erfassung illegaler Ausländer wurde innerhalb des Bundeskriminalamtes durch die Schaffung einer eigenen Abteilung für Schlepperei, Menschenhandel und Delikte wie Visaerschleichung, Sozialleistungsmissbrauch und illegales Glücksspiel Rechnung getragen. 2018 wurde unter Innenminister Herbert Kickl die Grenzschutzeinheit „Puma" eingeführt. In „Österreich zuerst" hatte Haider bereits die Entwicklung einer ständigen Grenzschutztruppe gefordert. Ebenfalls gibt es seit 2018 verpflichtende Deutschförderklassen, die Schüler besuchen müssen, deren Deutschkenntnisse nicht ausreichend für den Regelunterricht sind. Das 1993 geforderte Nein zur „vorzeitigen Verleihung der Staatsbürgerschaft" ist mittlerweile fest verankerter Bestandteil der geltenden Rechtslage. Geeignete „Maßnahmen gegen den Missbrauch von Sozialleistungen" sind ein weiterer Punkt des Volksbegehrens, der mittlerweile umgesetzt worden ist. Kriminalbeamte der Taskforce Sozialleistungsbetrug gehen seit 2018 gegen Bürger vor, die sich Sozialleistungen erschleichen. Laut Statistik des Innenministeriums konnten durch die Taskforce allein 2021 4730 Tatverdächtige ausgeforscht werden, die einen Schaden von rund 19 Millionen Euro verursachten (Bundesministerium für Inneres, kein Datum).

Nicht nur konkrete Maßnahmen, die bereits im Volksbegehren „Österreich zuerst" gefordert wurden, wurden in die Umsetzung gebracht. Überhaupt änderte sich in den letzten Jahren die Rhetorik in Bezug auf die Asylthematik, und was Mitte der 1990er-Jahre noch zu einem medialen Aufschrei des Entsetzens führte, ist mittlerweile Normalität im politischen Diskurs.

Zur Nationalratswahl 2017 beispielsweise trat die ÖVP rund um Spitzenkandidat Sebastian Kurz mit einem Wahlprogramm an, das in dieser Form 1993 wohl undenkbar gewesen wäre. Unter anderem sah das Kurz'sche Wahlprogramm vor, dass Ausländern der Zugang zu Sozialleistungen erst nach fünf Jahren Aufenthalt in Österreich ermöglicht werden soll. Auch eine Kürzung der Mindestsicherung für Asylberechtigte wurde vorgeschlagen (Kurier, 2017). Ein gutes Jahr zuvor hatte Kurz, der lange Zeit als großes politisches Talent gefeiert wurde, im Hinblick auf die Integrationspolitik in einem Interview erklärt: „Auch wenn das jetzt hart klingt, aber ich habe bei diesen enormen Menschenmassen, die nun zu uns kommen, mit Spannungen, Übergriffen und gewalttätigen Auseinandersetzungen gerechnet. [...] Wir dürfen auch nicht die Augen davor verschließen, dass eine Gruppe von Zuwanderern mit unseren Regeln des Zusammenlebens Probleme hat. [...] Es wird nicht ohne hässliche Bilder gehen" (Mülherr, 2016).

Ebenfalls 2017 versprach der damalige SPÖ-Bundeskanzler Christian Kern, dass man „den Kurs ändern werde". Bei seiner Grundsatzrede in Wels am 12. Jänner 2017 erklärte Kern bezugnehmend auf Asylfragen, dass Zuwanderung begrenzt werden müsse, „solange die Integration der schon in Österreich Lebenden nicht abgeschlossen sei" (Mayringer u. Gantner, 2017), da „die Aufnahmefähigkeit unserer Gesellschaft Grenzen hat". Straffälligen bzw. sich nicht an die Regeln haltenden Flüchtlingen bzw. Zuwanderern ließ Kern ausrichten: „Es darf kein Zweifel an der Durchsetzungsfähigkeit unseres Rechtsstaates aufkommen. Wir sind bereit, mit voller Härte durchzugreifen, wenn unsere Toleranz missbraucht wird" (SPÖ-Bundesorganisation, 2017). Die ehemalige ÖVP-Generalsekretärin Laura Sachslehner forderte 2022 einen Annahmestopp bei Asylanträgen: „Die Schweiz stoppt die Aufnahme von Asylwerbern & setzt damit einen richtigen Schritt. Die EU hindert Österreich mit ihrem geschaffenen Regelwerk während der großen Asylkrise seit 2015 daran, endlich selbst einen sofortigen Aufnahmestopp durchzusetzen" (Sachslehner, 2022).

Interessant in diesem Zusammenhang ist auch, dass es gar nicht nötig ist, sich die Entwicklung rund 30 Jahre nach dem Volksbegehren anzusehen. Es reicht bereits ein Blick ins Jahr 1996, als der Landesvorstand Steiermark der Gewerkschaft Öffentlicher Dienst in einer Postwurfsendung mit dem Slogan

„Österreich zuerst" um Mitglieder warb. Ein Slogan, der rund drei Jahre zuvor noch zu einer noch nie dagewesenen Welle der Empörung geführt hatte, wurde – wie aus einer parlamentarischen Anfragebeantwortung hervorging – im Sommer 1996 vom damaligen Bundeskanzler Franz Vranitzky (SPÖ) ohne große Aufregung abgenickt (Bundeskanzleramt, 1996).

Unabhängig davon, wie man zum Volksbegehren „Österreich zuerst" stehen mag, lässt sich wohl eindeutig nachvollziehen, dass Haider mit diesem vor allem einer nicht funktionierenden Migrationspolitik, die die Folgen der historischen Umwälzungen seit 1989 völlig außer Acht ließ, Rechnung getragen hat. Dass er für diese Initiative einer derart heftigen Kritik ausgesetzt war, ist angesichts der politischen Sprache, derer sich insbesondere auch Politiker anderer Parteien zu dieser Zeit im Hinblick auf die Ausländerthematik bedienten, schwer nachvollziehbar. Wagt man zudem einen Blick auf die Asyl- und Migrationspolitik der letzten Jahre, so wird man Haider zugestehen müssen, dass seine Forderungen heute aktueller denn je sind. Warum er damals trotz des massiven Widerstandes seiner Linie treu geblieben ist, lässt sich anhand von zwei Zitaten aus dem Jahr 1993 gut belegen:

> „Denken Sie sich eigentlich nie, warum tue ich mir das an?
> Haider: Ich habe mir das zeitweise wirklich gedacht. Aber aufgrund der brutalen Gehässigkeit, mit der man uns im Zuge des Volksbegehrens entgegengetreten ist, bin ich einfach überzeugt, daß das wahnsinnig wichtig ist, was wir machen. Wenn wir aufgeben, dann gibt es überhaupt niemanden mehr, der noch die Wahrheit sagt." (Der Standard, 1993, o. S.)

> „Ich kann nur sagen, da bin ich lieber ein Populist, der hellhörig ist als ein Sozialist, der schwerhörig geworden ist gegenüber den Anliegen seiner Bürger." (Haider J., 1993)

Dass Jörg Haider ein gutes Gehör für die Anliegen der Bürger hatte, ist unumstritten. Er konnte wie kein anderer komplexe Problemstellungen und Fragen erfassen und Antworten darauf simplifiziert formulieren. Er sprach die Sprache des „kleinen Mannes", erarbeitete konsequent Lösungsstrategien und war so flexibel, etwa aufgrund neuer Erkenntnisse seinen Kurs zu adaptieren, wenn es

Das Volksbegehren.

1 Verfassungsbestimmung: „Österreich ist kein Einwanderungsland“

Aufgrund seiner Größe und Siedlungsdichte ist Österreich kein Einwanderungsland. Liegt der europäische Durchschnitt bei 100 Einwohnern je 1 km² besiedelbares Gebiet, beträgt dieser in Österreich 230 Einwohner. Gerade in der letzten Zeit betrieben vor allem die klassischen Einwanderungsländer (USA, Australien, Kanada) eine zurückhaltende Einwanderungspolitik. Aufnahmen erfolgten in diesen Staaten nur mehr nach Bedarf des Arbeitsmarktes.

Die Verfassungsbestimmung „Österreich ist kein Einwanderungsland“ hat als Staatszielbestimmung eine erhöhte Bestandskraft. Daran hat sich der Gesetzgeber, aber auch die Verwaltung bei Erlassung von Verordnungen bzw. Ermessensentscheidungen zu richten.

2 Einwanderungsstopp bis zur befriedigenden Lösung der illegalen Ausländerfrage, bis zur Beseitigung der Wohnungsnot und Senkung der Arbeitslosigkeit auf 5%.

In Wien leben ca. 100.000 Ausländer illegal, also ungesetzlich. Ein Rechtsstaat kann den Zustand der Illegalität nicht akzeptieren. Mit der Illegalität Hand in Hand gehen Schwarzarbeit, Schwarzwohnen und im schlimmsten Fall das Abrutschen in die Kriminalität. Die Bundesregierung hat es bisher verabsäumt, diesen Zustand zu entschärfen.

Durch den hohen Anteil von illegal bei uns lebenden Ausländern wird zusätzlicher Druck auf den Wohnungs- und Arbeitsmarkt ausgeübt. Nur durch einen Zuwanderungsstopp können weitere soziale Konflikte zwischen In- und Ausländern verhindert werden.

> **„Immer mehr Osteuropäer wollen den Weg in den „goldenen Westen“ gehen. Österreich muß darauf reagieren, weil es kein Einwanderungsland sein kann.“**
>
> (Bundeswirtschaftskammerpräsident Leopold Maderthaner im „Kurier“ vom 25. 10. 1992)

3 Ausweispflicht für ausländische Arbeitnehmer am Arbeitsplatz, wobei aus diesem Ausweis die Arbeitsgenehmigung und die Anmeldung zur Krankenversicherung hervorzugehen hat.

Nur mit Kontrollen kann die illegale Beschäftigung von Ausländern unterbunden werden, die nicht nur Steuerhinterziehung und Umgehung der Beitragspflicht zur Sozialversicherung bedeutet, sondern auch das Lohnniveau durch ausländische Billigarbeitskräfte senkt.

Derzeit wird einerseits zu wenig kontrolliert, andererseits können die Kontrollorgane illegale Beschäftigung an Ort und Stelle nicht wirkungsvoll überprüfen. Die Verpflichtung, ab Beginn des Arbeitsverhältnisses einen Ausweis mitzuführen, der nicht nur die Anmeldung bei der Sozialversicherung, sondern auch die Ausstellung einer Beschäftigungsbewilligung dokumentiert, würde Kontrollmaßnahmen erheblich wirksamer machen. Der Bedarf nach einer derartigen Regelung wurde von der Regierung zwar 1990 im Arbeitsübereinkommen erkannt, jetzt lehnt sie aber die Verwirklichung ab.

4 Aufstocken der Exekutive (Fremdenpolizei, Kriminalpolizei), sowie deren bessere Bezahlung und Ausstattung zur Erfassung der illegalen Ausländer und zur wirkungsvolleren Kriminalitätsbekämpfung, insbesondere des organisierten Verbrechens.

Ohne Vollzugsorgane sind die besten Gesetze wertlos. 300.000 registrierten Fremden stehen etwa bei der Fremdenpolizei lediglich 84 Mitarbeiter gegenüber. Zum Vergleich: 1970 gab es 84.000 Ausländer, wofür 52 Mitarbeiter der Fremdenpolizei vorhanden waren.

Um die gestellten Aufgaben im Exekutivbereich effektiv erfüllen zu können, bedarf es einer Personalaufstockung. Mehr Personal kann jedoch nur durch eine Attraktivitätssteigerung des Berufsbildes des Exekutivbeamten erreicht werden. Dazu zählen in erster Linie eine Verbesserung der Bezahlung sowie die Bereitstellung ausreichender dem Standard der Zeit entsprechender Infrastruktur.

12 gute Gründe.

5 Sofortige Schaffung eines ständigen Grenzschutzes (Zoll, Gendarmerie) statt Bundesheereinsatz.

Der Assistenzeinsatz des Bundesheeres an Österreichs Grenzen wurde mittlerweile zur Dauereinrichtung. Die Schaffung einer eigenen Grenzschutztruppe, die aus Gendarmerie- und Zollwachebeamten besteht, ist daher unbedingt notwendig. Mittelfristig erscheint die Eingliederung der Zollwache in den Verantwortungsbereich des Innenministeriums unerläßlich. Der neue Grenzschutz soll nicht nur die bisher aufgesplitterten Aufgaben an den Grenzkontrollstellen übernehmen, sondern auch die Absicherung der sogenannten „grünen Grenze“ garantieren.

6 Entspannung der Schulsuituation durch Begrenzung des Anteils von Schülern mit fremder Muttersprache in Pflicht- und Berufsschulklassen mit höchstens 30%; bei einem mehr als 30%igen Anteil von fremdsprachigen Kindern Einrichtung von Ausländer-Regelklassen.

In manchen Bezirken Wiens sind Schulklassen mit über 80prozentigem Anteil von Kindern fremder Muttersprache keine Seltenheit. Bei derartigen Verhältnissen ist eine für die Zukunft unserer Kinder notwendige Ausbildung und die Erreichung der Unterrichtsziele gefährdet. Andererseits ist bei diesen Prozentsätzen eine Einbindung der fremdsprachigen Kinder in die österreichische Gesellschaftsordnung unmöglich. In der Praxis sind bei den österreichischen Kindern bereits Bildungsdefizite zu verzeichnen. Immer mehr Eltern sehen sich daher gezwungen, ihre Kinder unter großen finanziellen Opfern in Privatschulen unterrichten zu lassen. Für die Sozialisten, die, wie etwa Unterrichtsminister Scholten, nach wie vor die Idee der multikulturellen Gesellschaft vertreten, ist unsere kulturelle Identität praktisch wertlos, ja sogar politisch bedenklich. Dies ist in den offiziellen Schriften des Unterrichtsministeriums nachzulesen. Um unsere kulturelle Identität zu erhalten, aber auch um die Erreichung der Bildungsziele und die Integration sicherzustellen, erscheint eine Begrenzung des Anteils fremdsprachiger Kinder unerläßlich.

> **„Zuerst müssen die Bedürfnisse der Österreicher erfüllt werden, erst dann kommen die Ausländer dran.“**
>
> (Sozialminister Josef Hesoun in der Zeitung „Die Presse“ vom 9. 10. 1991.)

7 Entspannung der Schulsituation durch Teilnahme am Regelunterricht nur bei ausreichenden Deutschkenntnissen (Vorbereitungsklassen).

Durch die Aufnahme von Kindern mit mangelhaften oder gänzlich fehlenden Deutschkenntnissen in das Regelschulwesen sinkt das Ausbildungsniveau und es kommt zu Schwierigkeiten in der Schulgemeinschaft.

In Vorbereitungsklassen sollen den schulpflichtigen Kindern fremder Muttersprache Kenntnisse der deutschen Sprache vermittelt werden, die eine Teilnahme am Unterricht in Regelschulklassen ermöglichen. Die Verweildauer in diesen Vorbereitungsklassen soll zwei Jahre nicht übersteigen, ein vorzeitiger Übertritt ins Regelschulwesen ist anzustreben.

8 Kein Ausländerwahlrecht bei den allgemeinen Wahlen.

In einer demokratischen Gesellschaft stellt das Wahlrecht eines der wichtigsten Bürgerrechte dar. Es soll daher in Österreich von jenen ausgeübt werden, die sich mit unserer Gesellschaft und mit unserem Staat identifizieren und die bereit sind, die Folgen ihrer Wahlentscheidung auf Dauer zu tragen. Daher setzt das Wahlrecht zu den allgemeinen Vertretungskörpern in Österreich die Staatsbürgerschaft voraus.

Nur der Staatsbürger verfügt über den Anspruch, die Geschicke der Republik Österreich mit seiner Stimme aktiv mitzugestalten, bzw. für seine Mitbürger als gewählter Mandatar einzutreten. Er hat durch die Übernahme sämtlicher Rechte und Pflichten im Rahmen dieses besonderen Verhältnisses zum Staat den notwendigen Bezug zur Gemeinschaft im Staatsverband.

Die Forderung von SPÖ, ÖVP und Grün-Alternativen, das Wahlrecht „scheibchenweise“ Ausländern zuzubilligen – zuerst auf Gemeinde- oder Bezirksebene – ist zu vordergründig auf das Erschließen von neuen Wählerstimmen gerichtet, die in zunehmendem Maße diesen Parteien verlorengehen.

Punkt für Punkt.

9 Keine vorzeitige Verleihung der österreichischen Staatsbürgerschaft.

Nach zehn Jahren ordentlichem Aufenthalt in Österreich kann grundsätzlich die Staatsbürgerschaft verliehen werden, in Ausnahmefällen bereits nach vier Jahren. Gerade die Ausnahmen sind in der Vergangenheit zur Regel geworden. Namhafte SPÖ- und ÖVP-Politiker fordern sogar eine generelle Verkürzung der Wartezeit auf 4 Jahre.

Die FPÖ fordert, daß an der im Gesetz festegelegten 10-Jahres-Frist festgehalten wird, und der Ermessensspielraum hinsichtlich der Ausnahmefälle äußerst streng gehandhabt wird. Im Vergleich zu anderen westeuropäischen Ländern liegt die Einbürgerungsquote sehr hoch.

10 Rigorose Maßnahmen gegen illegale gewerbliche Tätigkeiten (wie z. B. Ausländervereinen und -klubs) und gegen Mißbrauch von Sozialleistungen.

Vermehrt schließen sich Ausländer in Vereinen und Klubs zusammen. Viele Vereins- und Klublokale stellen immer häufiger Gastronomiebetriebe dar, die die gewerberechtlichen, sanitäts- und baupolizeilichen Auflagen weitgehend nicht erfüllen. Zum Teil dienen sie auch als Zentrum für den Schwarzhandel. Dadurch wird bei inländischen Anrainern, Gastwirten und Gewerbetreibenden Verärgerung, Unmut, ja sogar Aggression hervorgerufen.

Nur eine gesetzliche Neuordnung und deren strenger Vollzug können in diesem Bereich Ordnung herstellen.

Auch der Mißbrauch von Sozialleistungen – z. B. verfrühter Pensionsbezug, Familienbeihilfebezug für nicht existente Kinder – durch Ausländer steigt ständig. Diese Mißstände sind schnellstens zu beseitigen, da sie zu berechtigter Empörung bei der einheimischen Bevölkerung führen.

11 Sofortige Ausweisung und Aufenthaltsverbot für ausländische Straftäter.

Die Fremdenkriminalität in Österreich, vor allem in Wien, ist sprunghaft angestiegen. Der Anteil ausländischer Tatverdächtiger liegt in Wien bei Verbrechen bereits über 33 Prozent. Um z. B. die starke Zunahme der Zahl der von Ausländern begangenen Vermögensdelikte eindämmen zu können, müßte die Möglichkeit geschaffen werden, daß der Fremde den redlichen Erwerb der Mittel zum Unterhalt nachweisen können müßte. Kann er diesen redlichen Erwerb nicht nachweisen, müßte die Verhängung von Aufenthaltsverboten ermöglicht werden. Bedauerlicherweise wurde dieser Vorschlag von der Regierung abgelehnt.

Die Vielzahl ausländischer Straftäter macht darüber hinaus die Schaffung zusätzlicher Hafträume erforderlich. In der Praxis können mitunter Schubhäftlinge wegen des akuten Mangels an Hafträumen nicht arretiert werden.

> **„Wir brauchen keine östlichen Salami-, Schnaps- und Zigarettenhändler auf unseren Straßen.“**
>
> (Bundeskanzler Dr. Franz Vranitzky in der „Kronen Zeitung“ vom 11. 6. 1990.)

12 Errichtung einer Osteuropa-Stiftung zur Verhinderung von Wanderungsbewegungen.

Wanderbewegungen im heutigen Ausmaß nützen weder den Einwanderungs- noch den Auswanderungsländern. Gezielte wirtschaftliche Hilfe im Ausland kann Abwanderungen aus wirtschaftlichen Gründen verhindern. Die gegenwärtigen Reformprozesse in Osteuropa bieten für Österreich Entwicklungschancen. Bei einem wirtschaftlichen Desaster in Osteuropa ist aber auch die große Gefahr einer Masseneinwanderung nach Österreich gegeben.

Die bisherige Regierungspraxis, den Staaten Osteuropas österreichische Steuergelder in Milliardenhöhe ohne begleitende Maßnahmen oder Kontrolle in den Rachen zu werfen, wird strikt abgelehnt.

Ziel der freiheitlichen Forderung einer „Osteuropa-Stiftung“ ist es, den osteuropäischen Staaten eine „maßgeschneiderte“ Unterstützung der demokratischen und wirtschaftlichen Reformbewegungen angedeihen zu lassen. Damit kann der Grundstein zu einer bleibenden Verbesserung der Lebensbedingungen für die Bevölkerung in ihrem Heimatland gelegt werden.

Mittels einer Re-Integrationshilfe, das heißt, finanzieller Anreiz und soziale Absicherung für die Rückkehr von Ausländern in ihre Heimatländer, soll dort auch die Gründung junger Unternehmen erleichtert werden.

▸ **Die zwölf Punkte des Volksbegehrens „Österreich zuerst“.**

dem allgemeinen Wohl diente. So veränderte Haider, der sich viele Jahre für eine Vollmitgliedschaft Österreichs in der EWG ausgesprochen hatte, auch seine Position hinsichtlich des EU-Beitrittes ab Beginn der 1990er-Jahre. Aufgrund des drohenden Verlustes der Souveränität Österreichs bzw. der Bundesländer im europäischen Unionsverband, der hohen Mitgliedsbeitragszahlungen der Republik und der Gefahr einer Vereinheitlichung der kulturellen Substanz Österreichs wurde die FPÖ zu einer europakritischen Partei, die den EU-Beitritt Österreichs ablehnte.

1994: David gegen Goliath

Jörg Haider: „Ich habe immer gesagt: Die EU oder Europa sind für uns ein Friedensprojekt. Aber wir wollen sicher nicht, dass Europa die Nationalstaaten entbehrlich macht. Wir wollen eines nicht: den Super-Nationalstaat Europa, ohne europäisches Volk, ohne europäische Kultur, ohne europäische Sprache" (Worm, 2005, S. 63 f.).

„Die Freiheitlichen zählten zu den ersten EU-Befürwortern unter den Parteien. Schon in den 1960er-Jahren sprach man sich für eine Integration Österreichs in die damalige Europäische Gemeinschaft aus" (News, 2018). Am 27. November 1987 brachten die FPÖ-Abgeordneten Gugerbauer und Haider dementsprechend im Nationalrat einen Antrag ein, in dem die Bundesregierung aufgefordert wurde, die Beitrittsverhandlungen zur EG frühestmöglich aufzunehmen.

Der ehemalige EU-Diplomat Albrecht Rothacher erinnerte sich: „Ich besaß eine schöne Broschüre ‚Die FPÖ als Europapartei' aus den 1980er-Jahren, die ich auch einmal stolz Haider zeigte [...]. Die Beschlusslage hatte sich mittlerweile geändert. Schon 1959 hatte die FPÖ den Beitritt zur EWG in einem parlamentarischen Antrag gefordert, der von den beiden Regierungsparteien, die die EFTA favorisierten, prompt niedergestimmt wurde. 1985 wurde die Notwendigkeit des Beitrittes in das Parteiprogramm aufgenommen.[5] 1989 stimmten SPÖ, ÖVP und FPÖ gemeinsam für die Aufnahme von Mitgliedschaftsverhandlungen mit der EG" (Rothacher, 2023) und damit für ein EU-Beitrittsgesuch.

1992 legte die FPÖ erneut ihre EG-Linie fest: „Wir sagen Ja zur europäischen Integration, wenn die österreichische Bundesregierung ihre Hausaufgaben gemacht hat", sagte Jörg Haider, damaliger Bundesparteiobmann. Zu diesen Haus-

5 So heißt es im Parteiprogramm: „Im Streben nach einer größtmöglichen Teilnahme unseres Landes an der europäischen Integration halten wir auch eine Mitgliedschaft Österreichs in der EG – selbstverständlich unter dem Neutralitätsvorbehalt – für möglich und notwendig" (FPÖ, 1985).

aufgaben zählten für die FPÖ unter anderem „die Verbesserung der Eigenkapitalausstattung der gewerblichen und mittelständischen Wirtschaft, die Sicherung der bäuerlichen Familienbetriebe, die Erhaltung der österreichischen Umweltstandards, ein gesamtösterreichisches Verkehrskonzept sowie die Privatisierung der Staatsbanken und der verstaatlichten Industrie und die Entpolitisierung und Reform der Österreichischen Nationalbank". Haider: „Wenn das alles geschehen ist, geben wir Grünes Licht für die Europäische Integration" (Freiheitlicher Pressedienst, 1992a). Denn: „Die FPÖ sagt Ja zu einem Europa als Friedensordnung, die die politische und wirtschaftliche Teilung Europas überwindet, zur europäischen Union als Konföderation der europäischen Staaten und zur Bildung eines Binnenmarktes mit dem Ziel verbesserter Wettbewerbschancen für die österreichische Wirtschaft. Die FPÖ sagt Nein zum gegenwärtigen europäischen Zentralismus, zum gegenwärtigen europäischen Demokratiedefizit und zur europäischen Einheitskultur ohne Sicherung der nationalen Identitäten auf der Grundlage des europäischen Volksgruppenrechts" (Freiheitlicher Pressedienst, 1992b).

Hinsichtlich der freiheitlichen Haltung in Bezug auf die Europafrage sagte der ehemalige Vizekanzler Herbert Haupt im Interview: „Wir Freiheitliche waren immer für die Europäische Union, aber damals für die Europäische Union der 15, [in der] jeder gleiche Rechte hatte. Und nicht eine Europäische Union, in der immer mehr die Großen das Reden hatten und die Kleinen nicht" (Haupt, 2024).

Was für Haider vorrangig war, war eine rechtliche Gleichstellung unter den Ländern. Dabei war er sich sehr wohl bewusst, welche Bedeutung Österreich für die Gemeinschaft hatte und mit welchem Selbstbewusstsein es dementsprechend auftreten sollte. In seiner Wiener Erklärung im Jahr 1992 führte er dazu aus:

> „Ich glaube, wir sollten unsere eigene Ausgangslage am Beginn der Verhandlungen über eine europäische Integration richtig einschätzen. Danach sind wir weder Bittsteller noch politische Almosenempfänger. Dieses Europa braucht uns, ohne uns gibt es keine Möglichkeit, den Binnenmarkt zwischen Nord und Süd zu schließen. Ohne uns gibt es keine Chance, für den europäischen Transit und außerdem sind wir Nettozahler. Die Gemein-

schaft profitiert durch uns. Ich verlange daher mehr Selbstbewußtsein und weniger Unterwürfigkeit schon am Beginn der Verhandlungen. Wir alle wollen dieses gemeinsame Europa. Es gibt nämlich keine wirkliche Alternative zu dieser Friedensordnung." (Haider J., 1992, S. 20)

Kurswechsel

Die Haltung der FPÖ gegenüber der EU war scheinbar einem ständigen Wandel unterworfen. Während sie anfangs zu den Befürwortern zählte, steht sie der EU heute krititsch gegenüber. Anfang der 1990er-Jahre aber war ihre Position nochmals eine andere. Es folgte scheinbar plötzlich der Kurswechsel zum EU-Gegner. „So lehnte 1991/1992 die FPÖ sowohl einen EWR und als auch einen EG/EU Beitritt ab. Im Juni 1992 legte die Partei der Regierung einen Katalog kaum erfüllbarer Kriterien für einen Beitritt vor" (Pollak u. Slominski, 2002). Der Kurswechsel war wohl maßgeblich auf Jörg Haider zurückzuführen und brachte weitere innerparteiliche Differenzen mit sich.

Erst der FPÖ-Sonderparteitag am 7. und 8. April 1994 – kurz vor der geplanten Volksabstimmung im Juni 1994 über den EU-Beitritt Österreichs – brachte schließlich wieder etwas „Ruhe" in die innerparteilichen Meinungsverschiedenheiten und „überzeugte" die Mehrheit von Haiders Kurs. Die FPÖ legte sich „mit einer Mehrheit von 85,5 % auf eine parlamentarische Ablehnung des Beitrittsgesetzes fest, empfahl jedoch formell kein Nein für das Referendum. Die Kampagne vor der Abstimmung wurde aber faktisch dagegen geführt. Haider wollte das Referendum v. a. zu einer Abstimmung über die Regierung umdeuten" (ebd., 2002, S. 6).

Albrecht Rothacher blieb ein Treffen mit Jörg Haider im Vorfeld der EU-Volksabstimmung in Erinnerung: „Weil dies möglicherweise entscheidend für das nach Abschluss der Verhandlungen fällige Referendum sein würde, entschied sich mein Chef, Botschafter Pirzio-Biroli[6], in meiner Begleitung Haider in seinem Büro als Klubobmann im Nationalrat zu besuchen. Wir wurden sehr herzlich empfangen. Das Büro war mit Fanartikeln, die ihm leidenschaftliche Anhänger gebastelt und geschenkt hatten, sehr nett dekoriert. Unter anderem

6 Damaliger EU-Botschafter in Österreich.

war da auch das berühmte Gipsmodell seines Gebisses mit der Pfeife in der Vitrine. Pirzio begann mit einem leidenschaftlichen Plädoyer [...]. Haider war etwas nüchterner: ‚Schauen's, Herr Botschafter, warum soll ich dem Vranitzky einen Gefallen tun, wenn er uns weiter ausgrenzt?', und: ‚35 Prozent der Leute sind gegen den Beitritt. Die kann ich nicht alle den Grünen überlassen!' Die Unterhaltung verlief weiter sehr freundschaftlich [...]." (Rothacher, 2023)

Manche mögen nun von politischem Kalkül sprechen, andere sehen die Bedenken, die Haider dem Beitritt gegenüber äußerte, als durchaus berechtigt an. Ein EU-Beitritt mit Folgen für Österreich – positiven und negativen. Am 2. März 1994 hielt Jörg Haider im Nationalrat eine Rede, in der er vor den Gefahren eines EU-Beitrittes warnte. Dort sagte er unter anderem:

> „Es wird massive Markteinbrüche in österreichische Märkte geben, wo bisher österreichische Firmen mit österreichischen Arbeitskräften Erfolg gehabt haben. [...] Und sie müssen der österreichischen Bevölkerung auch sagen, daß nach einer Übergangsfrist mit dem Wegfall der Grenzen auch die Frage der Sicherheit unseres Landes nicht besser gelöst ist, weil noch völlig ungeklärt ist, wie man das Problem der Zuwanderung und wie man das Problem der Bekämpfung der organisierten Kriminalität im Rahmen der Europäischen Union in Zukunft zu lösen gedenkt." (Haider J., 1994)

Trotz aller geäußerten Bedenken und offensichtlichen Veränderungen empfand die Mehrheit der Österreicher den Beitritt als etwas Positives und befürwortete ihn. Am 12. Juni 1994 sprachen sich fast 67 Prozent der Österreicher für die Mitgliedschaft in der EU aus. Wie ging Jörg Haider mit dem Ergebnis um? Er stellte sich an die Seite der Bürger und trat für jene ein, die mit den negativen Konsequenzen des EU-Beitrittes zu kämpfen hatten, so Albrecht Rothacher: „Haider wurde zum Anwalt jener 33,4 Prozent, die dagegen gestimmt hatten, jener Leute, die Vorbehalte hatten, jener, die unter dem Beitritt gelitten hatten, und auch solcher Befürworter, die nun mit ihren Sorgen alleingelassen wurden. Denn zum Beispiel die Zuckerraffinerien und die Molkereien, die ihren Gebietsschutz verloren hatten, gerieten nun in ernste Schwierigkeiten, die nur wenige überleben sollten" (Rothacher, 2023).

Erste EU-Wahl 1996

„Nach dem EU-Beitritt 1995 hat sich für Österreich viel geändert. Das Land nimmt an der Wirtschafts- und Währungsunion teil, der Schilling wurde vom Euro abgelöst [in den Jahren 1999–2002]. Österreich übernimmt Funktionen in der Europäischen Union und beteiligt sich an der Diskussion über eine Reform der EU und ihrer Institutionen. Durch die EU-Erweiterung 2004 sind u. a. seine Nachbarn Ungarn, die Tschechische Republik, Slowenien und die Slowakei zu Mitgliedern der Europäischen Union geworden. Von den Parlamentsparteien wird Österreichs Mitgliedschaft in der Europäischen Union mittlerweile durchaus positiv gesehen und prinzipiell nicht in Frage gestellt. Eine Ausnahme bildet hierbei lediglich die FPÖ, die die EU-Mitgliedschaft Österreichs immer wieder zum Thema ihrer populistischen Politik macht […]", schrieb das Demokratiezentrum Wien zum geschichtlichen Verlauf nach dem EU-Beitritt (Demokratiezentrum Wien, 2021).

Die erste EU-Wahl nach dem Beitritt fand

▸ Wahlplakate zur EU-Wahl am 13. Oktober 1996.

dann im Oktober 1996 statt. Die FPÖ ging mit der Kampagne „Wahltag ist Zahltag" ins politische Rennen und war damit erfolgreich.

Der ORF berichtete am Wahltag: „Die ersten Wahlen zum EU-Parlament 1996 bedeuteten eine gravierende Änderung der politischen Landschaft. Zum ersten Mal gab es nach einer Wahl in Österreich drei annähernd gleich starke Parteien. [...] der Sieger ist ein anderer." Haider zum ORF: „Die Regierung hat einen Denkzettel für ein falsches Sparpaket bekommen. Sie hat die Chance, es zu korrigieren. Wenn sie es nicht korrigiert, wird sie das nächste Mal bei den Wahlen ein Waterloo erleben" (Dox, 1996).

Jörg Haider und die FPÖ konnten mit 27,5 Prozent ein fulminantes Ergebnis erzielen. Zum Wahlergebnis sagte Haider: „Dieses Ergebnis der Europawahlen ist die langersehnte Trendwende für uns! Ich wünschte mir immer, daß die FPÖ einmal die Chance hat, eine Arbeitnehmerpartei ebenso wie eine solche für den Mittelstand zu werden – das sind wir mit dem heutigen Tag geworden! [...] Für mich heißt das Ergebnis: Die Österreicher wollen immer stärker – im Gegensatz zu früher –, daß der Haider auch Mitverantwortung in dieser Republik trägt" (Wachter, 1996). Herbert Haupt sah das Ergebnis gleich, drückte es jedoch etwas „direkter" aus: „Trotzdem haben wir damals bei der Europawahl das beste Wahlergebnis gehabt, weil die Leute damals drauf gekommen sind, [...] dass sie alle angelogen worden sind und der Jörgl Recht gehabt hat" (Haupt, 2024).

Am Tag nach der Wahl überschlugen sich die Zeitungsberichte. Die „Kronen Zeitung" widmete dem Wahlergebnis neun Seiten. Auf den Seiten 6–7 titelte sie mit den Worten des FPÖ-Wahlslogans: „Freiheitliche sind stärkste Partei: Wahltag war in Kärnten Zahltag!" und leitete den Artikel folgendermaßen ein: „Das EU-Wahlergebnis: ein Erdbeben, das auch in Kärnten keinen Stein auf dem anderen ließ: Die FPÖ wurde am Sonntag mit 37,3 Prozent erstmals stärkste Partei in Kärnten – ein Plus von 4,22 Prozent gegenüber der Nationalratswahl 1995."

Auch „News" veröffentlichte zur Wahl am 14. Oktober 1996 eine Sonderausgabe mit dem Titel: „Der Denkzettel – Nach Haiders Triumph: Platzt die Koalition?" Zu diesem Zeitpunkt regierten in Österreich seit 12. März 1996 wieder SPÖ und ÖVP in der Bundesregierung Vranitzky V, die bis zum 28. Jänner 1997 bestand, als Vranitzky nach zehnjähriger Kanzlerschaft zurücktrat. Ihm folgte Viktor Klima als Bundeskanzler und Parteivorsitzender.

Trotz des Erfolges bei der EU-Wahl stand Haider der EU weiterhin kritisch gegenüber und forderte dahingehend immer wieder das Mitbestimmungsrecht

Kärnten: FP erstmals vor SP

Sparpaket macht Haider zur Nr. 1

9 Seiten Berichte von den Wahlen

Kärntner Krone

TAGESZEITUNG FÜR KÄRNTEN UND OSTTIROL
Klagenfurt, St.-Peter-Str. 5, Tel. 38 42-0

Neue Kronen Zeitung
UNABHÄNGIG

Montag, 14. Okt. 1996 / Nr. 13

Wahllokal 832

…udia, war schon bei der Stimmabgabe in Klagenfurt zuversichtlich

Bild: © Neue Kronen Zeitung

10,- S

EXTRA 14. OKTOBER '96

NEWS

WAHL-EXTRA

- Erste Reportagen
- Die Wähler-Analyse
- Was Prominente sagen

DIE EUROPA-WAHL
Wie Newcomerin Stenzel die ÖVP zur Nr. 1 machte

DIE WIENER WAHL
Wie Häupl nach seinem Debakel weiterregiert

Der Denkzettel

NACH HAIDERS TRIUMPH: PLATZT DIE KOALITION?

Bild: News

▸ Eindeutiges Presseecho zur EU-Wahl 1996: „Krone“ (Claudia und Jörg Haider bei der Stimmabgabe) und „News“-Sonderausgabe (Haider triumphiert).

der Bevölkerung ein. Das zeigte auch das im Jahr 1997 initiierte Volksbegehren gegen die Einführung des Euro, mit dem Haider eine Volksabstimmung über den Beitritt Österreichs zur Währungsunion forderte (Leonhard, 1997).

Am 12. Juni 1997 brachte Haider im Parlament eine Dringliche Anfrage zum „Experiment Euro" ein. In seiner begleitenden Rede sagte er unter anderem:

> „Das Wirtschaftsforschungsinstitut geht davon aus, daß ein vergleichbarer Entwicklungsstand der nationalen Volkswirtschaften jener Länder, die mit uns in einen Währungsverbund eintreten sollen, zum gegenwärtigen Zeitpunkt nicht gegeben und daher die Einführung einer einheitlichen Währung sehr risikoreich ist. [...] Man weiß, daß ein eigenes Geldwesen und die Verfügung über eine eigene Währung auch eine Frage der persönlichen Freiheit der Bürger in einem Gemeinwesen ist. Der Schilling ist ein Symbol unserer Eigenstaatlichkeit, und mit ihm ist letztlich unsere wirtschaftliche Verfügungsmacht verbunden, auch wenn es darum geht, Einkommenssicherheit zu ermöglichen. Es ist damit die Chance verbunden, Arbeitsplätze zu schaffen, aber auch die Gefahr, Arbeitsplätze zu vernichten. [...] Die minderentwickelten europäischen Partnerländer, insbesondere die südlichen Mitgliedsländer, werden dann, wenn sie in der Währungsunion sind, durch eine steigende Arbeitslosigkeit große soziale Probleme bekommen. Jeder Experte – keiner bezweifelt das mehr! – sagt voraus, daß dies letztlich zur Konsequenz haben wird, daß wir als die Reicheren mit Transferzahlungen für diese Länder mit höherer Arbeitslosigkeit in Vorlage werden treten müssen. Das bedeutet eine neue Euro-Steuer für die Österreicher [...]." (Haider J., 1997b)

Was letztlich auch passiert ist, als der „Rettungsschirm" über Griechenland aufgespannt wurde. Der BZÖ-Abgeordnete Robert Lugar nahm in seiner Rede im Nationalrat am 30. März 2011 auch auf die Rede von Haider Bezug und sagte zur Thematik: „Wir stehen am Anfang einer gewaltigen Inflation. Und diese Inflation wird natürlich einen treffen, nämlich den Bürger. Der Bürger wird dafür zahlen. Und er zahlt doppelt: Er zahlt auf der einen Seite dafür, dass Sie diesen unsäglichen Rettungsschirm aufgespannt haben, der letztlich das Problem nicht löst, sondern verstärkt, und er zahlt dann hintennach für die Inflation" (Lugar, 2011).

Heinz-Christian Strache erläuterte die EU-kritische Haltung der FPÖ: „Naja, pro Europa zu sein ist ja eine Selbstverständlichkeit. Aber das Konstrukt der EU ist kritisch zu hinterfragen. Und klar, wir sind Teil Europas, das ist auch notwendig, dass wir Europa zu gestalten versuchen. Aber die EU mit ihrer Konstruktion ist etwas, das er oder wir – oder auch ich – immer kritisiert hat. Wir haben gesagt, wir wollen ein Europa der Vaterländer und kein zentralistisches Europa, das sozusagen diese unglaublich tolle Vielfalt der europäischen Kulturen abschafft und über einen Kamm schert" (Strache, 2024). Auch Gerald Grosz bestätigte: Haider „war glühender Europäer, aber kein glühender Verfechter der Europäischen Union. […] Ganz im Gegenteil, er hat immer mehr gesehen, wie die Menschen belogen und betrogen werden und ist Stück für Stück kritischer geworden" (Grosz, 2024).

Doch nicht nur Haider stand der EU kritisch gegenüber, auch die EU übte öffentlich Kritik an Haider und der FPÖ, als diese im Jahr 1999 als zweitstärkste Partei aus der Nationalratswahl hervorging und um einen Platz in der Regierung mitverhandelte. Nachdem die Verhandlungen zwischen Rot-Schwarz und Rot-Blau, wobei hier eine Minderheitenregierung gebildet werden sollte, scheiterten, blieben nur die Optionen Blau-Schwarz oder Neuwahlen. Kurz vor Abschluss der Regierungsverhandlungen zwischen FPÖ und ÖVP kam aber plötzlich Bewegung in die Sache – oder, besser gesagt: in die EU. Eine Beteiligung der FPÖ schien unter allen Umständen verhindert werden zu müssen. Zunächst unvorstellbar und auch nie dagewesen, verhängte die EU am 31. Jänner 2000 Sanktionen gegen Österreich, die erst mit dem Bericht der „Weisen", der die politische Lage in Österreich beurteilte, im September 2000 nach mehr als sieben Monaten endeten.[7]

Im Jahr 2002 sprach sich Haider dann für eine Mitbestimmung der Bevölkerung bei der EU-Osterweiterung aus: „Keinesfalls könne der europäische Integrationsprozess und das Thema EU-Erweiterung ohne Wenn und Aber hingenommen werden" (Landespressedienst, 2002). Im Jahr darauf führte vor allem die Diskussion um den EU-Beitritt der Türkei zu innerparteilichen Spannungen.

7 Eine nähere Behandlung der EU-Sanktionen findet sich ab S. 125.

Zur EU-Erweiterung um zehn Länder (Zypern, Malta sowie acht mittel- und osteuropäische Staaten) am 1. Mai 2004, der der Beitrittsvertrag 2003 vorausging, sagte Haider dem „Standard": „Standard: Sie scheinen zum glühenden Befürworter der Erweiterung geworden zu sein. Haider: Kein glühender Befürworter der Erweiterung, sondern der regionalen Kooperation. Für mich ist Europa ein Europa der Vaterländer und der Regionen. Die suchen sich ihre Partner schon selbst aus. Es kommt zusammen, was zusammengehören will – und nicht, was politisch dekretiert wird" (Stuiber u. Weisgram, 2003).

Im Sommer 2008, kurz vor seinem Tod, setzte Haider dann zum „Kampf der Patrioten gegen die EU-Chaoten" an. Das „Nein" der Iren zum EU-Reformvertrag sei ein „Etappensieg", und dass, „nachdem die anderen Parteien eine Volksbefragung in Kärnten verhindert haben, dieses Nein dem BZÖ Kärnten und den über 15.000 Unterzeichnern nun Recht gebe. Das Nein der Iren bedeute eine ‚deutliche Absage an die korrupten EU-Chaoten in Brüssel' und ‚eine herbe Schlappe für die Mächtigen von Rot und Schwarz hier in Österreich'" (Pressestelle Landeshauptmann Dr. Jörg Haider, 2008).

In seinem Umgang mit der EU und seinem Wechsel in der Haltung dieser gegenüber hatte Haider wohl immer das sogenannte große Ganze im Blick, wie er selbst sagte: „Ich bin Europäer, aber kein EU-Anhänger. Das ist eben der Unterschied, weil Europa für mich mehr ist als die Europäische Union" (Worm, 2005, S. 205). Auch Heinz-Christian Strache sah die Entwicklungen in der Positionierung gegenüber der EU als „Prozess" und stand Kooperationen offen gegenüber: „Wir müssen schauen, dass wir innerhalb der EU Reformschritte sicherstellen. Das ist ja nur möglich, wenn man auch Partnerschaft generiert und aufbaut. Das hat [Haider] zart begonnen, das habe ich dann sehr intensiv fortgesetzt und aufgebaut. Wir haben es ja fast geschafft, in jedem europäischen Unionsland eine Partnerschaftspartei zu gewinnen. Und haben da stark angesetzt und waren knapp davor. Vor meinem Rücktritt hatte ich noch einen Staatsbesuch beim Ministerpräsidenten Viktor Orbán in Budapest. Da waren wir knapp davor, eine europäische Partei zu gründen, die die zweitstärkste Kraft gewesen wäre" (Strache, 2024). Damit wäre wohl der Wunsch Haiders von einer Europäischen Freiheitlichen Partei in Erfüllung gegangen: „Ich will kein europäisches Volk, sondern immer eine bunte europäische Vielfalt. Und die würde die Europäische Freiheitliche Partei verwirklichen", sagte er im Jahr 2005 (Worm, 2005, S. 205).

Auch Gerald Grosz erzählte im Interview von Haiders Bestrebungen, eine europäische Parteienfamilie zu schaffen (Grosz, 2024).

Tatsächlich ging die FPÖ aus der EU-Wahl 2024 mit Spitzenkandidat Harald Vilimsky als Sieger hervor. Mit 25,36 Prozent wurde sie stimmenstärkste Partei vor ÖVP und SPÖ. Die Stärkung der souveränen Staaten, der Stopp des Asylwahnsinns, das Ende der Kriegstreiberei und die Halbierung der EU-Institutionen gehörten neben anderen Punkten zum Wahlprogramm (Freiheitliche Partei Österreichs, 2024).

1999: Powerplay für Kärnten

Die großen Wahlen der 1990er-Jahre waren alle maßgeblich von Zugewinnen für die FPÖ geprägt. Die Nationalratswahl 1994 endete mit einem Plus von nahezu sechs Prozent für die Freiheitlichen, die EU-Wahlen 1996 brachten überhaupt ein fulminantes Ergebnis von 27,5 Prozent der Stimmen für die FPÖ, und die Nationalratswahl 1999 führte zur ersten blau-schwarzen Regierung der Zweiten Republik (Jandl, 2009).

Für Haider dürfte aber vor allem die Landtagswahl 1999 in Kärnten eine Wiedergutmachung für die Landeshauptmann-Abwahl 1991 gewesen sein. Der FPÖ gelang es 1999 erstmalig, stimmenstärkste Partei in einem Bundesland zu werden. Am 7. März 1999 wurden die Freiheitlichen mit ihrem Spitzenkandidaten Jörg Haider mit 42,1 Prozent der Stimmen zum Wahlsieger in Kärnten gekürt. Der Abstand zur zweitplatzierten SPÖ unter Michael Ausserwinkler betrug respektable zehn Prozent, die ÖVP rangierte abgeschlagen mit lediglich 20 Prozent der Stimmen auf Platz 3 (ebd.).

1998, ein Jahr vor der Landtagswahl, wurde Jörg Freunschlag zum Landesparteiobmann der FPÖ in Kärnten gewählt. Haider selbst blieb Bundesparteiobmann und Klubobmann der Freiheitlichen im Parlament. Am Landesparteitag vom 10. Oktober 1998 wurde Haider mit 99,7 Prozent der Stimmen für die bevorstehenden Landtagswahlen zum Spitzenkandidaten gewählt (Zeppelzauer u. Zeppelzauer, 2009). Dass die Jahre bis zu diesem Triumph für Haider sicherlich sehr kraftanstrengend und teilweise auch zermürbend gewesen sein mögen, lässt sich daran erkennen, dass er 1998 mehrmals darüber nachdachte, der aktiven Politik den Rücken zu kehren. Die Querelen rund um die Salzburger FPÖ, interne Streitigkeiten ob „politischer Eitelkeiten" (Der Standard, 2002a) und intensive Jahre im Nationalrat hinterließen auch bei einem Energiebündel wie Jörg Haider Spuren. Dass er 1998 mehrfach mit seiner politischen Zukunft fremdelte, ist eigentlich kaum überraschend, führte in den Medien aber immer wieder zu regen Spekulationen. Sieht man sich Haiders Terminkalender im

Zuge des Landtagswahlkampfes 1999 an, so weiß man, dass eine solch intensive Wahlkampfphase keinem Spaziergang gleicht. Für einen Vollblutpolitiker und disziplinierten Sportler wie Jörg Haider war Aufgeben jedoch grundsätzlich keine Option, sodass er sich im Herbst 1998 dazu entschied, nochmals als Spitzenkandidat bei der Landtagswahl 1999 anzutreten.

Unter dem Wahlkampfmotto „Powerplay für unser Land" startete die FPÖ Kärnten im Zuge des Neujahrstreffens 1999 den Wahlkampf. Passend zum Motto war auch der Ablauf des Neujahrstreffens, das in der Klagenfurter Eishalle stattfand. Eine Eisrevue, Cheerleader, ein Auftritt der Eishockeyjugend des KAC sowie die Verteilung von Schokopucks heizten die Stimmung an (FPÖ Kärnten, 1999a), bevor Jörg Haider seine Rede hielt, in der er sich abermals gegen das etablierte schwarz-rote Proporzsystem aussprach.

▸ Powerplay für Kärnten.

Bild: © Freiheitliches Bildungsinstitut

Er erinnerte auch an die Entwicklungen in der FPÖ, die mittlerweile als schlagkräftige Oppositionspartei ihren Platz in den verschiedensten Gesellschafts- und Wählerschichten gefunden hatte (Haider J., 1999b). In den Unterlagen von damals findet sich die Liste eines „Unabhängigen Personenkreises für Dr. Jörg Haider", was untermauert, dass sich Menschen mit unterschiedlichstem beruflichen und privaten Hintergrund dazu bekannten, bei dieser Wahl die FPÖ bzw. Jörg Haider zu unterstützen. Im Wahlkampf wurde nichts dem Zufall überlassen und alles bis ins kleinste Detail geplant. Wahlkampfleiter Jörg Freunschlag, zu diesem Zeitpunkt FPÖ-Landesparteiobmann, hatte die Aufgabe, die Abstimmung zwischen Wahlkampf, Pressearbeit, Kampagnengestaltung, „Kärntner

Nachrichten", den Wahlkampftouren mit den Wahlkreisspitzenkandidaten und diversen anderen Aktionen zu koordinieren. Dem Ganzen quasi übergeordnet war der Wahlausschuss, bestehend aus:

- Bundesparteiobmann Jörg Haider,
- Landesparteiobmann Jörg Freunschlag,
- Landesgeschäftsführer Kurt Scheuch,
- Karl Pfeiffenberger,
- Karl-Heinz Petritz,
- Bundesgeschäftsführer Gernot Rumpold,
- Andrea Krametter,
- Gerald Mikscha,
- Klubobmann Martin Strutz und
- Landeshauptmann-Stv. Mathias Reichhold. (FPÖ Kärnten, 1999b)

Dass der Wahlkampf intern akribisch geplant war, sieht man unter anderem daran, wie viele unterschiedliche Wahlkampfaktionen durchgeführt wurden, und an der Tatsache, dass Landesparteiobmann Freunschlag sämtliche Abgeordneten „zum Kärntner Landtag, Nationalrat, EU-Parlament, Bundesrat und Stadtsenatsmitglieder von Klagenfurt und Villach" bereits Ende November 1998 darum bat, ihm „immer montags bzw. dienstags einen kurzen Bericht über alle von ihr/ihm besuchten Veranstaltungen an die Landesgeschäftsstelle zukommen zu lassen" (FPÖ Kärnten, 1998). Das Tempo, das Jörg Haider in diesem Wahlkampf – wie auch schon in den Wahlauseinandersetzungen zuvor – vorgab, ähnelte wohl einem Sprint und einem Marathon gleichzeitig. Um das langfristige Ziel zu erreichen, musste man kontinuierlich daran arbeiten und die vorhandenen Kräfte gezielt einsetzen. Gleichzeitig bedeutet ein Wahlkampf aber immer auch, auf das Unvorbereitete vorbereitet zu sein, weshalb das Team um Haider wissen musste, in welchen Momenten und Situationen sofort reagiert werden sollte. Der gegenseitige Austausch und die Kommunikation auf allen innerparteilichen Ebenen wurde während der Wahlkampfphase daher ständig intensiviert. Die Arbeit mit Haider beschrieb Kurt Scheuch mit folgenden Worten: „Du hast gewusst, wenn du mit und unter dem Jörg arbeitest, fordert er von dir 100 Prozent deines Einsatzes und deines Lebens. Ich habe mir damit aber sehr leichtgetan, weil er selbst nicht 100 Prozent, sondern 200 Prozent gegeben hat. Das heißt, du hast niemals das Gefühl gehabt, dass du von deinem

Arbeitspensum oder [so] ihn überhaupt einholen kannst. Und das war natürlich eine Situation, die wahrscheinlich auch sein Umfeld dazu angespornt hat, mit ganzem und vollem Einsatz zu arbeiten" (Scheuch, 2024).

Das Erfolgsrezept

Selbst nach der erfolgreich geschlagenen Wahl wurde das Tempo nicht gedrosselt, sondern gleich am 11. März 1999 zu einer erweiterten Landesparteileitung geladen, um eine „Analyse [der] Landtagswahl 1999" durchzuführen. Dass die Wahl Kärnten mit Jörg Haider einen freiheitlichen Landeshauptmann bescherte, war demnach auf eine gut funktionierende interne Organisation, aber vor allem auch auf eine perfekte thematische Aufstellung zurückzuführen.

Für den außerordentlichen Landesparteitag im Oktober 1998, der mit der Wahl Jörg Haiders zum Spitzenkandidaten schloss, wurde ein eigenes Lied zur Einstimmung auf die bevorstehende Wahl komponiert. Im Text des Stückes wurden lyrisch bereits jene Hardcore-Themen verpackt, die im Wahlkampf von der FPÖ massiv bespielt wurden (siehe umseitig).

Das Thema Kinderbetreuung im Zusammenhang mit dem von Haider geforderten Kinderscheck war nicht nur in den Wahldiskussionen omnipräsent, sondern auch in den Monaten danach. Wie wichtig Haider eine gut funktionierende Kinderbetreuung war, zeigte sich gleich bei seiner Antrittsrede als neu gewählter Landeshauptmann am 8. April 1999 im Kärntner Landtag:

> „Der Kinderscheck ist jedenfalls ein Beitrag zu einer kinderfreundlichen Gesellschaft, die wir brauchen. Der Kinderscheck ist aber auch ein Beitrag, um die Eigenständigkeit der Frau zu stärken, weil sie frei über diese Mittel entscheiden können soll. Es bedeutet [viel] gerade für jene Frauen, die ein Stückchen mehr an persönlicher Freiheit im Zwang zwischen Beruf und Kind [wollen], die in bescheidenen Einkommensverhältnissen leben, oder überhaupt als Alleinerzieherinnen ausschließlich auf sich selbst gestellt sind. Ich bin daher fest entschlossen, mit aller Kraft gerade für die Verwirklichung dieses Kinderbetreuungsschecks und dieses Recht für die Frauen und Kinder zu kämpfen." (Haider J., 1999a, S. 36)

Kärntner Freiheit

„Zukunft für unser Land"

Da ist ein Kind
Das ist stets allein zu Haus'
Seine Eltern sieht es nicht
Und das versteht es nicht

Da ist ein Mann
Er muß für Frau und Kinder sorgen
Doch eine Arbeit die hat er nicht
Obwohl man es ihm verspricht

Hoffnung ist für sie
Ein fremdes Wort
Versprochen wird soviel
Doch man läßt die Menschen stets im Stich
Das wird uns jetzt zuviel

Der Stillstand war
Viel zu lang in diesem Land
Was fehlte, war ein Mann
Der die Zeichen hat erkannt

Jetzt ist es Zeit
Daß Kinderherzen lachen
Das Land wird neu erwachen
Ja alle sind bereit

Refrain:
Zukunft für unser Land
Hier leben Menschen mit Herz und Verstand
Für die Leute, die Hoffnung wähl'n
Wird es jetzt wieder aufwärts geh'n

Der Stillstand war
Viel zu lang in diesem Land
Was fehlte, war ein Mann
Der die Zeichen hat erkannt

Jetzt ist es Zeit
Daß Kinderherzen lachen
Das Land wird neu erwachen
Ja alle sind bereit

Hoffnung das ist jetzt
Ein starkes Wort
Wir versprechen nicht zuviel
Er läßt die Menschen nicht im Stich
Und genau das ist sein Ziel!

Refrain (3 mal)
Zukunft für unser Land
Hier leben Menschen mit Herz und Verstand
Für die Leute, die Hoffnung wähl'n
Wird es jetzt wieder aufwärts geh'n

▸ Textkarte des Liedes „Zukunft für unser Land" zum Kärntner Landesparteitag 1998.

▸ Jörg Haiders Initiative des Kinderschecks.

Bilder: © Die Freiheitlichen in Kärnten (FPÖ)

Auch überparteilich führte der Kinderscheck in den Folgemonaten zu heftigen Diskussionen. Erst Ende 2000 einigten sich FPÖ und ÖVP in Kärnten auf die Einführung des Kärntner Kindergeldes. Die SPÖ lehnte den Kinderscheck vehement ab, obwohl sogar aus den eigenen Reihen Rufe nach einer Zustimmung laut wurden. So ließ beispielsweise der damalige SPÖ-Bürgermeister aus Spittal und heutige „Team-Kärnten"-Chef Gerhard Köfer seinen Parteifreunden am FPÖ-Landesparteitag ausrichten: „Ich lasse mir nicht vorschreiben, mit wem ich rede" (Kärntner Nachrichten, 1999, S. 1), und forderte von Landeshauptmann Haider – entgegen der roten Parteilinie – eine rasche Realisierung des Kinderschecks.

Die Kärntner FPÖ unter Landeshauptmann Jörg Haider setzte schlussendlich nicht nur den Kinderscheck durch, sondern löste auch andere zentrale

Wahlversprechen wie eine Miet- und Strompreissenkung ein und schuf somit eine wesentliche Grundlage zu einer erfolgreichen Wiederwahl.

Haider wusste, dass Glaubwürdigkeit eines Politikers und Vertrauen in dessen Politik unter nicht eingehaltenen Wahlversprechen leiden. Wahlversprechen als eine Art Vertrag zwischen Kandidaten und Wählern – untergrabene Wahlversprechen als Verrat am Wählerwillen. Für Haider kam nur Variante 1 infrage, und so wurde sein politisches Handeln in den Folgejahren vor große, richtungweisende Entscheidungen gestellt.

Das Tagebuch Jörg Haiders

Ein Tagebuch ist etwas sehr Persönliches. Es ist ein Stück Papier, in Buchform gebunden, das meist die innersten Gedanken seines Verfassers enthält. Ein Tagebuch ist ein autobiografisches Schriftstück, das man normalerweise niemandem zeigt und auch nicht zum Zweck der Veröffentlichung schreibt.

Ein einfacher schwarzer und unbeschrifteter Einband außen, innen schlichte, karierte Blätter. Das Tagebuch von Jörg Haider. Sein einziges, wie seine Frau Claudia erzählte. Lediglich einige lose Papierseiten finden sich ergänzend in den Unterlagen, die Claudia Haider in Erinnerung an ihren Mann sorgfältig aufbewahrt hat. Sie wurden ebenfalls fein säuberlich datiert und vervollständigen den Inhalt des Tagebuches. Beschrieben werden darin die Tage ab dem 31. Jänner 2000, in denen sich alles um die Bildung einer neuen Regierung für Österreich und die über das Land verhängten EU-Sanktionen drehte. Die Geschichtsschreibung zu diesen Ereignissen, die mittlerweile fast auf

Bild: © Sabrina Staudacher

▸ **Das Tagebuch Jörg Haiders zur Regierungsbildung im Jahr 2000.**

den Tag genau 25 Jahre zurückliegen, kann so um den persönlichen Blickwinkel Jörg Haiders erweitert werden, der vieles bestätigt, was bereits bekannt war, aber auch neue Einblicke gewährt.

Ein wunderschönes Schriftbild, aber unglaublich schwer zu entziffern. Erst nach und nach findet man beim Lesen in die Eigenarten und Feinheiten hinein. Erlebnisse, Stimmungen, aber auch Gefühle beschrieb Jörg Haider in diesen privaten Aufzeichnungen. Ob er dieses Tagebuch jemals veröffentlicht wissen wollte? Von ihm werden wir es nicht mehr erfahren, seine Frau Claudia aber findet: Ja. In seinem Namen gab sie das Tagebuch zur Veröffentlichung frei. Das private Werk in Händen haltend war deshalb vor allem eines das Ziel: ein respektvoller Umgang mit dem geschriebenen Wort und den persönlichen Gedanken, die darin festgehalten wurden. Darum werden auch nur Auszüge daraus veröffentlicht. Diese geben einen letzten und bisher nie dagewesenen Blick auf den Politiker Jörg Haider frei – und auf den Menschen, der dahinterstand.

1999–2000: Der blaue Erfolg und sein internationales Nachspiel

„Jörg Haider hat die FPÖ zu einer universellen Oppositionspartei geformt und ist, von Bruno Kreisky abgesehen, der erfolgreichste Politiker der Zweiten Republik" (Zöchling, 1999).

„So, heute der langersehnte Tag der Tage. Ich weiß aus Erfahrung, der zieht sich. Ich hatte immer das Gefühl, wie ein Schaf zur Schlachtbank geführt zu werden. Ich denke aber, der Abend heute entschädigt dafür", erzählte Claudia Haider darüber, wie es ihr am Tag der Nationalratswahl 1999 erging und wie sie sich fühlte. Und sie sollte recht behalten, denn das Ergebnis entschädigte wohl für die Strapazen im Vorfeld. Haider feierte am 3. Oktober seinen nächsten großen Erfolg. „Die Freiheitlichen wurden zur zweitstärksten Partei Österreichs und überholten stimmenmäßig die ÖVP. Mit 26,91 Prozent war die Haider-Partei auf ihrem Zenit angelangt. In seiner Wahlheimat Kärnten konnten die Freiheitlichen mit 38,62 Prozent der Stimmen sogar Platz 1 erringen" (Zeppelzauer u. Zeppelzauer, 2009, S. 223).

Das Magazin „profil" berichtete am Wahlabend: „Richtig locker war nur Jörg Haider. Er hatte, das war zu dieser Abendstunde des 3. Oktober 1999 klar, seine Partei zu ihrem bisher größten Erfolg geführt: Nummer zwei bei Nationalratswahlen – ein Triumph, der wenige Jahre zuvor noch undenkbar gewesen wäre. [...] ‚Sieger Haider, Schüssel Kanzler?' titelte profil die Wahlausgabe, die zur selben Stunde wenige hundert Meter Luftlinie vom Innenministerium entfernt entstand. Auf den Tag genau vier Monate später wurde der ÖVP-Obmann als neunter Bundeskanzler der Zweiten Republik angelobt. Erstmals seit 30 Jahren stellte wieder das ‚bürgerliche Lager' den Regierungschef. Zwei Monate lang hatte er darauf beharrt, seine Partei in Opposition führen zu wollen, vier Wochen lang hatte er mit den Sozialdemokraten gefeilscht – und schließlich nach nur fünf Verhandlungstagen mit den Freiheitlichen abgeschlossen" (Lackner, 2000, S. 26).

Ein Zeitungsbericht von vielen. Wir alle kennen sie. Viele haben die Tage rund um die Regierungsbildung auch selbst verfolgen können. Doch was geschah hinter den Kulissen? Wie ging es Jörg Haider? Und hat er seine Entscheidung, nicht selbst in die Regierung zu gehen, sondern in Kärnten zu bleiben, je infrage gestellt?

Bild: © Archiv Claudia Haider

▸ Jörg Haider vor einem Glückwunschplakat „seiner Freunde der FPÖ Klagenfurt" zu seinem 50. Geburtstag.

Wir blicken zurück. Es war der 26. Jänner 2000, Jörg Haider wurde 50. Im Vorfeld zu seinem Geburtstag gab der angehende Jubilar der „Kärntner Woche" ein Interview. Redakteur Uwe Sommersguter sprach mit ihm über das Älterwerden und seine neue Art, Politik zu machen. Im Interview bezeichnete sich Jörg Haider als gelassener, wollte aber durchaus mit 50 noch einmal voll durchstarten. Er habe nicht das Gefühl, dass ihm die Zeit davonlaufe, sondern, dass noch Großes vor ihm liege. Als sein größtes Geburtstagsgeschenk empfinde er den Bruch der rot-schwarzen Koalition. Auf die letzte Frage des Interviews: „Werden Sie Kanzler, bevor Sie 55 sind?", antwortete Haider: „Das ist nicht unwahrscheinlich" (Sommersguter, 2000).

Die Verhandlungen

Nach scheinbar unzähligen Sondierungsgesprächen, die bereits nach der Nationalratswahl 1999 ihren Anfang nahmen, war der Jänner 2000 eine Zeit des Feierns, aber auch eine Zeit der „Strapazen". Denn nach dem Wahlerfolg der FPÖ ging es nun in die „heiße" Phase und um die Bildung einer neuen Regierung für Österreich.

Haider war klar, dass die rot-schwarze Koalition wiederbelebt werden sollte und er sich alle Optionen offenhalten musste – für Verhandlungen sowohl mit der ÖVP als auch mit der SPÖ. Ein erstes „Zukunftsgespräch" zwischen FPÖ und ÖVP gab es bereits am 2. November 1999, eine zweite Gesprächsrunde fand am 11. November statt (Piringer, 2001, S. 356 ff.). Nachdem die Verhandlungen zwischen SPÖ und ÖVP in der Nacht von 20. auf den 21. Jänner 2000 endgültig gescheitert waren, bekam Haider von Bundespräsident Thomas Klestil den Auftrag, mit der SPÖ in Verhandlungen zu treten. „Bundespräsident Klestil hat mich explizit gebeten, mit Viktor Klima zu verhandeln. Es sollte eine rote Minderheitsregierung mit freiheitlicher Mitwirkung und Duldung gebildet werden. [...] Also habe ich dann mit Viktor Klima mehrmals in diesem Sinn verhandelt. Schon bald merkte ich aber, dass Klima in der Partei nichts mehr durchbringt", so Haider später (Worm, 2005, S. 35 ff.). „Viktor Klima scheiterte, weil er ein Programm der Wende nach Schüssels Muster, aber unter sozialistischer Führung in der eigenen Partei nicht durchsetzen konnte", schrieb der damalige ÖVP-Klubobmann Andreas Khol, der seine Gedanken und Erinnerungen zur Regierungsbildung in seinem 2001 erschienen Buch „Die Wende ist geglückt" verschriftlichte (Khol, 2001, S. 38). Damit war auch die Koalition SPÖ-FPÖ mit 23. Jänner 2000 vom Tisch.

Somit blieben zwei Optionen übrig: Entweder einigten sich der Zweite und der Dritte – FPÖ und ÖVP – auf eine Koalition, oder der *Worst case* würde eintreten und die österreichische Bevölkerung müsste erneut den Weg zur Wahlurne antreten. Also begannen mit 24. Jänner 2000 die Verhandlungen mit der ÖVP, wie Haider rückblickend erzählte: „Also ging ich zu Klestil und sagte ihm, dass weitere Gespräche mit der SPÖ sinnlos wären. ‚Ich werde also morgen mit der ÖVP in Verhandlungen eintreten.' [...] Gleich am nächsten Tag habe ich die ÖVP angerufen und Gespräche vorgeschlagen. Genau so sind die Verhandlungen zustande gekommen: Eine Koalition mit der ÖVP, weil eine FPÖ-Koalition mit der SPÖ nicht zustande kam. Es hätte die Möglichkeit gegeben, mit der ÖVP auch auf Bruch zu verhandeln. Da macht sich aber in mir das Gefühl breit, dass unsere Wähler uns das übel genommen hätten. Meine Motivation entsprach dem Wählerauftrag: ‚Jetzt haben wir euch stark gemacht und jetzt müsst ihr auch regieren.' Wenn nicht, dann gibt es wieder Rot und Schwarz. Neuwahlen hätten uns die Wähler sehr, sehr übel genommen" (Worm, 2005, S. 37).

Peter Westenthaler, für den Haider Freund und Chef zugleich war, erinnerte sich: „Der Jörg hat gesagt: ‚Wir sind jetzt so nahe dran. Wir müssen das jetzt machen, wir gehen da jetzt in eine Regierung hinein.' Er zieht sich zurück. Das hat er auch gleich gesagt, weil er weiß, das geht nicht. Er geht nach Kärnten [...]. Wir waren alle erstaunt, wir haben alle gesagt: ‚Nein, nicht in die Regierung!' Wir waren alle dagegen. Er war der Einzige, der dafür war, und sein Argument war dann: ‚Wir müssen das jetzt machen, weil jetzt haben's uns 13 oder 14 Jahre lang bei allen Wahlen gewählt, die Menschen – Landtagswahlen, Nationalratswahlen – und irgendwann sagen die Leute dann: Wir wählen euch immer, aber ihr kommts eh nicht in eine Regierung!' Sozusagen, wir werden den Menschen überdrüssig und die sagen dann: ‚Sinnlos!' Das war sein Argument. Und so kam es dann zu dieser Regierung, die einzigartig ist, wo der Dritte dann plötzlich den Kanzler stellt, damals mit Wolfgang Schüssel" (Westenthaler, 2024).

Auch Heinz-Christian Strache kannte die Geschehnisse hinter den Kulissen und sprach sich gegen eine Regierungsbeteiligung aus: „Dann kam es zu dieser Koalition [...]. Als zweitstärkste Kraft den dritten zum Bundeskanzler zu machen war schon etwas, das vielen aufgestoßen hat. Ich habe damals in der Bundesleitung gegen die Regierungsbeteiligung gestimmt, ich war bei dem einen Drittel dagegen dabei. Weil ich mir gedacht habe: ‚Oje, das wird eine Falle der ÖVP sein für uns, und das kann schlimm enden.' Was es ja dann leider Gottes auch hat" (Strache, 2024).

Doch davon war man noch weit entfernt. Haider wollte die FPÖ in die Regierung bringen, der Wählerauftrag sollte erfüllt werden. Peter Westenthaler berichtete über einen der Beweggründe Haiders, der womöglich mitentscheidend für den Koalitionspakt mit der ÖVP war: „Der Jörg Haider, der hat sein ganzes politisches Leben, während ich mit ihm zu tun hatte, immer gesagt, sein politisches Ziel ist es, die FPÖ so stark zu machen, dass sie aus eigener Kraft in eine Regierung kommt. Weil ihn hat das damals im 86er Jahr, als er Parteichef geworden ist, sehr getroffen, dass Vranitzky sofort die Koalition aufgelöst hat wegen ihm" (Westenthaler, 2024).

„Die Sondierungen zwischen FPÖ und ÖVP wurden [...] zu einem echten Aha-Erlebnis. Vier Runden wurden geführt – im Angesicht der Öffentlichkeit, im Parlament. Sie dauerten jeweils vier Stunden und länger. [E]s zeigte sich bald, daß man mit der FPÖ und ihren Vertretern gut reden konnte. Jörg Haider war sachlich beschlagen, sehr verbindlich und ergebnisorientiert. Schon im ersten Sondierungsgespräch am 2. November 1999 wurden die kritischen Punkte offen erörtert. Bald stellte sich überall ein Kompromiß als erzielbar heraus", schrieb Khol zu den Gesprächen zwischen FPÖ und ÖVP. Er bezeichnete in seinem Buch das Jahr 2000 als „das Jahr der endlich geschafften Wende, jener Wende, für die ich seit meiner Wahl in den Nationalrat 1983 mit allen Fasern meines Wesens gekämpft habe" (Khol, 2001, S. 13). Auch er bezog sich dabei auf ein Arbeits- und Tagebuch, das er während dieser Zeit führte, da er bei vielen Entscheidungen dabei war, mitgestaltete und „durch die Ereignisse und die Last der Verantwortung zu einem der ‚Architekten' der Wende" wurde. Sowohl das erste Treffen zur Regierungsbildung zwischen ÖVP und FPÖ am Abend des 24. Jänner 2000 als auch die „Schlussrunde" am 30. Jänner fanden bei Khol zu Hause statt (ebd., S. 13 ff.).

In Haiders Tagebuch zur Regierungsbildung ist sein erster Eintrag auf den 31. Jänner 2000 datiert. Den Tag, an dem die Zusammenarbeit zwischen FPÖ und ÖVP schließlich feststand (Khol, 2001). Den Tag, der noch einmal ordentlich Salz in die Wunde um die umstrittene Regierungsbildung FPÖ-ÖVP streuen sollte, als die kritischen Stimmen aus dem Ausland lauter wurden:

> 31.01.2000: Aufregung im Ausland, ich besuche den Bundespräsidenten, der mich kritisiert hat, wegen meiner Reaktion auf Chirac und Belgien. Riesenwirbel an Medien vor und in der Hofburg. Klestil ist […] kühl und verärgert. ‚Hast du das so gewollt' [fragt] er mit Verweis auf das internationale Interesse. Ich mache klar, dass wir unsere Demokratie vom Ausland nicht [ruinieren] lassen. Er wird ruhiger […]. Seine Rede wird versöhnlich. Er spricht von seinen Versuchen, Chirac zur Mäßigung zu bringen. Schlussendlich ist er wieder beim Hauptthema Schüssel. ‚Ich denke nur ans Land', sagt er, als ich ihm sage, er solle sich von seiner […] Voreingenommenheit befreien. Er wird Schüssel akzeptieren, schlussendlich, sagt er. Wenn wir fertig sind, dann brauche er 1–2 Tage, um unser Konzept zu studieren. Ich soll ihm die Ministerliste vorher [geben], was ich zusage. Er ermahnt mich, neue Angriffe auf Chirac und Belgien

zurückzunehmen. Ich sage zu. Gehe zur Presse. Sie hat das ganze Maria-Theresien-Zimmer besetzt. So viele Kameras hat die alte Hofburg noch nie gesehen. Ich informiere, beantworte geduldig Fragen und bleibe cool. Ab ins Büro. Vorher beim Mittagessen [...] mit Schüssel ereilt [uns] ein Telefonat des portugiesischen Außenministers über die geplanten Sanktionen der EU-Länder im Falle einer FP-Regierungsbeteiligung. Schüssel versucht, zu beruhigen. Die EU-[...] hat offenbar den roten Kohorten gehorcht. Am Abend werden während Schüssels Besuch bei Klestil die EU-Sanktionen bekanntgegeben. Gutes Timing – wieder TV-Interviews. Das Volk ist empört, die EU will offenbar die Demokratie abschaffen!
Ich merke am Abend am Jägerball in Wien die Wut der Bürger auf die ausländische Einmischung. Überall klopft man mir auf die Schulter und ermuntert mich, nicht aufzugeben. Eine französische Studentengruppe am Jägerball entschuldigt sich für ihren Präsidenten!
Lassen uns nicht mürbe machen. Verhandeln noch in der Nacht mit VP [Volkspartei] weiter. Gute Gespräche, Einigung bei Budget und Pensionen.

Die Verhandlungen waren weiter in vollem Gange, das Regierungsteam stand beinahe, die ersten Demos gegen eine FPÖ-ÖVP-Regierung nahmen Fahrt auf, und die EU-Sanktionen gegen Österreich wurden bekannt gegeben. Während sich Jörg Haider 1994 gegen den EU-Beitritt ausgesprochen hatte, sprach sich die EU damit im Jahr 2000 in nie dagewesener Art und Weise gegen einen Politiker, eine Politik, eine Partei und letztendlich gegen eine demokratische Entscheidung der Österreicher aus.

„Am 31. Jänner 2000 hieß es in einer ‚Erklärung der portugiesischen EU-Präsidentschaft im Namen der 14 Mitgliedsstaaten', daß ‚... falls in Österreich eine Regierung mit Beteiligung der FPÖ gebildet wird, die Regierungen der 14 Mitgliedsstaaten keine bilateralen offiziellen Kontakte auf politischer Ebene mit einer österreichischen Regierung unter Beteiligung der FPÖ unterstützen oder akzeptieren werden. Österreichische Kandidaten für Positionen in internationalen Organisationen werden nicht unterstützt: und österreichische Botschafter in den EU-Hauptstädten werden nur auf technischer Ebene empfangen.' Die Entscheidung, eine Form von Sanktionen oder Boykott gegen Österreich zu verhängen, wurde auf Ebene der Staats- und Regierungschefs getroffen und war als gemeinsame Präventivmaßnahme geplant, um in Österreich die Bildung einer Regierung unter Beteiligung der FPÖ zu verhindern" (Regan, 2000, S. 101 f.). Ein Vorgehen der EU, das es bis zum damaligen Zeitpunkt nie gegeben hatte und das auch später nicht wieder vorkam, wie auch Heinz-Christian Strache bestätigte: „Ja, die EU-Sanktionen hat man dahingehend debattiert, dass man gesehen hat, dass die EU demokratische Wahlen und Ergebnisse und auch Koalitionsvereinbarungen nicht ernst nimmt. […] Die haben eher dazu geführt, dass viele in der Bevölkerung empört gewesen sind ob dieser Sanktionen. Die hat man ja auch dann infolge 2017 bei unserer Regierungsvereinbarung schon gar nicht mehr angedroht, weil sie ein Knieschuss waren" (Strache, 2024).

Währenddessen versuchte Haider, sich nicht beirren zu lassen, und verhandelte weiter über die Bildung einer Regierung, bis er mit Wolfgang Schüssel am 1. Feber 2000 gemeinsam vor die Presse trat, um ein Statement zur Einigung abzugeben.

01.02.2000: Vormittag Gespräche, Schüssel bei Klestil, der nochmals versucht, Rot-Schwarz ins Spiel zu bringen. Klima ist aber nicht einmal bereit, eine gemeinsame Erklärung zum Schutze Österreichs abzugeben. Die SPÖ will aber Chaos-Stimmung verbreiten. Nachmittag große Runde mit VP [Volkspartei], wieder Medienrummel.
Die Verhandlungen dauern länger als erwartet. […] Zu später Stunde gibt es die Einigung. Klestil war wie immer der konstruktive Teil. Draußen vor dem Parlament gibt es die ersten Demos. Die Linke beginnt zu organisieren, sogar das ÖVP-Hauptbüro wird besetzt. Erstmals in ihrem Leben können die Schwarzen [erleben], was wir Freiheitlichen jahre-

lang an Druck und Diffamierung erdulden mussten. Jetzt sind sie in derselben Situation. Schüssel und ich stellen uns der Presse im Lokal VIII des Parlaments. […] Medienrummel. Habe so etwas noch nie gesehen. Wir berichten über die Einigung. ORF überträgt live. Im Verhandlungszimmer verfolgen die anderen gespannt unseren gemeinsamen Auftritt. Die Fragen sind unterschiedlich. […] Sollen noch Tauziehen um den Staatssekretär. Wir wollen nicht 5 Stück. Schüssel will unbedingt einen Unabhängigen in AA [Auswärtige Angelegenheiten]. FPÖ sagt wer! Dann gehen wir auseinander.

… und das Tauziehen um die Minister ging weiter, wie auch die EU-Sanktionen.

02.02.2000: Vormittag Gespräche, Interviews, Kontakte und die Suche nach einem Finanzminister. Im letzten Augenblick bekommen alle immer Angst! BPV [Bundesparteivorstand] einstimmig![8] VP-FP-Koalition. Mittag treffe ich Schüssel im Sacher. […] Während des Essens kommt ein Anruf vom portugiesischen Außenminister. Er droht Schüssel die EU-Sanktionen an. Alles Gerede hilft wenig. Da ist ein Komplott im Gange. […]

Ich muss zu Klestil. Er jammert, gibt aber zu erkennen, dass er die Regierung akzeptiert. Nach langem Gerede willigt er auch ein, Schüssel als Kanzler zu nehmen. Meine Drohung sind immer die Neuwahlen, wo wir zur Nr. 1 würden, und der Notstand, den Klestil zu verantworten hätte. Das wirkt. Er ist so eitel, dass ihm seine Werte in den Meinungsumfragen wichtiger sind als das Land. Nach mir kommt Schüssel zu Klestil.

8 Am 2. Februar 2000 wurde im Bundesparteivorstand der FPÖ einstimmig eine Koalition mit der ÖVP beschlossen.

„Nach Bekanntwerden der EU-Drohungen zeigte sich Haider ‚entsetzt' über den Versuch der Einmischung. ‚Jetzt müsse eine Regierung mit FP-Beteiligung auf alle Fälle gebildet werden, denn die Anordnung von außen, was in Österreich statt zu finden habe, dürfe es einfach nicht geben'" (Die Presse, zit. n. Czernin, 2000, S. 70). Andreas Khol war der gleichen Meinung: „Auch der zu erwartende Tadel aus dem Ausland bewog mich eher zur Koalition mit der FPÖ. Was für eine Führungsmannschaft wären wir denn, wenn wir vor dem Ausland in die Knie gingen? In meinem Tagebuch hatte ich vermerkt: ‚Uns allen ist klar: Wenn wir jetzt umschwenken, haben wir jedes Prestige verloren. Wir sind uns einig: eine ÖVP, die durch den Druck des Auslandes nicht in der Lage ist, ein demokratisches Regierungsergebnis durchzustehen, ist eine Würstelpartie. Würsteln wären wir! Und welcher Schaden für Europa!'" (Khol, 2001, S. 119 f.)

Maßgeblich mitinvolviert in das Zustandekommen der EU-Sanktionen war offenbar Bundespräsident Thomas Klestil, wie Haider in seinem Tagebucheintrag vom 3. Feber 2000 festhielt:

03.02.2000: Schüssel und ich bei Klestil. Gespenstische Ruhe im Gespräch. Klestil ist unsicher. Er hat sicher ein schlechtes Gewissen, wegen der von einer dänischen Zeitung aufgedeckten Konspiration. Klima-Klestil und Chirac ‚Hilferuf an die EU'!!
Er redet eigenartiges Zeug daher und dass er froh ist, dass Chirac klargestellt habe, nicht von ihm um Hilfe gegen FP/VP benutzt worden zu sein.

Der Sozial- und Wirtschaftswissenschaftler Ernst Hofbauer schrieb in seinem Buch „Der Verrat", wie es zu den Sanktionen kam: „Unmittelbar nach dem Scheitern der Koalitionsgespräche zwischen SPÖ und ÖVP am 21. Jänner 2000 berichtete der Vizepräsident der Sozialistischen Internationale und Präsident des österreichischen Nationalrates, Heinz Fischer, dem Doppelpräsidenten des EU-Rates und der Sozialistischen Internationale, Antonio Guterres, von einer drohenden Mitte-Rechts-Regierung in Österreich. Die beiden einigten sich darauf, beim Internationalen Holocoust-Forum am 26. Jänner 2000 in Stockholm einen Feldzug gegen die ‚politisch unkorrekte' Gefahr einer schwarz-blauen

Regierung in Österreich zu starten. Der damalige Bundeskanzler Viktor Klima sollte in Stockholm eine Art Incentive-Referat für die geplanten Sanktionen von 14 EU-Staaten gegen Österreich halten. NR-Präsident Heinz Fischer informierte Bundespräsident Klestil am 21. Jänner 2000 von diesem Vorhaben. Thomas Klestil zog in einem Telefongespräch am 26. Jänner 2000 den französischen Staatspräsidenten Jacques Chirac auf die Seite der Sozialistischen Internationale und ihres Plans, für den Fall einer schwarz-blauen Allianz Österreich zu blockieren und zu boykottieren. Nach längerem Zögern willigte Jacques Chirac ein, weil er sich davon politische Vorteile im internen Wettbewerb mit Ministerpräsident Lionel Jospin und im externen Konkurrenzkampf mit dem deutschen Bundeskanzler Gerhard Schröder versprach. In den letzten Jännertagen des Jahres 2000 betrieben Europas Regierungschefs intensive Telefondiplomatie. Ziel: Die Verhinderung einer schwarz-blauen Regierung in Österreich. Thomas Klestils Auftrag lautete: ‚Wenn ihr das so meint, dann müsst ihr dies auch öffentlich machen. Ich in Österreicher [sic] kann das nicht.' Der Bundespräsident drängte EU-Ratspräsident Antonio Guterres, den Wortlaut der Sanktionsbeschlüsse gegen sein Land am 31. Jänner 2000 selbst im ORF zu verkünden. Erst um die Mittagszeit des 31. Jänner gelang es ihm, Antonio Guterres zu überreden, die Isolationsfolter für Österreicher im Namen der 14 EU-Staaten als EU-Ratspräsident selbst zu verlautbaren. Dies geschah in den frühen Abendstunden des 31. Jänner 2000. Als es so weit war, herrschte in der Präsidentschaftskanzlei im Leopoldinischen Trakt in der Wiener Hofburg gedämpfte Jubelstimmung. Von da ab war Österreich sieben Monate lang in Quarantäne" (IBERA Verlag, 2000). Kurt Scheuch fand dazu klare Worte: „Das war irre, die haben die ganze Macht des Staates eingesetzt, uns zu verhindern" (Scheuch, 2024). Ein Schlag ins Gesicht einer Demokratie. „Damals ist mir bewusst geworden, dass es sich um eine politisch erzeugte, also eine künstliche Erregung handelt, die in der Sache ungerechtfertigt war. Ich habe in zahllosen Interviews erklärt, dass wir eine demokratische Regierung gebildet haben und dass dahinter kein Militärputsch steht. Denn so ist es international rübergekommen", sagte Haider rückblickend (Worm, 2005, S. 143).

Auch EU-Diplomat Albrecht Rothacher erinnerte sich an die damaligen Geschehnisse und war sich sicher, dass ein derartiges Vorgehen nur möglich war, „weil es das kleine Österreich war. Mit Deutschland, Frankreich, England oder Italien wäre das nie passiert. Es war wie eine Rauferei auf dem Schulhof. Man verdrischt den Kleinen und sagt zu den Großen: ‚Schaut, das kann euch auch passieren'" (Rothacher, 2023). Nicht nur in Österreich, auch in Brüssel waren die Folgen zu spüren: „Die Arbeitsbedingungen waren damals natürlich sehr schlecht für alle Österreicher in Brüssel. Die Hysterie bekam man mit, und wie alles von den Medien aufgeladen und völlig verzerrt worden ist, so nach dem Motto: ‚Der neue Hitler ist wieder da!' Also völlig undifferenziert und primitiv, gefüttert nur von linken Medien, die einfach alles übernommen haben, weil die meisten Journalisten kein Deutsch konnten. Nach einem Jahr war alles wieder vergessen, und auch in Österreich ist nicht die Diktatur ausgebrochen, wie man weiß" (ebd.).

Kein Wunder, denn die FPÖ war, so Haider, ein offenes Buch. „Man muss politisch nicht mit allem einverstanden sein, was die FPÖ tut. Aber als Partei steht die FPÖ fest auf der Basis unserer Verfassung und unseren demokratischen Grundprinzipien und das über Jahrzehnte hinweg [...]. Wenn die EU diese Regierungsbildung schon nicht verhindern konnte, wollte man ihr wenigstens mit einer Sanktionsdrohung die Luft abdrehen. Dann wäre wieder der Weg für die Sozialdemokratie frei gewesen. Dann hätte es Neuwahlen gegeben in Österreich. Und die Sozialistische Internationale hätte die Chance gehabt zu sagen: ‚Wählt nicht die FPÖ, denn sonst kommen Sanktionen.' Das war ein sehr massiver Eingriff in die Demokratie unseres Landes", erklärte Haider und bekräftigte: „Weder bin ich ein Provokateur noch bin ich der Auslöser der Sanktionen. Wohl aber habe ich meine Überzeugungen und zu denen stehe ich. Und das felsenfest. Die Sanktionen wurden auch nicht deshalb ausgelöst, weil ich Jacques Chirac herausgefordert habe, sondern weil der scheidende Kanzler Viktor Klima im Ausland gegen Österreich gehetzt hat. Bei der Holocaust-Konferenz in Skandinavien hat Klima unser Land so schlecht dargestellt, als wären wir ins Jahr 1938 zurückkatapultiert worden" (Worm, 2005, S. 144 f.).

Die Herausforderung des französischen Staatspräsidenten Jacques Chirac habe darin bestanden, dass Haider ihn bei der Feier zu seinem 50. Geburtstag als „Westentaschen-Napoleon" bezeichnet hätte. Während Haider seine Einstufung Chiracs als Westentaschen-Napoleon für „sehr geglückt" hielt, sah auch Albrecht Rothacher in der Aussage Haiders keinen Anlass für die Sanktionen – im Gegenteil: „Es hat immer geheißen, [Chirac] wäre deswegen sauer gewesen. Aber das ist völliger Quatsch, dem war das völlig egal. Chirac hatte Sinn für Humor. Er hat das wahrscheinlich sogar witzig gefunden. Aber Chirac wollte gegen Le Pen eine Ausgrenzung fahren, und deshalb hat er mit dem kleinen Österreich ein Exempel statuiert und diese sozialistische Intrige mitgespielt" (Rothacher, 2023).

Am 31. Jänner nahm Jörg Haider in der „Zeit im Bild" Stellung zu den angekündigten EU-Sanktionen: „Ich bin einigermaßen entsetzt, wie wenig ernst man die Demokratie in einem Land wie Österreich nimmt, das eine eindeutige Wahlentscheidung getroffen hat und das sozusagen eine Wahlentscheidung getroffen hat, die halt nicht mehr mit dem übereinstimmt, was jetzt 30 Jahre in Österreich gewesen ist. Und dass hier der Versuch gemacht wird, von außen hereinzuwirken, das halte ich für sehr sehr problematisch." Reporter: „Halten Sie es im Staatsinteresse noch für möglich und für sinnvoll, diese Regierung zu bilden?" Haider: „Ich glaube, sie muss jetzt gebildet werden. Das ist im Staatsinteresse. Denn würden sich der Bundespräsident und die Parteien beeinflussen lassen von dem versuchten Druck vom Ausland auf Österreich, dann könnten wir die Demokratie in diesem Land gleich abschaffen" (ORF, 2000).

Kurz nach der Regierungsbildung wurde Haider dann zur Talkshow „Talk in Berlin" bei n-tv mit dem Journalisten Erich Böhme geladen. Laut Berichterstattung war das Ziel, Jörg Haider zu „entzaubern". Dafür verlegte Erich Böhme die Premiere seines Polittalks zwei Wochen vor. „Demaskieren wollten sie ihn. Den Fernsehzuschauern vor Augen führen, welch Wolf sich da im Schafspelz gebärdet", schrieb Günther Hörbst im „Hamburger Abendblatt" (Hörbst, 2000). Auch zu den EU-Sanktionen bezog Haider in der Sendung Stellung: „Ich finde, es ist ungeheuerlich, dass man eine Vorverurteilung macht. Eine Vorverurteilung gegenüber einer Partei, die seit 40 Jahren in der österreichischen Demokratie eine zentrale Rolle spielt. Eine Partei, deren Wurzeln ins 19. Jahrhundert zurückgehen, die aus der bürgerlichen Revolution [...] 1848 geboren worden ist. Eine Partei, die in der ersten Republik Österreichs an allen Regierungen beteiligt war, bis der Austrofaschismus die Demokratie abgeschafft hat." Böhme: „Wie ist es denn möglich, dass so viele gegen Sie sind? Kann es denn sein, dass nur einer recht hat und alle haben unrecht? Gibt es Ihnen nicht zu denken [...]?" Haider: „Es ist ja ganz einfach. 40 Jahre, 45 Jahre hat es in Österreich ein politisches System gegeben, wo mehr als 90 Prozent der Macht zwischen zwei Parteien aufgeteilt worden ist. Dann kommt plötzlich der Jörg Haider mit seinen Freiheitlichen, gewinnt eine Wahl nach der anderen und wird zur zweitstärksten Partei. Das heißt Machtverzicht für jene, die bisher sich das alles gerichtet haben, das heißt Zurückdrängen des Proporzes, des politischen Einflusses. Denen ist nur mehr die Möglichkeit geblieben, uns auf der Ebene der persönlichen Diffamierung anzugehen, in der Hoffnung, dass dann was hängen bleibt" (Böhme, 2000).

Diese persönliche Diffamierung war es auch, die Haider durchaus getroffen hatte. Einerseits war er sich seiner politischen Vorbildfunktion und Verantwortung durchaus bewusst, andererseits reichten die Konsequenzen der EU-Sanktionen weit über sein politisches Leben hinaus, wie er auch in seinem Tagebuch festhielt.

10.02.2000: Zwischendurch bin ich beim Tag der offenen Tür in der HTL-Mößingerstraße. Bevor ich aussteigen kann, ist das Auto schon von einer Traube von Schülern umringt. Die Kids sind alle gut drauf und fahren ab auf mich. Da kommt der, den sie jetzt immer im TV schauen, diese undurchsichtige Figur, von der man nicht weiß, ob man gegen ihn demonstrieren soll oder ihn bewundern muß. In Kärnten ist das ohnehin klar. Da gibt es Bewunderung für den LH [Landeshauptmann]. Nur ein einziger unter hunderten Schülern macht sich protestierend bemerkbar. Die anderen stürzen auf mich zu, strecken mir die Hand entgegen, wollen reden oder einfach irgendwie ein wenig in der Nähe sein bei dem coolen Typen. Da merkt man wieder einmal, welche Verantwortung man hat. […] Bevor ich aussteige, Hände schüttle und Autogramme schreibe, habe ich mit Schüssel ein Telefonat. Er hat offenbar viel Zeit und redet allgemein über die internationale Situation, das gute Klima im Team, seine Hoffnungen usw. Dann plötzlich ganz menschlich, ungewöhnlich bei ihm. Er sagt, er bedaure mich, weil ich eigentlich von allen am meisten ausgehalten habe. Ich spiele das weg, meine, ich sei das einfach schon gewohnt seit Jahren, die Diffamierung. Er will mir aber zeigen, daß er mich ernsthaft bewundert, wie ich das alles aushalte usw. Vielleicht meint er es ehrlich, ich weiß es nicht. Nur er hat auch ein Kind, das man nicht in Ruhe läßt. So wie meine Neli, die in London Objekt der medialen Begierde [ist]. Irgendwie ist das alles ein Scheiß-Job.

Peter Westenthaler erzählte ebenfalls von äußerst unschönen Szenen, die die Familie aufgrund der Regierungsverhandlungen miterleben musste: „Also jeden Donnerstag ist gegen diese Regierung von den Linken demonstriert worden. [...] Und an einem Donnerstag war [Haider] mit seiner Frau und den beiden Töchtern in einem Lokal. [...] Das war ein Lokal, wo du ziemlich in der Auslage sitzt und dich jeder sieht. Und sie wollten halt Essen gehen, ganz normal. Und leider war das auch auf der Route der Donnerstagsdemonstranten. Und die sehen auf einmal den Haider dort sitzen. Und da kam es nahezu zu einer körperlichen Bedrohung. Da hätten sie ihn fast mit Steinen und so beworfen. Das war eine wilde Situation damals. Die Polizei musste einschreiten. Die haben ihn und seine Familie dort bedroht und das war ein Schlüsselereignis. [...] Er ist dann sofort in ein Hotel gefahren in Wien, hat uns alle zusammengetrommelt. [...] Ich habe einen Anruf bekommen, ich muss sofort dort hinkommen ins Hotel. ‚Wir müssen uns treffen', und er hat uns seine Ängste und was passiert ist erzählt" (Westenthaler, 2024).

Doch nicht nur die internationalen Proteste, die Last der EU-Sanktionen, ihre Auswirkungen auf Haiders Familie und der mediale Druck wogen schwer. Auch die Tatsache, dass sich Bundespräsident Thomas Klestil weigerte, die FPÖ-Politiker Thomas Prinzhorn, FPÖ-Spitzenkandidat der Nationalratswahl 1999, und Hilmar Kabas als Minister anzugeloben, beschäftigte Haider und trug nicht zur Besserung der Stimmung bei.

03.02.2000: Es wird knapp. Um 11.30 Uhr muss ich die Ministerliste bei HBP [Herr Bundespräsident] abgeben. KHG [Karl-Heinz Grasser] löst keine Freude in meinem Team aus. Prinzhorn dreht durch, da ihn Klestil überhaupt nicht will. Seine jüngste Aussage, dass der HBP sich eine ‚blutige' Nase holen wird, hat Klestil empört. Er will ihn als Minister nicht akzeptieren.

[...] Bei der Ministerliste streiten wir. Prinzhorn und Kabas sind ihnen ein Dorn im Auge. [...]
HBP hat panische Angst vor Ausland. Immer wieder fragt er, ob die Minister Fachleute und weniger Funktionäre der FPÖ wären. Wir beruhigen ihn. Dann geht es um eine Anti-Rassismus-Erklärung der europäischen Parteien. Wir sollen sie unterschreiben. Kein Problem. Wir sagen ihm, dass er endlich etwas Positives zur neuen Regierung sagen soll oder sie nicht angeloben soll. Er laviert, faselt etwas von Spielraum, den er für das Ausland brauche [...]. Er entschließt sich, die Angelobung rasch zu machen. Schon morgen Freitag, 12 Uhr! Wir unterzeichnen die von ihm gewünschte Erklärung und gehen zur Programmpräsentation. Vorher wird feierlich der Koalitionspakt unterschrieben. Eine historische Stunde für mich. Das ist ein sichtbarer Akt, dass die alte rot-schwarze Packelei zu Ende geht. [...]
Es ist geschafft. Nur T.P. [Thomas Prinzhorn] ist rasend wegen seiner Ausbootung als Minister. Ich verspreche ihm, nochmals zu HBP zu gehen. Er will, dass wir das alles platzen lassen, weil er immerhin der Spitzenkandidat war. Ich bin langsam grantig und frage ihn, ob er sich bewusst ist, was mir eigentlich alles zugemutet wird, der ich 20 Jahre auf dieses Ziel hingearbeitet habe, um am Ende selbst mehr denn je ausgegrenzt zu sein?

Später, im Jahr 2017, wurde darüber spekuliert, ob die Ablehnung der beiden „Minister" Hilmar Kabas und Thomas Prinzhorn durch Bundespräsident Thomas Klestil lediglich eine Inszenierung zwischen Haider und Klestil gewesen sei. Der vermeintliche Vorteil für beide sollte darin gelegen sein, dass einerseits die FPÖ-Regierungsbeteiligung durch Klestil akzeptiert wurde, andererseits konnte dieser sein Gesicht wahren, indem er den „Personal-Paukenschlag" machte (Kittner, 2017).

Vor Angelobung der Regierung unterzeichneten die beiden Parteichefs Jörg Haider und Wolfgang Schüssel die von Klestil geforderte Präambel zum Regierungsprogramm – von Haider in seinem Tagebuch als „Anti-Rassismus-Erklärung" bezeichnet –, „in der sie sich zu den ‚Prinzipien der pluralistischen Demokratie und der Rechtsstaatlichkeit, wie sie auch in der österreichischen Verfassung verankert sind', bekennen". Ein „einmaliger Akt in der Zweiten Republik" (Lux, Wiedergut u. Sommersguter, 2008, S. 28 f.). Wohl bisher einzigartig: Die Präambel erschien auch als Inserat in der „International Herald Tribune", wie der „Standard" berichtete: „Die FPÖ-ÖVP-Regierung hat eine internationale Werbeoffensive gestartet. Den Anfang machte am Dienstag ein ganzseitiges Inserat in der ‚International Herald Tribune'. Darin ist die ‚Demokratie-Erklärung' in voller Länge zu lesen, die ÖVP-Obmann Wolfgang Schüssel und FPÖ-Chef Jörg Haider am vergangenen Donnerstag auf Verlangen von Bundespräsident Thomas Klestil in der Hofburg unterzeichnet haben. […] Damit solle erreicht werden, dass sich die Menschen selbst ein Bild von der neuen Bundesregierung machen können. Klestil hatte die Unterzeichnung des Dokuments als Bedingung für die Vereidigung des Kabinetts verlangt. Die Erklärung wurde dem Regierungsprogramm als ‚Präambel' vorangestellt" (Der Standard, 2000).

Nachdem alle Maßnahmen, die FPÖ und ÖVP bereits vor der Angelobung der neuen Regierung ergriffen hatten, um gegen die EU-Sanktionen anzugehen, folgenlos blieben, setzten sie während ihrer Amtszeit am 5. Mai 2000 erneut ein Zeichen: An diesem Tag beschloss die neue Bundesregierung einen 17 Punkte umfassenden Aktionsplan gegen die Sanktionen. „Sollten die in diesen Punkten aufgezählten Aktivitäten – auch rechtliche Schritte sollen geprüft werden – zu keinem Ergebnis führen, wird noch im Juli eine Volksbefragung vorbereitet. Die Opposition spricht sich strikt gegen eine Volksbefragung aus" (Piringer, 2001).

Mehr als sieben Monate sollten die EU-Sanktionen schließlich dauern. „Erst im Frühsommer begann die Front der EU-14 zu bröckeln. Man überlegte sich ein Ausstiegsszenario und bat die drei sogenannten Weisen einen Bericht zu verfassen. Der deutsche Völkerrechtler Jochen Frowein war einer der Weisen. ‚Die 14 EU-Länder außer Österreich hatten sich in eine außerordentlich schwierige Situation gebracht und suchten nun einen Ausweg', erinnert er sich im Gespräch mit derStandard.at, ‚da hielt ich es für meine Pflicht, zu helfen.' Der Weisenbericht war die Exit-Strategie, um von den Sanktionen langsam Abstand zu nehmen. Die drei Weisen […] verfassten einen Bericht, in dem sie die politische

Zukunft im Herzen Europas

VERANTWORTUNG FÜR ÖSTERREICH

Die Bundesregierung bekräftigt ihre unerschütterliche Verbundenheit mit den geistigen und sittlichen Werten, die das gemeinsame Erbe der Völker Europas sind und der persönlichen Freiheit, der politischen Freiheit und der Herrschaft des Rechts zugrunde liegen, auf denen jede wahre Demokratie beruht.

Die Bundesregierung tritt für Respekt, Toleranz und Verständnis für alle Menschen ein, ungeachtet ihrer Herkunft, Religion oder Weltanschauung. Sie verurteilt und bekämpft mit Nachdruck jegliche Form von Diskriminierung, Intoleranz und Verhetzung in allen Bereichen. Sie erstrebt eine Gesellschaft, die vom Geist des Humanismus und der Toleranz gegenüber den Angehörigen aller gesellschaftlichen Gruppen geprägt ist.

Die Bundesregierung arbeitet für ein Österreich, in dem Fremdenfeindlichkeit, Antisemitismus und Rassismus keinen Platz finden. Sie wird jeder Form von menschenverachtendem Gedankengut und seiner Verbreitung konsequent entgegentreten und sich für die volle Beachtung der Rechte und Grundfreiheiten von Menschen jeglicher Nationalität einsetzen - gleichgültig aus welchem Grund sich diese in Österreich aufhalten. Sie bekennt sich zu ihrer besonderen Verantwortung für einen respektvollen Umgang mit ethnischen und religiösen Minderheiten.

Die Bundesregierung unterstützt die Charta der europäischen politischen Parteien für eine nichtrassistische Gesellschaft und verpflichtet sich, auf die vorbildliche Verwirklichung der in dieser enthaltenen Grundsätze in Österreich hinzuwirken.

Die Bundesregierung bekennt sich zum Schutz und zur Förderung der Menschenrechte und setzt sich für ihre bedingungslose Realisierung auf nationaler wie auf internationaler Ebene ein. Dies ist auch ein wichtiger Beitrag, um vorbeugend Kriege und interne Konflikte zu verhindern, die Menschen in ihren Rechten verletzen, vertreiben oder zum Verlassen ihrer Heimat zwingen.

Die Bundesregierung bekennt sich zu den allen Mitgliedstaaten der Europäischen Union gemeinsamen Prinzipien der pluralistischen Demokratie und der Rechtsstaatlichkeit, wie sie auch in der österreichischen Verfassung verankert sind und die Voraussetzung für die Mitgliedschaft im Europarat bilden. Die in Österreich verfassungsmäßig garantierten, in der Europäischen Menschenrechtskonvention niedergelegten Rechte und Freiheiten sind klarer Ausdruck dieses Bekenntnisses.

1

Die Bundesregierung bekennt sich zum Friedensprojekt Europa. Die Zusammenarbeit der Koalitionsparteien beruht auf einem Bekenntnis zur Mitgliedschaft Österreichs in der Europäischen Union. Die Bundesregierung ist den allen Mitgliedstaaten der Europäischen Union gemeinsamen Grundsätzen der Freiheit, der Demokratie, der Achtung der Menschenrechte und Grundfreiheiten sowie der Rechtsstaatlichkeit verpflichtet, wie sie im Artikel 6 des Vertrages über die Europäische Union festgeschrieben sind. In der Vertiefung der Integration und der Erweiterung der Union liegt auch Österreichs Zukunft. Österreichs Geschichte und geopolitische Lage sind ein besonderer Auftrag, den Integrationsprozess voranzutreiben und den europäischen Gedanken noch stärker im Alltag der Menschen zu verankern. Besonderes Gewicht zur Sicherung des Friedens und der Stabilität im 21. Jahrhundert wird der transatlantischen Partnerschaft zukommen.

Der Europäischen Union als Wertegemeinschaft entspricht auch ein bestimmtes Konzept der künftigen Entwicklung der europäischen Integration. Dazu gehören insbesondere die Arbeiten an der Charta

Österreich neu regieren.

Bild: © Bundeskanzleramt

der politischen und sozialen Grundrechte. Österreich unterstützt die weiteren Arbeiten zur Bekämpfung jeglicher Form von Diskriminierung im Sinne von Artikel 13 des EU-Vertrages.

Eine lebendige Kultur der Demokratie und der Rechtsstaatlichkeit erfordert ein Verhältnis zwischen Staat und Bürgern, das dem Einzelnen neue Freiheits- und Verantwortungsräume schafft. Im modernen Leistungsstaat gibt es Aufgaben, die besser vom Einzelnen oder von nichtstaatlichen Akteuren wahrgenommen werden können.

Die Bundesregierung bekennt sich aber mit allem Nachdruck zur solidarischen Sicherstellung sozialstaatlicher Leistungen für jeden Bürger, der die Hilfe und Unterstützung des Staates braucht. Dies gilt insbesondere für Menschen, die an den Chancen der Modernisierung, die das Leben zunehmend prägt, nicht teilhaben können.

Das Solidaritätsprinzip bedeutet auch, dass auf die Bedürfnisse und Lebensperspektiven künftiger Generationen Rücksicht zu nehmen ist, um faire Chancen für alle Mitglieder der Gesellschaft und ihre Lebensentwürfe zu sichern.

Die Bundesregierung will Österreich als leistungs- und wettbewerbsorientierten Wirtschaftsstandort stärken. Das ist die Basis für die Sicherung bestehender, sowie die Schaffung neuer Arbeitsplätze und des Wohlstandes in unserem Land. Gerade Österreichs Beitritt zur Europäischen Union und eine gesicherte Teilnahme an der Währungsunion waren und sind wichtige Voraussetzungen für die Zukunft von Wirtschaft und Arbeit in Österreich.

Die Sozialpartnerschaft hat sich in Österreich als wichtiges Standortinstrument für Wirtschaft und Arbeit bewährt und dadurch zum sozialen Frieden in Österreich beigetragen. Die Bundesregierung bekennt sich zur umfassenden Kooperation mit den Sozialpartnern, empfiehlt aber gleichzeitig die notwendige Reformbereitschaft der Sozialpartnerschaft etwa bei der Reform der Sozialversicherungsträger, einschließlich der Wahl der Versichertenvertreter, und der Stärkung des Servicecharakters der sozialpartnerschaftlichen Einrichtungen.

Die Bundesregierung ist sich bewusst, dass die österreichische Bevölkerung auf ihren großen Leistungen zielstrebig weiter aufbauen und die Stärken Österreichs konsequent weiter entwickeln muss.

Österreich stellt sich seiner Verantwortung aus der verhängnisvollen Geschichte des 20. Jahrhunderts und den ungeheuerlichen Verbrechen des nationalsozialistischen Regimes: Unser Land nimmt die hellen und die dunklen Seiten seiner Vergangenheit und die Taten aller Österreicher, gute wie böse, als seine Verantwortung an. Nationalismus, Diktatur und Intoleranz brachten Krieg, Fremdenhass, Unfreiheit, Rassismus und Massenmord. Die Einmaligkeit und Unvergleichbarkeit des Verbrechens des Holocaust sind Mahnung zu ständiger Wachsamkeit gegen alle Formen von Diktatur und Totalitarismus. Das Vorhaben der Europäischen Union eines breiten, demokratischen und wohlhabenden Europas, zu dem sich die Bundesregierung vorbehaltlos bekennt, ist die beste Garantie gegen eine Wiederkehr dieses dunkelsten Kapitels der österreichischen Geschichte.

3

Die Bundesregierung bekennt sich zur kritischen Auseinandersetzung mit der NS-Vergangenheit. Sie wird für vorbehaltlose Aufklärung, Freilegung der Strukturen des Unrechts und Weitergabe dieses Wissens an nachkommende Generationen als Mahnung für die Zukunft sorgen. Hinsichtlich der NS-Zwangsarbeit wird die Bundesregierung im Lichte des Zwischenberichts der österreichischen Historikerkommission unter Berücksichtigung der primären Verantwortung der betroffenen Unternehmen um sachgerechte Lösungen bemüht sein. Die Regierungsparteien bekennen sich zu einer neuen Form des Regierens und der Zusammenarbeit. Sie wollen Probleme lösen, Herausforderungen bewältigen und konsequent Chancen nützen, weil sie der Zukunft Österreichs in Europa verpflichtet sind. Österreich wird als stabiles, verlässliches und partnerschaftliches Land seinen Beitrag für ein friedliches und sicheres Miteinander in Europa und der Welt leisten.

Wien, am 3. Februar 2000

Dr. Wolfgang Schüssel — Dr. Jörg Haider

Österreich neu regieren.

Bild: © Bundeskanzleramt

▸ „Demokratie-Erklärung“ von Wolfgang Schüssel und Jörg Haider als Präambel des Regierungsprogrammes.

Lage in Österreich beurteilten. Unter die Lupe genommen wurde die FPÖ. [...] Das Resümee der Weisen war dann aber vergleichsweise harmlos: Es wurde befunden, dass die österreichische Regierung für die europäischen Werte eintritt und dass die Rechtslage der anderer EU-Staaten entspricht. Die FPÖ wurde als rechtspopulistische Partei mit radikalen Elementen charakterisiert, jedoch hätten die FPÖ-Minister seit Antritt ihrer Regierungstätigkeit die Verpflichtungen der Regierung beachtet" (Winkler-Hermaden, 2010).

„Der Bericht wurde im September 2000 dem damalige EU-Ratspräsidenten und französischen Staatschef Jaques Chirac in Paris übergeben. Das Ende der Sanktionen war damit besiegelt" (ebd.). Haider selbst sagte dazu: „Die Sanktionen waren doch die größte politische Blamage und ein moralischer Bauchfleck der EU. Und rechtlich waren sie ein glatter Bruch des EU-Vertrages durch die EU selbst" (Worm, 2005, S. 140).

Andreas Unterberger, Chefredakteur „Die Presse", analysierte die Sanktionen und ihr Ende und kam unter anderem zu folgendem Schluss: „War die Maßnahme der Vierzehn eine EU-interne, dann war sie jedenfalls rechtswidrig. Sie verletzte genau jene fundamentalen Grundprinzipien Europas, deren Verletzung Österreich vorgeworfen wurde." Dazu zählte er etwa das Prinzip der Demokratie und die Menschenrechte. „Die Vorgehensweise, dass sich vierzehn Regierungschefs zusammentelephonieren und ohne Rechtsweg das fünfzehnte Land bestrafen, entsprach keiner einzigen Verfahrensvorschrift oder Praxis der Union. [...] Da die Vorwürfe gegen den damaligen FPÖ-Obmann Jörg Haider durch die Bank Aussagen, also Worte, jedoch keine Taten zum Gegenstand haben, bewegte sich die EU überdies auch plötzlich im grundrechtlich extrem heiklen Bereich von Meinungsdelikten. Für die die Union jedoch keinerlei Kompetenz hat" (Unterberger, 2001).

Noch während der laufenden EU-Sanktionen schrieb Bundespräsident Klestil am 21. März einen Brief an den portugiesischen Ratsvorsitzenden Guterres. Darin setzte er eine Initiative für die Schaffung eines Mechanismus, der ein vorbeugendes Einschreiten schon bei Verdacht einer Abkehr von europäischen Werten erlaubte (Kostelka, 2000). Es sollte darum gehen, „einen Ausweg aus der gegenwärtigen Situation zu finden und zum Wohle meines Landes und seiner Bevölkerung die von den 14 gegenüber Österreich beschlossenen Maßnahmen so rasch wie möglich auszusetzen". Beratungen über einen solchen Mechanismus sollten mit allen 15 Mitgliedstaaten geführt werden. „Meiner Meinung nach

Beilage

"Sehr geehrter Herr Präsident!

Bei meinem Arbeitsbesuch bei der Europäischen Kommission am 8. März in Brüssel habe ich im Zusammenhang mit der gemeinsamen Reaktion von 14 Mitgliedsstaaten der Europäischen Union vom 31. Jänner die Frage nach der rechtlichen Relevanz dieses Beschlusses und nach der Zukunft solcher Beschlüsse gestellt. Wenn ein Mechanismus geschaffen werden sollte, der ein vorbeugendes Einschreiten schon bei Verdacht einer Abkehr von europäischen Werten erlaubt, so müssten meiner Meinung nach Beratungen darüber mit allen 15 Mitgliedsstaaten geführt werden.

Die Schaffung eines derartigen Mechanismus ist in der Europäischen Kommission auf Interesse gestoßen, wobei Kommissar Barnier anregte, in der derzeit laufenden Regierungskonferenz darüber zu beraten. Die Kommission werde entsprechende Vorschläge unterbreiten. Darüber hinaus wurde mir zugesichert, dass die Kommission als Hüterin der Verträge dafür Sorge tragen wird, dass die Mitarbeit Österreichs in der Europäischen Union klaglos funktioniert und keine diskriminierenden Handlungen gegenüber Österreich gesetzt werden, welche auch gegen EU - Recht verstoßen. Den Wortlaut meiner Erklärung vor der Europäischen Kommission lege ich zu Ihrer Information bei.

Meiner Meinung nach wäre ein Verfahren auf gemeinschaftlicher Ebene auch deshalb vorzuziehen, da damit dem beschuldigten Mitglied Gelegenheit gegeben wird, zu Befürchtungen Stellung zu nehmen, bevor allfällige Maßnahmen gegen dieses Mitglied ergriffen werden.

Dies erscheint mir auch insofern sehr wichtig, da die gegen Österreich ergriffenen Maßnahmen wiederholt gezeigt haben, dass eine klare Trennung der bilateralen Sanktionen und der Zusammenarbeit im Rahmen der Europäischen Union in der Praxis nicht möglich ist.

Ferner - und das scheint mit besonders bedenklich - kam es in einzelnen EU - Ländern auch zu Boykottmaßnahmen, die weit über das von den 14 anderen Mitgliedern vereinbarte Maß hinausgingen und die - begleitet von einer oft weit überzogenen Medienberichterstattung - auch zu Vorfällen führen, wie etwa der Beschimpfung österreichischer Teilnehmer beim Schülerparlament in Straßburg oder der Bombendrohung beim Konzert der Wiener Philharmoniker in Paris.

Es erscheint mir daher dringend geboten, dass auch seitens des Europäischen Rates im Geiste europäischer Solidarität und der gemeinsamen Grundwerte der EU sowie des Gebotes der Objektivität und der Fairness gegenüber Österreich zur Versachlichung der Diskussion beigetragen wird.

Ich wäre Ihnen, sehr geehrter Herr Präsident, dankbar, wenn Sie mein Schreiben den anderen Staats - und Regierungschefs anlässlich des bevorstehenden außerordentlichen Rates zur Kenntnis bringen und über den Vorschlag, ein gemeinschaftliches Verfahren zu schaffen, beraten würden.

Es dürfte auch im Interesse der Europäischen Union liegen, möglichst bald den erwähnten Mechanismus zu entwickeln, um einen Ausweg aus der gegenwärtigen Situation zu finden und zum Wohle meines Landes und seiner Bevölkerung die von den 14 gegenüber Österreich beschlossenen Maßnahmen so rasch wie möglich auszusetzen.

Ich danke Ihnen und Ihren Kollegen für Ihre Arbeit im Dienste der Europäischen Union und zeichne mit vorzüglicher Hochachtung

Thomas Klestil"

▸ **Der Brief von Bundespräsident Thomas Klestil an den portugiesischen Ratsvorsitzenden António Guterres als Anhang eines Entschließungsantrages des Abgeordneten Peter Kostelka im Nationalrat, März 2000.**

wäre ein Verfahren auf gemeinschaftlicher Ebene auch deshalb vorzuziehen, da damit dem beschuldigten Mitglied Gelegenheit gegeben wird, zu Befürchtungen Stellung zu nehmen, bevor allfällige Maßnahmen gegen dieses Mitglied ergriffen werden", so Klestil in seinem Brief (ebd.).

Nach den Sanktionen – Rückzug aus Wien

Der Koalitionspakt wurde trotz EU-Sanktionen unterzeichnet, die „alte rot-schwarze Packelei", wie Haider sie in seinem Tagebuch bezeichnete, ging zu Ende. Das Unmögliche schien geschafft. FPÖ und ÖVP bildeten die neue Regierungskoalition, die am 4. Feber 2000 durch Bundespräsident Thomas Klestil angelobt wurde. „Ein Novum: Die erste schwarz-blaue Regierung trat den Weg vom Bundeskanzleramt zur Hofburg unterirdisch an, während oben am Ballhausplatz die Menge tobte. Transparente wurden hochgehalten, Tomaten, Eier und Joghurtbecher flogen Richtung Hofburg. Die Miene Klestils bei der Angelobung war ähnlich frostig wie das herrschende Winterwetter vor der Tür" (Zeppelzauer u. Zeppelzauer, 2009, S. 223). Herbert Haupt erinnerte sich: „Jeden Donnerstag war Demonstration in Wien gegen die Bundesregierung. Mit Eiern [haben sie] geschmissen am Ballhausplatz. Wir sind ja unten durch den Keller gegangen zur Angelobung, weil sie nicht über den Ballhausplatz gehen wollten, weil sie Angst hatten, dass die Leute sie umbringen dort. War ja ein Riesenaufmarsch. Kannst du dir gar nicht vorstellen in Wien. Sie haben den Leuten fünf oder zehn Schilling gezahlt und ein Würstl, damit sie demonstrieren gehen" (Haupt, 2024).

Doch das Regierungsteam stand. Susanne Riess-Passer unterzeichnete am 3. Feber den Koalitionsvertrag und wurde Vizekanzlerin, Michael Krüger Justizminister, Elisabeth Sickl Sozialministerin, Herbert Scheibner Verteidigungsminister, Michael Schmid Verkehrsminister und Karl-Heinz Grasser Finanzminister. Auf die Frage: „Warum hat Haider Karl-Heinz Grasser als Finanzminister nominiert?", antwortete Haider dem Jounalisten Alfred Worm: „Weil ich ihn sehr wohl für einen fähigen Mann und guten Politiker halte. Also habe ich mit ihm geredet, ob er diese schwere Aufgabe als Finanzminister übernehmen will" (Worm, 2005, S. 46). Damit war das FPÖ-Regierungsteam komplett. Fast, wie viele sagen, die heute noch der Meinung sind, Jörg Haider hätte in Wien „mitmischen" müssen.

Das politische Wirken Jörg Haiders fand in der Regierungsbildung 2000 seinen vermeintlichen Höhepunkt – einen, bei dem er schlussendlich aber zur Randfigur degradiert wurde. Und das traf ihn.

03.02.2000: Trotzdem bin ich irgendwie traurig. Beim größten Erfolg unserer Geschichte bin ich eigentlich nicht dabei. Klestil hat mich das spüren lassen. Er sagte, dass ich morgen bei der Angelobung eigentlich nicht mehr dabei sein muss. Der Mohr hat seine Schuldigkeit getan! Der Preis ist hoch. Um die FPÖ in die Regierung zu bringen, musste ich riskieren, wieder einmal ‚weltweit' dämonisiert zu werden. Das ist offenbar meine Erblast, die ich zu tragen habe. […] Es ist eine wunderbare Stimmung in der Hofburg in irgendeinem Hinterzimmer, bevor wir zur PK gehen. Draußen Proteste, drinnen Ministergezerre und ich ein bisschen in der Seele verwundet. Die internationale Pressekonferenz von Programmpräsentation wird von Schüssel und mir souverän gemacht. Klestil ist ganz entzückt, wie wir beide in Englisch die kritischen Fragen gemeistert haben. Tatsächlich ist dies eine neue Form des Regierens. Wir Partei-Chefs, die auch intellektuell die Sache im Griff haben und keine lächerlichen Marionetten sind. So, das war mein letzter Akt in der Bundespolitik auf dem Weg in die Regierung. Im Klub beraten wir weiter. Keine gute Stimmung wegen KHG [Karl-Heinz Grasser], Prinzhorn usw. P.W. [Peter Westenthaler] ist distanziert. Ich sage, daß ich [Herbert] Scheibner nun doch als LV-Min. [Minister für Landesverteidigung] vorgeschlagen hatte. P.W. muß in den Klub als Chef. Er deutet an, mir jetzt nicht noch mehr Sorgen machen zu wollen, aber die Sache ist wegen KHG noch nicht gegessen. Da platzt mir der Kragen. Ich frage die Truppe, ob sie noch dicht sind! Habe kein Verständnis für dieses kindische Beleidigtsein.

Als ich mich von Klestil verabschiede, umarmt er mich ganz höflich. Ich weiß nicht, wie ich das verstehen soll. Er drückt mich herzlich und klopft mir auf die Schulter. [...]
Zurück zur Truppe. Die Streitschlichtung mit KHG beginnt. Susi, wie immer klar und souverän, Herbert höflich, KHG selbstbewusst oder [unempathisch].
Sie reden sich aus. Jetzt noch mit P.W. ein Gespräch. KHG packt den Stier bei den Hörnern und entschuldigt sich bei Westi für Vergangenes!!
Das dürfte ihn doch überrascht haben. Er sagt nur noch: ‚Ist o.k., ist o.k., ich war ja immer eigentlich dein Freund ...'.
Das hätten wir damit. Ich gehe zurück nach Kärnten, habe noch viele Termine. Nur jetzt hab ich das Gefühl, dass das alles funktionieren wird. [...]
Haider = Mohr hat Schuldigkeit getan, will ihn nicht mehr dabei haben ..."

Über die tatsächlichen Gründe für seinen „Rückzug" aus Wien nach Kärnten kann wohl nur spekuliert werden. Einen kleinen Einblick gewährt uns Haider in seinem Tagebuch dennoch:

14.02.2000: Neue Magazine aus dem Ausland sind wieder am Markt. In Italien und Frankreich bin ich am Cover, wie schon bei ‚Time' u. ‚Newsweek' vom Provinzpolitiker zum Weltstar mit zweifelhaftem Ruf. Offenbar darf ich den Preis als Polit-Mensch bezahlen, dafür daß ich die Wende geschafft habe. Trotz allem ist diese Hysterie nicht normal. Auch Ferrero kann sich nicht im Zaume halten und sagt in Brüssel ‚Lassen Sie Haider in Kärnten – Er ist nur LH'. [...] Ich schreibe ihr einen Protestbrief. Sie macht genau das Gegenteil von dem, was wir versichert haben. Offenbar läuft jetzt die Leier: lasse ihn links liegen, er ist nur Pro-

vinzpolitiker, mit dem diese Regierung eigentlich nichts zu tun hat. Damit hätte sich die ÖVP wieder einmal an einem Koalitionspartner abgeputzt, dem man faire Verhandlungen und den Kanzler verdankt. Das alles trägt nur dazu bei, daß mein Entschluß reift, aus der Bundespolitik so rasch wie möglich auszusteigen. Auch Claudia merkt schon, daß ich bedrückt bin, obwohl ich es eigentlich nicht zeigen will.

Bei vielen stieß diese Entscheidung Haiders auf Unverständnis, wie auch bei Herbert Haupt, der im Oktober 2000 das Amt des Sozialministers übernahm: „Wir haben alle nicht verstanden, dass der Jörgl verzichtet hat. Seine Begründung war, weil er gerade Landeshauptmann geworden ist, dass er Kärnten nicht verlassen kann. Ich bin heute noch überzeugt davon, [...] wenn er damals einen gescheiten Landeshauptmann aufgebaut hätte und er in der Regierung gesessen wäre, wären wir vermutlich besser gefahren" (Haupt, 2024).

Für Gernot Rumpold hingegen war die Situation klar. Haider in die Regierung? „Nein, wollte er nie. [...] Die Situation damals war so, er hat so polarisiert, dass sie gesagt haben: ‚Mit der FPÖ ja, mit Haider nein.' [...] Und er war sowieso in einer guten Position in Kärnten, also hat er gesagt: ‚Nein, soll das ein anderer machen, dann sind wir wieder in einer Regierung, dann habe ich die Partei in die Regierung geführt als Bundesparteiobmann'" (Rumpold, 2024).

Gerald Grosz, der ab Oktober 2000 Pressesprecher von Herbert Haupt war, konnte als parlamentarischer Mitarbeiter bereits in die Regierungsverhandlungen „hineinschnuppern" und erlebte aus der Bundesperspektive, wie es danach zwischen Kärnten und Wien weiterging. Auf die Frage, ob Haider von Kärnten aus in die Regierung hineinregiert hätte, antwortete er: „Es war von Kärnten aus hineinintervenieren, würde ich sagen, weniger hineinregieren [...]. Und zwar aus einem schlichtweg einfachen Grund, weil er mit seinen Tausenden von Personenkontakten [...] tatsächlich mehr von der Lebensrealität Bescheid wusste als die damaligen drei Regenten der Regierung, die ihm ja dann auch in den Rücken gefallen sind" (Grosz, 2024).

Haiders ehemaliger Rechtsprofessor an der Universität Wien Dr. Günther Winkler sagte in einem Interview mit der „Wiener Zeitung" 2008 zur Regierungsbildung und Haiders „Rückzug": „Nein, er wusste als einziger schon vor den Wahlen 1999, wohin der Weg geht – nämlich in Richtung einer Koalition mit der ÖVP." Interviewer: „Um diese zu einem Erfolg zu machen, hätte er das Risiko eingehen müssen, in die Regierung zu gehen." Antwort Winklers: „Wolfgang Schüssel hätte das wohl mit Rücksicht auf das Ausland abgelehnt – und Haider als Vizekanzler? Vielleicht hätte er das gemacht, aber es passte nicht zu ihm, Zweiter zu sein. Riess-Passer, Westenthaler und Grasser haben seine Strategie nicht verstanden, weil sie allesamt völlig unpolitisch waren. Haider dagegen konnte Staatsverantwortung und Rücksichtnahme auf die eigene Partei vereinen. Haider wusste, dass eine Partei auch in der Regierung ihr eigenständiges Profil nicht aufgeben durfte" (Hämmerle, 2008).

Dass er selbst nicht Teil der Regierung war, beschrieb Haider in seinem Tagebuch mit den Worten: „Der Mohr hatte seine Schuldigkeit getan". Er sah seine Rolle in Kärnten, wollte dort seinem Auftrag als Landeshauptmann nachkommen. „Es gab jetzt eine neue Phase – die Regierungsbeteiligung. Ich selber bin als Landeshauptmann in Kärnten meinen Wählern verpflichtet und kann nicht als Parteiobmann gleichzeitig in Wien sein. Eine sicherlich nicht einfache Koalition kann man von Kärnten aus nicht per Telefon dirigieren. Außerdem hatte ich in 15 Jahren Zusammenarbeit die Überzeugung gewonnen, Susanne Riess-Passer hätte das Format, die FPÖ in der Regierungsära zu führen", erklärte Haider seine Entscheidung 2005 rückblickend (Worm, 2005, S. 42).

Dennoch ist Haider sein Entschluss für Kärnten und seine Position als Landeshauptmann offenbar nicht leichtgefallen – auf Wien zu verzichten und sich vollkommen aus dem Regierungsteam herauszunehmen. Ein Opfer für die Möglichkeit der FPÖ, endlich mitzuregieren, mitzuentscheiden und für Österreich zu arbeiten? Albrecht Rothacher fand dazu klare Worte: „Seinen Lebenstraum, Kanzler zu werden, hat er leider nicht verwirklichen können. Über die Rolle eines Bruno Kreisky, der auch ein Ausnahmepolitiker war, hätte er national und international sicher noch hinauswachsen können. Doch es hat nicht sollen sein. Sehr zum Schaden der Republik Österreich, ihrer Bürger und sicher auch Europas" (Rothacher, 2023).

17.02.2000: Beim Essen in einem ital. Lokal diskutieren wir meinen Rücktritt als BPO [Bundesparteiobmann]. Ich darf nicht die Regierungsmitglieder zur Marionette werden lassen u. auch nicht für alles verantwortlich gemacht werden, obwohl ich nicht direkt dabei bin. Eine schwere Entscheidung. Nur, es muß sein. Wenn es notwendig ist, bin ich in ein paar Jahren die Revue als Kanzlerkandidat. Vielleicht aber läuft unsere Regierungsarbeit so gut, daß man mich nicht mehr braucht. Auch gut. [...]
Das Gespräch ist sehr ernst, aber doch wieder sehr gut. Die Würfel sind gefallen. Ich mache klar, daß ich am 28.02. bei der BPL [Bundesparteileitung] in Wien meinen Rücktritt als BPO bekanntgeben werde.

Am 28. Feber 2000 trat Haider als FPÖ-Vorsitzender zurück. Seine Funktion gab er an Susanne Riess-Passer ab, die beim FPÖ-Bundesparteitag am 1. Mai 2000 mit 91,5 Prozent der Delegiertenstimmen zur neuen FPÖ-Bundesobfrau gewählt wurde. Die Worte, die Haider dazu wählte und an seine Nachfolgerin richtete, gingen in die Geschichtsbücher ein: „Susanne, geh voran!" In einer Aussendung des Freiheitlichen Pressereferates hieß es: „Für einen Wechsel gebe es viele gute Gründe. Die Bundesregierung könne nicht von einer Landeshauptstadt aus geleitet werden. Zudem könne man den Freunden in der Regierung nicht zumuten, unter dem Verdacht zu stehen, wie Marionetten aus Klagenfurt gelenkt zu werden. Haider erinnerte weiters daran, daß er sich auch deshalb nicht in der Regierung befinde, weil er seinen Wählern in Kärnten eine volle Periode als Landeshauptmann versprochen habe. Zudem trage er jetzt seit vielen Jahren eine Doppelbelastung. Er bitte um Verständnis, daß er seine Arbeit als Landeshauptmann gut machen wolle. Mit Susanne Riess-Passer gebe es eine gute Partnerschaft. [...] Das erste Etappenziel sei erreicht. Haider betonte, daß nicht das Amt entscheidend sei, sondern das, was man bewege. ‚Wir haben gemeinsam viel bewegt.' Jetzt beginne eine neue Herausforderung. Die FPÖ befinde sich auf einer Bergtour, die steil bergauf führe. Die letzten Meter vor dem Gipfel lasse der Bergführer seine Seilschaft vorangehen: ‚In diesem Sinne,

Susanne, geh voran! Nach der Pflicht der demokratischen Revolution folgt nun die Kür einer menschlichen Regierung für Österreich'" (Freiheitliches Pressereferat, 2000).

Zuvor wurde noch versucht, Haider den Rücktritt auszureden, wie Peter Westenthaler erzählte: „Es war ziemlich dramatisch damals, wir sind alle dort gesessen, waren sehr betroffen und haben dann auch gesagt: ‚Du, das geht nicht. Du kannst nicht den Parteiobmann zurückgeben. Das wird nicht funktionieren.' [Er aber sagte:] ‚Nein, nein, das funktioniert. Ich helfe euch, wenn ich in Kärnten bin. Ich mache mein Geschäft in Kärnten und werde euch unterstützen. Das ist ja mein Kind.' Und so ist es dann auch passiert" (Westenthaler, 2024).

Kurt Scheuch hingegen stand anfangs hinter der Entscheidung Haiders: „Und dann geht der Jörg her damals und sagt: ‚So, ich gebe den Parteiobmann zurück und bleibe in Kärnten, weil ich Kärnten so liebe.' Das war von mir flehentlich ersehnt und ist dann auch so gekommen. Und aus der heutigen Sicht einer der größten Fehler aller Zeiten. Weil damit hat man dem Herrn Schüssel und seiner Intrige einfach dieses wichtigere Feld überlassen" (Scheuch, 2024).

Auch Heinz-Christian Strache bemängelte Haiders Rückzug nach Kärnten und sein Fehlen im Bund: „Aber das Problem war, dass diese unglaubliche Persönlichkeit, die sich nach Kärnten zurückgezogen hat, natürlich gefehlt hat auf bundespolitischer Ebene. Da hat es dann so einen Verselbstständigungsprozess gegeben. Den Eindruck hat man gehabt, dass natürlich die Parteichefin Riess-Passer und deren Ministermannschaft [sich] dann auch verselbstständigt haben." Auf die Frage, ob es ein Fehler gewesen sei, dass Haider nicht in die Regierung ging, antwortete er: „Also meiner Einschätzung nach schon. Im Nachhinein ist man immer klüger, das ist etwas, da muss man aufpassen. [...] Aber ja, hätte er damals den Kanzleranspruch gestellt, glaube ich, wäre das die richtige Vorgehensweise gewesen. Natürlich mit der Erwartungshaltung, dass die ÖVP dem nicht zugestimmt hätte. Dann hätte man nochmals eine Runde drehen müssen, aber ich glaube, nach fünf Jahren wäre die Freiheitliche Partei in dieser Situation die stärkste politische Kraft geworden. Das wäre im Nachhinein wahrscheinlich der bessere Weg gewesen. Auf der anderen Seite war es wichtig wiederum, realpolitisch zu zeigen, wir sind nicht die Beelzebuben, wir sind nicht die Bösen, wir sind auch fähig, staatspolitische Verantwortung zu übernehmen. Das war auch ein wichtiges Zeichen, das uns dann natürlich später für eine Regierungsbeteiligung 2017 geholfen hat" (Strache, 2024).

Nach der Regierungsbildung – vor Knittelfeld

Der Gang zur Angelobung unter dem Heldenplatz, die Donnerstagsdemos und die von der EU verhängten Sanktionen – obwohl die Regierung Schüssel I, die vom 4. Feber 2000 bis zum 28. Feber 2003 bestand, mit nie dagewesenen Schwierigkeiten in die Regierungsperiode startete, konnte sie vieles erfolgreich umsetzen. Die „Presse" berichtete: „Rot-Schwarz ist gleich Stillstand. Schwarz-Blau – das war Dynamik. Dass das Kabinett Schüssel I in seinen ersten Wochen und Monaten die halbe Republik niedergerissen und neu aufgebaut hat, das gilt mittlerweile als zeitgeschichtlicher Grundkonsens. Jede Woche eine Reform – so wird die Wende-Koalition heute gesehen. Wenngleich der Blick ein wenig verklärt ist. Ein flottes Tempo hat die ÖVP-FPÖ-Regierung im Jahre 2000 zweifellos hingelegt. Doch deren Motto ‚speed kills' hat für die Anfangsphase nur bedingt Gültigkeit. Im ersten Halbjahr der Regierung unter Kanzler Wolfgang Schüssel (ÖVP) und Vizekanzlerin Susanne Riess-Passer (FPÖ) wurden folgende ‚größere Brocken' im Parlament beschlossen: – Das Budget für das Jahr 2000. – Ein neues ÖIAG-Gesetz als Basis für spätere Privatisierungen. – Die Pensionsreform für Beamte, Eisenbahner und ASVG-Bedienstete (mit Anhebung des Frühpensionsalters). – Die Angleichung der Rechte der Arbeiter und Angestellten beim Kranken-Entgelt. Zudem wurden etliche Vorhaben auf Schiene gebracht, die dann später in die Tat umgesetzt wurden: wie die Zwangsarbeiterentschädigung. Oder ein Sanierungspaket für die Krankenkassen – inklusive der Reform der Sozialversicherungen, die sich jedoch als Hebel für schwarz-blaue ‚Umfärbungen' entpuppen sollte. Auch andere umstrittene Änderungen wie die Zivildienst-Novelle, ein neues ORF-Gesetz oder die Ambulanzgebühr wurden damals ausgeheckt. Letztere wurde vom Verfassungsgerichtshof aufgehoben. Wie auch die Kürzung des Verpflegungsgeldes für Zivildiener" (Pink, 2007). Hinzu kamen auch die Entschädigung für NS-Zwangsarbeiter, die Senkung der Wohnkosten sowie die Liberalisierung des Gas- und Strommarktes. „Keines dieser Reformprojekte ist von der früheren rot-schwarzen Koalition erfolgreich durchgeführt worden. Den notwendigen Veränderungsprozeß hat erst die blau-schwarze Koalition mit ihrem Reformprogramm eingeleitet, dem anspruchsvollsten der letzten 30 Jahre" (Piringer, 2001, S. 456).

Trotz aller Erfolge sollte die schwarz-blaue Regierung nicht bis zur nächsten regulären Wahl Bestand haben. Das innerparteiliche „Zerwürfnis" der FPÖ, wie es Herbert Haupt betitelte, war bereits zu stark, die Meinungsverschiedenheiten – auch bezüglich Steuerreform und Kauf der Abfangjäger – zu groß, und die Ergebnisse der zwischenzeitlichen Landtagswahlen, die deutlich unter den Erwartungen lagen, trugen ihr Übriges zur Stimmung bei. Auf die Frage von Alfred Worm: „War es ein Fehler, diese Koalition 2000 zu beginnen? Seither stürzt die FPÖ von einer Niederlage in die nächste", antwortete Haider: „Nein. Ich glaube immer noch, dass das Konzept völlig richtig war. Nach einer sehr langen Phase von Opposition und Konsolidierung mussten wir einmal die Chance ergreifen, mitzuregieren. Zu zeigen, wie die FPÖ ihre Vorhaben umsetzt. Wenn man das richtig macht, dann ist man – wie das Beispiel Kärnten zeigt – als Regierungspartei erfolgreicher als eine Opposition" (Worm, 2005, S. 41).

Der Anfang einer erfolgreichen freiheitlichen Regierungsbeteiligung, die die Distanz zwischen Kärnten und Wien sowie die unterschiedlichen Standpunkte zwischen Haider und dem Regierungsteam schließlich nicht überleben sollte. 2002 kam es zum Showdown in Knittelfeld.

2002: Showdown in Knittelfeld

Würde man einen Fußballfan danach fragen, welches Ereignis ihm beim Gedanken an österreichischen Fußball sofort durch den Kopf schießt, wäre dies wahrscheinlich „Córdoba". Im argentinischen Austragungsort der WM 1978 gelang es Österreich, die deutsche Nationalmannschaft 3:2 zu besiegen. Noch heute wird das „Wunder von Córdoba" gern beschworen und wird auf eine Neuauflage gehofft. In der Parteigeschichte der FPÖ gibt es auch solche Ereignisse, die mit Erinnerungsorten in Verbindung gebracht werden. Ein historisch wichtiger Erinnerungsort, der sich im kollektiven Gedächtnis der freiheitlichen Gemeinschaft eingebrannt hat, ist Innsbruck, wo 1986 der Innsbrucker Parteitag stattfand. Aufgrund der jüngsten Geschichte würden aktuell wohl viele Ibiza als einen solchen Erinnerungsort nennen. Lässt man die Geschehnisse um diesen – wie Heinz-Christian Strache es bezeichnete – „Ibiza-Anschlag" weg, so werden vor allem die FPÖ-Parteimitglieder nach wie vor Knittelfeld als jenen Ort nennen, an dem die Parteigeschichte neu geschrieben wurde und der diese nachhaltig verändert hat.

2002 zählte Knittelfeld rund 12.600 Einwohner (Stadtgemeinde Knittelfeld, 2024). Die Kleinstadt wurde am 9. September des besagten Jahres zum Schauplatz von Ereignissen, die medial gern als „Knittelfelder Putsch" bezeichnet wurden. Die Vorgeschichte zur Delegiertenversammlung in Knittelfeld, nach der sich die politische Landschaft in Österreich bzw. insbesondere in der Freiheitlichen Partei maßgeblich änderte, lässt sich auch anhand der Zusammenarbeit der damaligen ÖVP-FPÖ-Bundesregierung erklären. Auf einer Art von struktureller Ebene waren die Positionen und Zuständigkeiten innerhalb der Bundesregierung klar geregelt. Wolfgang Schüssel von der ÖVP stellte den Bundeskanzler, Susanne Riess-Passer war als freiheitliche Vizekanzlerin und Sportministerin angelobt. Karl-Heinz Grasser saß als Finanzminister ebenfalls auf einem FPÖ-Ticket in der Regierung, wie auch Herbert Scheibner als zuständiger Minister für Landesverteidigung. Ab 19. Feber 2002 war Mathias Reichhold als Minister zuständig für die Bereiche Verkehr, Innovation und Technologie. Riess-Passer war zudem Bundesparteiobfrau der Blauen, ihr Stellvertreter war Peter Westenthaler, der seit der Regierungsbildung im Frühjahr 2000 als Klubobmann die FPÖ im Parlament vertrat. Weitere prominente Namen wie Dieter Böhmdorfer (FPÖ), Ernst Strasser oder Benita Ferrero-Waldner finden sich in der Regierungsmannschaft von Schüssel I (Freiheitliches Bildungsinstitut, 2024c). Nach der Versammlung in Knittelfeld waren es aber vor allem die Minister Riess-Passer und Grasser sowie Klubobmann Westenthaler, an die man sich erinnerte.

Die FPÖ „lernt" regieren

Um die Regierungsarbeit erfolgreich zu gestalten, bemühten sich die freiheitlichen Minister um eine weitestgehend friktionsfreie Zusammenarbeit. So war es meist Aufgabe von Vizekanzlerin Riess-Passer und Finanzminister Grasser, den Bürgern schlechte Nachrichten zu überbringen. Schüssel wird in diesem Zusammenhang nachgesagt, eine gewinnbringende Doppelstrategie verfolgt zu haben. Man wollte den Koalitionspartner dazu bringen, von den eigenen Kernthemen abzuweichen, den vorgezeichneten Weg der ÖVP einzuschlagen und diesen auch vehement nach außen zu vertreten. Das bedingte gleichzeitig, dass die FPÖ trotz Regierungsbeteiligung in den darauffolgenden Landtagswahlen stetig an Wählerstimmen verlor. Die Unzufriedenheit der Wähler über immer mehr Belastungsmaßnahmen zeigte sich nicht in einer Unzufriedenheit mit der gesamten Bundesregierung. Während die Freiheitlichen einen starken Wählerschwund zu beklagen hatten, stieg die ÖVP in der Gunst der Wähler. Gernot Rumpold, der zuvor den erfolgreichen Landtagswahlkampf mit Haider geleitet hatte, schrieb in einer persönlichen Notiz dazu: „Die regierungserfahrene ÖVP konnte je nach Laune unsere Schwächen offen legen, die Vorschußlorbeeren waren bald verwelkt und der Kredit bei der Wählergunst in kürzester Zeit dahin" (Rumpold, o. J., S. 4). Die Überlegung, die den ÖVP-Strategen rund um Wolfgang Schüssel zugeschrieben wird, dass eine geschwächte FPÖ bei einer zeitgleich starken ÖVP zu einer möglichen Neuauflage der Koalition

– unter eindeutiger schwarzer Dominanz – führen könnte, nahm hier ihren Anfang (FPÖ Kärnten, 2002).

Jörg Haider, der es ablehnte, sich nur des politischen Überlebens willen dem Opportunismus unterzuordnen, strebte nach einer glaubwürdigen freiheitlichen Politik in der Bundesregierung. Immer wieder wurde Haider nach der ÖVP-FPÖ-Regierungsbildung unterstellt, als „Schattenvorsitzender" die FPÖ lenken zu wollen (Baur, 2002). Tatsächlich waren es aber auch Vertreter anderer Couleurs, die versuchten, Haiders Anstrengungen für notwendige Veränderungen und seine nachdrücklichen Bemühungen, die Bundesregierung zu entsprechenden Handlungen zu bewegen, für sich zu nutzen. So liest sich in einem Gemeinderatsantrag der SPÖ-Villach aus dem Jahr 2002: „Der Gemeinderat der Stadt Villach fordert Landeshauptmann Dr. Jörg Haider auf, seinen Einfluss auf die Bundesregierung geltend zu machen, dem Kaputtsparen der Polizei ein Ende zu setzen" (Magistratsdirektion Stadt Villach, 2002, S. 1010). Der Antrag erhielt zwar nicht die notwendige Mehrheit im Gemeinderat, zeugt aber davon, dass die viel kritisierten Beziehungen, die Haider zur Bundesebene kontinuierlich pflegte, auch von anderen Parteien genutzt werden wollten. Dass Jahre später ÖVP-Innenministerin Johanna Mikl-Leitner unzählige Polizeidienststellen schloss, obwohl die SPÖ zu dieser Zeit mit Werner Faymann den Kanzler stellte, ist wohl als historische Farce zu betrachten.

Laut Gerald Grosz waren die medial kolportierten „Querschüsse aus Kärnten" vor allem Haiders sozialem Engagement geschuldet: „Also alles, was er in Kärnten nicht im eigenen Bereich erledigen konnte, [dafür] erwartete er sich [eine] prompte Erledigung von uns. […] Und da sind wir am Tag bombardiert worden. […] Und da hat es so eine Allianz gegeben, Haupt-Haider, das war die Sozialallianz" (Grosz, 2024). Im Vorfeld zu den Geschehnissen von Knittelfeld wurde Jörg Haider immer wieder unterstellt, er habe von Kärnten aus in die Bundesregierung „hineinregieren" wollen. Tatsache ist jedoch, dass er Veränderungen anstrebte und die freiheitliche Handschrift in der ÖVP-FPÖ-Bundesregierung immer mehr vermisste. Er wollte eine Politik für den „kleinen Mann" und tiefgehende Reformschritte im Bereich des Privilegienabbaus. Mit Sozialminister Herbert Haupt hatte er einen Verbündeten an seiner Seite, der sich ebenfalls um mehr soziale Gerechtigkeit bemühte. Grosz erinnerte sich daran wie folgt: „Herbert Haupt hat gesagt: ‚Jeder, der in meinem Haus Probleme hat, weiß, ich bin um 6:30 Uhr im Büro, um 07:30 Uhr fangen meine üblichen Termine an. In dieser Stunde darf jeder Beamte kommen. [...] Wir waren wirklich die Abteilung Caritas in der Regierung. Das hat dem Jörg immer imponiert, weil der hat immer auf die anderen geschaut und gesagt: ‚Ich bin ja nicht 20 Jahre lang gerannt, dass irgendwelche Leute Länge mal Breite kassieren und nichts für die Leute tun.' Das war in Wahrheit der Kern des Problems zwischen dem Jörg und der Regierung, die dann gescheitert ist mit Knittelfeld" (ebd.).

Was Gerald Grosz hier beschrieb, war tatsächlich der Anfang vom Ende einer gelingenden freiheitlichen Regierungsbeteiligung. Die ÖVP gab die Regierungslinie vor, freiheitliche Kernthemen wurden kaum aufgegriffen, während der Kärntner Landeshauptmann sich weiterhin darum bemühte, diese anzusprechen und die Bürger auf unterschiedlichen Ebenen zu entlasten. Kurt Scheuch, der 2002 für die FPÖ im Nationalrat saß, versuchte, die Abkehr der freiheitlichen Regierungsspitze von den eigenen Werten und der Parteibasis mit der Unerfahrenheit mit Regierungsarbeit zu erklären: „[Als] Oppositionspartei bist du das Regieren noch nicht so gewöhnt. Das muss man auch sagen. Das ist auch fair gegenüber der Susi [Riess-Passer] oder anderen Leuten. Aber es ist sozusagen zu einer sehr schnellen Entfremdung der Regierungsleute gekommen mit denen, die sie eigentlich an die Spitze gehoben haben. Und dann war das Absurde, dass die Reaktion dieser Spitzenleute nicht die gewesen ist, zu sagen: ‚Ich gehe zurück zu meinen Leuten und versuche dort, gemeinsam das Regieren auch zu lernen'" (Scheuch, 2024).

Peter Westenthaler, damals Klubobmann des freiheitlichen Parlamentsklubs, sah den Missmut über die FPÖ-Regierungsarbeit insbesondere in den Ergebnissen der Landtagswahl 2000 in der Steiermark, der Landtags- und Gemeinderatswahl 2001 in Wien oder der Gemeinderatswahlen im Burgenland 2002: „Es kamen dann ein paar Wahlen, wo wir natürlich verloren haben im Vergleich zu früher. Und das war dann der Stoff, aus dem auch innerhalb der Bewegung Unmut erzeugt worden ist. Weil du hast Mandate verloren, Einfluss verloren, die Länder sind unrund gewesen, und diejenigen, die das alles organisiert haben, haben das genutzt. ‚Schau, du verlierst die Wahl, nur weil die in der Regierung sind.' Und so entstand dieser ganze Missmut gegenüber der Regierungsmannschaft, der halt im Jahr 2002 in der berühmten Versammlung von Knittelfeld gemündet hat" (Westenthaler, 2024).

Die Tage davor

Was also vor dem berüchtigten „Knittelfelder Putsch" geschehen war, war, dass Wahlen verloren gingen und sich die Parteibasis in den Entscheidungen, die von den freiheitlichen Regierungsvertretern mitgetragen wurden, nicht wiederfand. Für Haider selbst war es unverständlich, dass freiheitliche Kernthemen, für die er und viele andere Mitstreiter sich jahrelang abgekämpft hatten, kaum mehr Berücksichtigung fanden. Dass die Steuerreform, die den FPÖ-Wählern versprochen worden war, verschoben wurde, war ein Schlag ins Gesicht der freiheitlichen Wählerschaft. Der damalige Kärntner Landesparteiobmann Martin Strutz schilderte dazu in einem parteiinternen Informationsblatt, dass die Entscheidung, die Steuerreform aufzuschieben – entgegen eines gültigen Parteitagsbeschlusses vom Juni 2002 –, alles andere als demokratisch verlaufen sei: „Im Vorstand am 14.8.2002 soll die Aufhebung des Parteitagsbeschlusses zur Durchführung der Steuerreform aufgrund der Hochwasserhilfe durchgebracht werden. Vom Abfangjägerkauf will die Parteispitze aber zugleich nicht abrücken. Noch bevor im Vorstand über die Verschiebung abgestimmt wird, ist die Meldung über den Verzicht auf die Reform 2003 in den Abendzeitungen zu lesen" (FPÖ Kärnten, 2002, S. 3 f.).

Laut Strutz sähen die FPÖ-Statuten ein Außerkraftsetzen eines Parteitagsbeschlusses durch den Parteivorstand nicht vor, das korrekterweise zuständige Gremium für eine solche Angelegenheit sei ausschließlich der Parteitag. „Eine solche grundlegende Änderung der Richtung braucht die Bestätigung durch einen Parteitag." So liest es sich auch in den (noch immer) geltenden Satzungen der FPÖ: „§ 11 Aufgaben des Bundesparteitages. Dem Bundesparteitag obliegt insbesondere (2a) die Beschlussfassung über Anträge der Delegierten, des Bundesparteivorstandes und der Bundesparteileitung (b) die Beschlussfassung programmatischer Grundsätze [...]" (Freiheitliche Partei Österreichs, S. 7). Dass sich die Parteimitglieder vielerorts von der Vorgehensweise der Bundesvertreter übergangen fühlten, ist daher durchaus nachvollziehbar. Anstatt den Milliardenkauf der Abfangjäger zu verschieben, sah sich die FPÖ-Spitze in der Bundesregierung jedoch dazu aufgefordert, die versprochene Steuerreform zeitlich auszusetzen. Die Erklärung von Vizekanzlerin Susanne Riess-Passer, dass die Steuerreform 2003 die Hochwasserhilfe, die 2002 nach den verheerenden Unwettern rasch und unbürokratisch zugesagt wurde, erschweren würde, wurde nicht nur von Haider kritisiert. Journalist Herbert Geyer etwa schrieb im „Wirtschaftsblatt": „Für das Budget 2003 sollte das Hochwasser keine Auswirkungen mehr haben. Da werden nur noch Steuerausfälle schlagend [...]. Die Hochwasserhilfe steht also der Steuerreform 2003 nicht im Wege" (Geyer, 2002).

Für Riess-Passer war indes klar, dass sich durch die Hochwasserereignisse die Bedingungen für eine Steuerreform maßgeblich geändert hatten. Sie sah daher auch keine Notwendigkeit der Abhaltung eines Sonderparteitages bzw. für einen – wie von der oberösterreichischen FPÖ-Landespartei gefordert – außerordentlichen Parteivorstand. Riess-Passers Absage an eine Diskussion auf einem Parteitag zur Verschiebung der Steuerreform und ihre im Nachrichtenmagazin „profil" getätigte Aussage über einen möglichen Rücktritt als Vizekanzlerin und Parteichefin erweckten auch für die Kärntner FPÖ den Anschein mangelnder Kompromissbereitschaft seitens der Führungsriege in Wien (profil, 2002). Martin Strutz versuchte, die Querelen intern zu lösen, scheiterte mit seinem Vorhaben jedoch ebenso wie die oberösterreichische Landesgruppe, sodass in der Folge die inhaltliche Diskussion medial zu einer personellen Entweder-oder-Debatte zugespitzt wurde. Das „profil" berichtete von einem „internen Machtkampf" zwischen Haider und Riess-Passer (Spiegel, 2002). Riess-Passer wurde indes gern damit zitiert, dass nun eine „Schmerzgrenze überschritten" (Rahir, 2002) sei, und die Medien zelebrierten die Unstimmigkeiten innerhalb der FPÖ in ihrer tagtäglichen Berichterstattung.

Dass die Versuche, hinter den Kulissen eine Lösung zu finden, scheiterten und sich auch der Kärntner FPÖ-Obmann bei seinen Bemühungen um ein Gespräch mit der Parteiobfrau eine Abfuhr einhandelte, während Haider breitwillig Interviews gab, führte zu einer immer verfahreneren Situation. Haider rügte die FP-Minister in einem Interview mit der „Kleinen Zeitung" ob ihrer fehlenden Bereitschaft zum Privilegienabbau und forderte einmal mehr die Steuerreform ein: „Wir brauchen die Steuerreform wie einen Bissen Brot. [...] Ich bin meinen Wählern im Wort" (Der Standard, 2002b). Dass es nicht leicht war, innerhalb einer Gemeinschaft, in der man einander auch persönlich gut kannte, sich gegenseitig in die Pflicht zu nehmen und harte Kritik zu üben, wurde vom Kärntner Nationalratsabgeordneten und späteren Obmann der Kärntner FPÖ Kurt Scheuch bestätigt: „Die Susi war meine Freundin. Wir arbeiteten auch gut in einem engen Team auf Bundesebene. Wir waren echte Freunde. Dann der Bruch, als ich draußen saß im alten Parlament und der Frau Riess, meiner Freundin

Name:

Landesgruppe:

ANTRAG

Nach dem tragischen Hochwasser-Schadensereignis vom August dieses Jahres hat die österreichische Bundesregierung ihre politischen Prioritäten neu gereiht. Die von der Bundesregierung beabsichtigte Verschiebung der bereits fixierten Steuerreform entspricht nicht der Beschlusslage des letzten FPÖ-Bundesparteitages.

Der/die unterzeichnete Delegierte zum FPÖ-Bundesparteitag stellt daher unter Hinweis auf § 10 Abs. 5 des Bundesorganisationsstatuts (Satzungen der Freiheitlichen Partei Österreichs – FPÖ) das Verlangen,

einen außerordentlichen Bundesparteitag der FPÖ

- unter Wahrung der satzungsmäßigen Fristen - zu den nachfolgend genannten Verhandlungsgegenständen unter dem Parteitagsmotto „Steuerreform vor Abfangjäger" einzuberufen:

- *Bekräftigung des Beschlusses des letzten ordentlichen Bundesparteitages vom 9. Juni 2002 über eine erste Etappe der Steuerreform bereits im Jahre 2003 (gemäß Leitantrag des Bundesparteivorstandes beschlossen);*
- *Neubeurteilung der Abfangjäger-Anschaffung unter dem Aspekt des Vorranges einer gerechten Steuerreform;*
- *Schaffung eines österreichischen Hilfsfonds aus den Mitteln der Reserven der Österreichischen Nationalbank für die Hochwasseropfer.*

Datum: ………………… ……………………………………………………………

Unterschrift

▶ Antrag auf Abhaltung eines außerordentlichen Bundesparteitages der FPÖ.

Susi, erklären musste, dass es jetzt anders ist. Dass es [so] nicht geht" (Scheuch, 2024). Scheuch, der später als „Reißwolf von Knittelfeld" österreichweit Berühmtheit erlangte, stand wie viele Parteimitglieder nicht nur der Absage an die Steuerreform, sondern vor allem dem Abfangjägerkauf kritisch gegenüber. Dass sich die Parteispitze in Wien dem Unmut der Parteibasis nicht stellen wollte und – so legen es Aussagen des Kärntner Landesparteiobmannes Martin Strutz nahe – Gesprächsangebote von der Parteiobfrau ausgeschlagen wurden, führte schlussendlich dazu, dass in den Bundesländern Unterschriften für die Abhaltung eines Sonderparteitages gesammelt wurden, um nach demokratischem Prinzip eine Entscheidung über die Änderung der Parteilinie herbeizuführen. Insgesamt 380 Delegierte (von 751) gaben ihre Unterschrift zur Abhaltung eines außerordentlichen Parteitages, der gegen den Willen der FPÖ-Regierungsmannschaft durchgeführt worden wäre (FPÖ Kärnten, 2002).

Um die Wogen zu glätten, lud Jörg Haider kurzfristig zu einer Versammlung in Knittelfeld ein, um Regierungsvertreter und Delegierte zu einem gemeinsamen Kompromiss zu bewegen. Dem vorausgegangen waren Rücktrittsdrohungen der Parteiführung, sollte der Sonderparteitag tatsächlich stattfinden. Knittelfeld war demnach kein Putsch oder eine Krawallveranstaltung, sondern, wie es Kurt Scheuch ausdrückte, „das Bedürfnis vieler Funktionäre und auch Mandatare, der damaligen Führungsebene, nämlich der Riess, dem Grasser und dem Herrn Westenthaler und dem Herrn Reichhold [...] zu sagen, dass ihr Kurs, den sie eingeschlagen haben, falsch war. Und das war letztendlich dieses High Noon, das Ende dieser Geschichte. Weil, die haben ja nicht sozusagen sich zusammengerottet in Knittelfeld, [sondern] denen das mitgeteilt in einer – wie ich und viele andere, die dabei gewesen sind, es ja empfunden haben – in einer ganz offenen und fairen Sitzung. Da war überhaupt keine Schreierei, kein Tohuwabohu, da war überhaupt nichts Wildes, wie es dann später dargestellt worden ist, sondern das ist ja vorher erfolgt. Das heißt, viele von uns haben ja sozusagen denen schon in persönlichen Gesprächen [...] erzählt, dass die Basis Dinge nicht haben will, die sie tun" (Scheuch, 2024). Und auch Claudia Haider erinnerte sich: „Knittelfeld war eine basisdemokratische Versammlung – ein Austausch der Basis mit den Regierungsmitgliedern. Dass es so ausgegangen ist, war Ausfluss der angespannten Stimmung" (Haider C., 2024).

An der Versammlung in Knittelfeld nahm Vizekanzlerin Riess-Passer nicht teil, sie tourte durch das Burgenland und schickte den Bundesminister für Landesverteidigung Herbert Scheibner als ihren Vertreter zum Delegiertentreffen.

▸ **Einladung zur Knittelfelder Versammlung.**

Bild: © Freiheitliche Partei Österreichs

„High Noon" in Knittelfeld

Fakt ist, dass es eine Resolution gab, die den Delegierten in Knittelfeld präsentiert wurde und die diese hätten unterzeichnen sollen, um weitere öffentliche Streitigkeiten zu verhindern. Wer dieses Papier im Detail ausgehandelt hatte, darüber scheiden sich nach wie vor die Geister. Dass Jörg Haider und Susanne Riess-Passer daran beteiligt waren, ist äußerst wahrscheinlich und wird auch von diversen Medienberichten bestätigt. So berichteten unter anderem der ORF und die deutsche „Welt" davon, dass sich Haider und Riess-Passer vor der Knittelfelder Versammlung auf die Eckpunkte der Resolution geeinigt hätten (Welt, 2002). Kurt Scheuch erinnerte sich daran, dass das Schriftstück vom späteren Rechnungshofpräsidenten Dr. Josef Moser, seines Zeichens Jurist, verfasst worden sei. In den Gesprächsrunden zuvor seien auch Peter Westenthaler, Susanne Riess-Passer, Karl-Heinz Grasser und Jörg Haider mit dabei gewesen. Dass Riess-Passer keine Veranlassung sah, ihre geplante Burgenlandreise abzusagen, nachdem es diese gemeinsam verhandelte Resolution gab, ist Indiz dafür, dass es wirklich das Bestreben aller Beteiligten war, in Knittelfeld zu einer geordneten Lösung zu kommen. Haider selbst hielt – Berichten des ORF zufolge – noch während der Versammlung am Kompromisspapier „auch gegen den lautstarken Widerstand der Masse" (ORF, 2012) fest. Ob Haider das fertige Schriftstück, das in Knittelfeld von den Delegierten hätte unterzeichnet werden sollen, in seiner Endversion kannte, ist nur mehr schwer nachvollziehbar. Westenthaler sagte dazu, dass sich Riess-Passer und Haider auf „fünf oder sieben Punkte geeinigt" (Westenthaler, 2024) hätten; sieht man die Resolution, die schlussendlich am 7. September vorgelegt wurde, erkennt man schnell, dass diese wesentlich mehr Punkte beinhaltete.

Unabhängig davon, wer nun zu welchem Zeitpunkt und wie intensiv an der Ausgestaltung des „Kompromisspapiers" beteiligt war, hatte der Inhalt dieses Schriftstückes eine solche Sprengkraft, dass die Knittelfelder Versammlung zum endgültigen Bruch innerhalb der FPÖ führte. So enthielt die Resolution beispielsweise Punkte, die die Parteifunktionäre mundtot machen sollten, um ein „geschlossenes Erscheinungsbild nach außen sichern zu können" (o. N., 2002a, S. 1). Das von der Basis geforderte Nein zum Ankauf der Abfangjäger vor der versprochenen Steuerreform fand sich im Papier ebenso wenig wie die Möglichkeit, mit dem Koalitionspartner ein Veto gegen die Aufnahme Tschechiens in die EU zu verhandeln, falls das Kernkraftwerk Temelin[9] nicht stillgelegt und die Beneš-Dekrete[10] aufgehoben würden. Die schmerzhaften Punkte, die über Wochen hinweg zu Unruhen geführt hatten, waren ausgeklammert worden und – was für viele schlimmer wog – den einzelnen Parteimitgliedern hätte eine „Maulsperre" verpasst werden sollen. Diese Resolution wurde den Delegierten vorab nicht übermittelt und war zu Beginn der Knittelfelder Versammlung auch noch nicht ausgeteilt worden. Sie lag – Kurt Scheuch zufolge – in einem „grauen Zettelhaufen", den einer der Sekretäre aus den Regierungsbüros bereithielt. Bis zu diesem Zeitpunkt kannten die Delegierten den Inhalt der Resolution nicht. Scheuch, der vom Sekretär mit den Worten: „Da schau her, das werdet

9 Das tschechische Kraftwerk Temelin liegt ca. 60 Kilometer von der österreichischen Grenze entfernt und steht aufgrund regelmäßiger Störfälle nach wie vor in der Kritik (Kleine Zeitung, 2024).

10 Die vom damaligen tschechischen Präsidenten Edvard Beneš unterzeichneten Dekrete führten zur gewaltsamen Vertreibung und Enteignung Sudetendeutscher auf tschechischem Gebiet nach dem Ende des Zweiten Weltkrieges (Demokratiezentrum Wien, 2024).

Bild: © MP

▸ Impressionen von der Delegierten-
versammlung in Knittelfeld.

Bild: © MP

ihr heute unterschreiben", wohl unabsichtlich dazu aufgefordert wurde, sich das Schriftstück vorab anzusehen, war somit einer der Ersten, der dieses zu Gesicht bekam. Als einen „höchst ungeschickt formulierten Knebelvertrag für die ganze Partei" bezeichnete er in der Folge das Kompromisspapier und tat seinen Unmut kund. Nicht nur der Inhalt war für Scheuch inakzeptabel, sondern auch die Vorgehensweise, dass man „im Vorfeld schon ein fix und fertiges Papier erstellt, was das Ergebnis dieser Diskussion vorwegnimmt. Das war der Wahnsinn dabei. Das war für mich eine undenkbare Geschichte. Dass sozusagen alle Spitzenfunktionäre dieser Partei und ein paar Hundert Leute dort [eingeladen werden] und ihnen ein [vorgefertigtes] Papier, das sie am Ende unterschreiben sollen, [vorgelegt] wird. [...] Und dann habe ich mir gesagt, das ist mir jetzt alles [egal], das lass ich mir ganz sicher nicht gefallen. Ich bin dann hinausgegangen auf die Bühne und habe gesagt: ‚Das ist für mich eine unfassbare Beleidigung dieser Sitzung und das ist etwas, das überhaupt nicht in meinem Kopf und in dieser Partei Platz haben soll, dass sozusagen jetzt von oben herunter schon die Ergebnisse der heutigen Sitzung vorweggenommen werden. Und für mich ist dieser Vertrag null und nichtig und eine Frechheit.' Und habe dann den Vertrag auch dort zerrissen. Den aber noch keiner unterschrieben hat. [...] Und dort ist natürlich dann aufgrund meiner Wortmeldung die Geschichte emotional in die Höhe gegangen, weil ein Großteil der Leute, die dort gesessen sind, ja gar nicht gewusst haben, dass es den Vertrag gibt. Und ich hätte es ja auch nicht gewusst, hätte der Mitarbeiter nicht den überheblichen Fehler gemacht, mir den vorher zu zeigen" (Scheuch, 2024).

Der „Reißwolf von Knittelfeld" war in dem Moment geboren, als Kurt Scheuch das Kompromisspapier vor aller Augen zerriss. Dass Jörg Haider von dieser Aktion nichts wusste, wurde in der Berichterstattung danach ignoriert und von einer Inszenierung Haiders gesprochen. Tatsächlich verlief der Abend in der Folge weitaus unaufgeregter, nachdem Scheuch forderte, dass direkt vor Ort eine Vereinbarung ausgehandelt werden sollte. Gemeinsam mit Haider und Finanzminister Grasser formulierte Scheuch einen neuen Vorschlag, auf Basis dessen der Antrag für den Sonderparteitag hätte zurückgenommen werden sollen. „Zum Schluss haben wir einen [...] mit dem Jörg verhandelten Vertrag gehabt, den der Jörg und der Herr Scheibner und der Grasser als Vertreter der Regierungsleute unterzeichnet haben. Das weiß kein Mensch. Das heißt, es hat schon einen Vertrag von Knittelfeld dann auch gegeben, den der Herr Grasser unterschrieben hat" (Scheuch, 2024). In dieser Vereinbarung, die als „Vorschlag Landeshauptmann Jörg Haider" bezeichnet wurde, wurde unter anderem die Bedingung des sofortigen Einsetzens einer Steuerreformkommission festgehalten. Ebenfalls vereinbart wurde, dass die Abfangjäger erst nach der Steuerreform gekauft werden sollten und etwaige Gegengeschäfte öffentlich gemacht werden müssen. Zudem wurde eine Zustimmung der FPÖ zur EU-Osterweiterung an mehrere Bedingungen geknüpft. Und Jörg Haider sollte wieder in die Bundesgremien der FPÖ zurückkehren, ein Punkt, der in dieser Deutlichkeit im ursprünglichen Kompromisspapier nicht berücksichtigt worden war (o. N., 2002b, S. 1). Dabei war ja genau das etwas, das viele Funktionäre forderten. Der damalige FPÖ-Landtagsabgeordnete in Wien Heinz-Christian Strache, dem später gelang, was Haider Zeit seines Lebens verwehrt blieb, Teil einer österreichischen Bundesregierung zu sein, bestätigte: „Ich habe damals als Wiener Spitzenfunktionär diesen Sonderparteitag massiv unterstützt, wo ja damals die Zusage war, dass er die Partei wieder übernimmt, was ja leider nicht passiert ist. Weil, wir sind alle gelaufen, damit er wieder in die Verantwortungsposition zurückkommt als Parteichef" (Strache, 2024).

Der erarbeitete Vorschlag wurde mit großer Mehrheit angenommen. Während die Unterstützer die gelungene Vereinbarung feierten, fühlten sich die Vertreter des freiheitlichen Regierungslagers wohl in die Enge gedrängt. Klubobmann Peter Westenthaler, der damals zur gleichen Zeit im Fußballstadion in Wien saß, sah durch die Knittelfelder Vereinbarung das Koalitionsabkommen mit der ÖVP scheinbar gefährdet: „Die Knittelfelder, also die Runde dort wollte, dass wir raus aus der Regierung in die Opposition gehen, und wir wollten natürlich in der Regierung bleiben, weil wir gesagt haben, das ist nicht ein Projekt für zwei Jahre, sondern für 20 Jahre. Ich behaupte ja immer, hätte es Knittelfeld nicht gegeben, wären wir heute noch in der Regierung" (Westenthaler, 2024). Knittelfeld war eine große „Fehleinschätzung" Haiders, so Westenthaler, der sagte, dass Haider Knittelfeld nicht inszeniert bzw. organisiert, es aber „zugelassen" habe. Alles wäre anders gekommen, wenn Haider sich dafür eingesetzt hätte, dass „wir in der Regierung bleiben [müssen]" (ebd.). So war die Enttäuschung groß darüber, dass viele Parteimitglieder nicht davon überzeugt werden konnten, dass die FPÖ-Regierungsmannschaft auf ein längerfristiges Ziel hinarbeitete, ohne der Partei zu schaden (Der Standard, 2003). Während für Karl-Heinz Grasser Knittelfeld den endgültigen Bruch mit der FPÖ bedeutete,

RESOLUTION

der Teilnehmer der Veranstaltung in Knittelfeld am 7. September 2002

Die Unterzeichner anerkennen, daß es seit Beginn der Regierungstätigkeit am 4. Feber 2000 der Freiheitlichen Regierungsmannschaft unter der Leitung der Vizekanzlerin Dr. Susanne Riess-Passer und unter maßgeblicher Unterstützung des freiheitlichen Landeshauptmannes Dr. Jörg Haider sowie des freiheitlichen Parlamentsklubs, der freiheitlichen Funktionäre und der Mitarbeiter bereits gelungen ist, jahrelang geforderte wesentliche freiheitliche Vorhaben umzusetzen, wie z.B. stabilitätsorientierte Finanzpolitik, Einführung des Kinderbetreuungsgeldes, Ermöglichung der Abfertigung für alle, Verwaltungsreform, Gleichstellung von Arbeitern und Angestellten, Behindertenmilliarde, Einführung der Familienhospizkarenz, Schaffung des Integrationsvertrages, Abbau von Gewerkschaftsprivilegien im öffentlichen Bereich und vieles andere mehr.

Die Unterzeichner erachten eine freiheitliche Regierungsbeteiligung für die Zukunft unseres Landes und seiner Menschen für erforderlich, um aus Österreich einen sozialgerechten, schlanken, modernen, zukunftsorientierten und wirtschaftlich leistungsfähigen Staat zu formen. Ziel dieser Politik muß Gerechtigkeit für die Menschen dieses Landes sein. Daher sind alle Anstrengungen zu unternehmen, den Menschen als solchen zum tatsächlich Begünstigten des österreichischen Sozialsystems zu machen und an der Umgestaltung des bisherigen ungerechten und ineffizienten sozialistischen Systems, bei dem die Institutionen und nicht die Menschen im Mittelpunkt gestanden sind, weiter zu arbeiten.

Den Unterzeichnern ist bewußt, daß die erfolgreiche Arbeit der freiheitlichen Funktionäre und insbesondere jene der Regierungsmitglieder durch die in der Öffentlichkeit ausgetragenen Meinungsverschiedenheiten verschiedener freiheitlicher Funktionäre maßgeblich gefährdet wurde.

Die Unterzeichner erachten eine reibungslose Zusammenarbeit der freiheitlichen Regierungsmitglieder, Landeshauptmann Dr. Jörg Haider, aller neun Landesorganisationen sowie des freiheitlichen Parlamentsklubs und aller freiheitlichen Mandatare und Funktionäre in Zukunft für unabdingbar, denn nur dadurch kann eine freiheitliche Reformpolitik auf allen Ebenen gewährleistet werden.

Die Unterzeichner vertreten die Auffassung, daß alle offenen Fragen in Zukunft ausschließlich in den dafür vorgesehenen Gremien offen und ohne Einschränkung diskutiert und abgestimmt werden müssen, um dadurch der Partei ein geschlossenes Erscheinungsbild nach außen sichern zu können.

▸ **Das ursprüngliche, von den Delegierten abgelehnte „Kompromisspapier" sowie die vor Ort verfasste „Knittelfelder Vereinbarung".**

Die Unterzeichner sind sich bewußt, daß ein erfolgreiches Agieren voraussetzt, daß die Reformpolitik auch von den Funktionären auf allen Ebenen mitbestimmt, mitgetragen und nach außen vertreten werden muss. Dies erfordert auch, daß von allen Funktionären keinerlei Maßnahmen getroffen werden, durch die die Arbeit der Gesamtpartei als solches behindert oder gefährdet wird.

Die Unterzeichner bekennen sich nachdrücklich zum Inhalt des Regierungsprogrammes und erklären sich bereit an der Umsetzung der noch offenen Punkte mitzuwirken.

Die Unterzeichner unterstützen die Umsetzung der im Regierungsprogramm noch enthaltenen offenen Punkte wie insbesondere das Demokratiepaket, Reform und Zusammenlegung von Sozialversicherungen, eigenständige Pensionsvorsorge für Frauen, gleicher Zugang zu allen medizinischen Versorgungsleistungen für alle, Sicherung der Qualität im Gesundheitswesen, Kosteneinsparungen in den Krankenversicherungen, Maßnahmen zur Bekämpfung der Jugendarbeitslosigkeit, Vereinheitlichung der Qualitätsstandards in der Sozialhilfe, Bemühungen zur nachhaltigen Sicherung der Pensionen und zur Altersvorsorge, wobei die bestehenden Pensionsansprüche verfassungsrechtlich abzusichern sind, Pensionsanpassungen sich am Ziel der Wertsicherung zu orientieren haben und Einmalzahlungen sowie Fix- und Sockelbeträge an sozial Schwächere vorzusehen sind, sowie Harmonisierung der Pensionssysteme.

Die Unterzeichner unterstützen weiters eine Verschärfung des Asylgesetzes, eine Verkürzung der Asylverfahren, die Schaffung von europäischen Grundlagen zur Vermeidung des Asylmißbrauchs, eine klare Bejahung der Genfer Flüchtlingskonvention in der geltenden Form, die Bestrebungen der EU zur Erlangung der Bereiterklärung von Staaten eigene Staatsbürger zurückzunehmen und verlangen keine unkontrollierte Ausweitung des Familiennachzugs von Zuwanderern.

Die Unterzeichner unterstützen die im Regierungsprogramm festgehaltene EU-Erweiterung, sofern die darin enthaltenen Bedingungen spätestens bis zur Ratifizierung des Beitrittsvertrages erfüllt sind.

Die Unterzeichner fordern die Weiterführung der Reformen des österreichischen Bundesheeres zur Erfüllung der in der Sicherheits- und Verteidigungsdoktrin verankerten Aufgaben zur Aufrechterhaltung der Sicherheit und Souveränität Österreichs ein.

Die Unterzeichner bekennen sich ausdrücklich dazu, daß im Interesse der kommenden Generationen am Ziel der Budgetkonsolidierung festgehalten wird.

Die Unterzeichner nehmen zur Kenntnis, daß durch die Katastrophe vom 11. September 2001 und dem weltweiten Konjunktureinbruch, der insbesondere auch die

USA und die Staaten der Europäischen Union betroffen hat, und in Folge der dadurch bewirkten äußerst negativen Auswirkungen auf das Wirtschaftswachstum, die Kapitalmärkte und den Arbeitsmarkt und zusätzlich durch die jüngste Hochwasserkatastrophe das Budget äußerst belastet wurde.

Die Unterzeichner halten es für unabdingbar im Sinne des Bundesparteitagsbeschlusses vom 09.Juni 2002 am vereinbarten Ziel die Steuer - und Abgabenquote im Rahmen einer umfassenden Steuerreform bis zum Jahr 2010 auf 40 Prozent abzusenken, festzuhalten und alle Anstrengungen dafür zu unternehmen.

Die Unterzeichner halten es auch für notwendig, im Interesse der Stärkung des Wirtschaftsstandortes, der Sicherung der Arbeitsplätze und der Stärkung der Kaufkraft der kleinen und mittleren Einkommensbezieher Entlastungsmaßnahmen zu setzen. Dies ist u.a. dadurch gewährleistet, dass bis zum Jahr 2006 keinerlei budgetwirksame Zahlungen für die Anschaffung von Luftraunüberwachungsflugzeugen anfallen.

Die oben genannten Maßnahmen sollen von einer Arbeitsgruppe, welche von beiden Regierungsfraktionen beschickt wird, innerhalb von vier Monaten hinsichtlich Art und Ausmaß sowie Machbarkeit erarbeitet und hinsichtlich ihrer zeitlichen Umsetzbarkeit zwischen 2003 und 2010 überprüft und präsentiert werden, wobei die freiheitlichen Mitglieder dieser Arbeitsgruppe vom Bundesparteivorstand namhaft gemacht werden sollen.

Die Unterzeichner wollen gemeinsam mit der freiheitlichen Regierungsmannschaft unter der Leitung von Vizekanzlerin Dr. Susanne Riess-Passer, dem freiheitlichen Landeshauptmann Dr. Jörg Haider, dem freiheitlichen Parlamentsklub und allen freiheitlichen Funktionären, im Interesse des Erfolges der freiheitlichen Gesinnungsgemeinschaft, die Probleme bewältigen und die Reformen umsetzen und ziehen mit der nachstehenden Unterschrift ihr Begehren zur Einberufung eines außerordentlichen Bundesparteitages zurück.

Knittelfeld, am 7. September 2002

DELEGIERTENBESPRECHUNG KNITTELFELD – 7. September 2002

Vorschlag Landeshauptmann Jörg Haider:

Unter nachstehenden Bedingungen sind die Antragsteller für den a.o. Bundesparteitag bereit, ihre Unterschriften zurückzuziehen:

1. Sofortige Einsetzung einer <u>Steuerreformkommission</u>, die auf der Grundlage der Beschlüsse der FPÖ eine Steuersenkung zum frühestmöglichen Zeitpunkt erarbeitet und Reformmaßnahmen wie Zeitplan auf einem ao. Bundesparteitag beschließt. Die Ergebnisse der Kommission sind spätestens nach 4 Monaten dem Bundesparteitag vorzulegen. Die Mitglieder der Kommission werden von den Ländern nominiert

   Im Falle von ersten Steuersenkungsmaßnahmen im Jahre 2003 ist im Wege eines Nachtragsbudgets Vorsorge zu treffen. Ziel: 1.7.2003 – erster Schritt.

2. Die <u>EU-Osterweiterung</u> findet erst dann die Zustimmung der FPÖ, wenn

- die Nettozahlerverpflichtung Österreichs nicht auf 1,27 % des BIP angehoben wird;
- keine generelle Kürzung der Direktzahlungen für die Landwirtschaft nach der Agenda 2000 um 20 %;
- Grenzlandförderung für Klein- und Mittelbetriebe und die Landwirtschaft geschaffen wird wie im Regierungsprogramm;
- die Entscheidung über Temelin und Benesch-Dekrete erst mit der Ratifizierung im Parlament getroffen wird.

   Über die EU-Osterweiterung findet ein Bundesparteitag statt.

3. Bundesminister Scheibner erklärt verbindlich, dass keine Zahlungen für <u>Abfangjäger</u> vor einer Steuerreform erfolgen und zusätzlich wird er vor der Unterschriftsleistung verlangen, dass ein erster Teil der Gegengeschäfte vorgelegt und veröffentlicht wird.

4. <u>LH</u> Jörg Haider kehrt in die <u>Bundesgremien</u> der FP zurück – zur Vertretung der Interessen der Antrag stellenden Delegierten.

5. Die <u>Delegierten unterstützen</u> unsere Mitglieder in der <u>Bundesregierung</u>, insbesondere die Frau Vizekanzlerin, in ihrem Bemühen zur Umsetzung des freiheitlichen Regierungsprogramms.

<u>Zustimmung: GROSSE MEHRHEIT</u>

hatte Kurt Scheuch die anschließenden Stunden nach dem Treffen positiv in Erinnerung: „Und nach Knittelfeld sind dort die Menschen heimgefahren – ich mit meinem Bruder insbesondere – und habe gesagt: ‚Das war jetzt eine schwere Geburt, aber das Baby ist auf der Welt, und wir werden aufgrund dieser Sitzung die Zukunft gut meistern können'" (Scheuch, 2024).

Diese Einschätzung Scheuchs hielt nur wenige Stunden, denn bereits tags darauf verkündeten Westenthaler, Riess-Passer und Grasser ihren Rücktritt. Die Forderungen der Delegierten, die in Knittelfeld verabschiedet worden waren, waren für die FPÖ-Regierungsmannschaft mit der vereinbarten Regierungslinie mit dem schwarzen Koalitionspartner wohl nur schwer auf einen Nenner zu bringen. In einer Pressekonferenz erklärte Riess-Passer, dass man versucht habe, den Riss innerhalb der Freiheitlichen Partei zu kitten und die notwendige „Einigkeit und Geschlossenheit der Partei wiederherzustellen" (Glass u. Trinker, 2002). Dies sei jedoch nicht gelungen, weshalb sie sich entschlossen hätten, ihre Funktionen in der Bundesregierung wie auch in der FPÖ zurückzulegen.

Darüber, wann die freiheitliche Bundesspitze den Entschluss traf, von ihren Ämtern zurückzutreten, kann nur gemutmaßt werden. Herbert Haupt, der in der Folge den Posten des Parteichefs übernahm, sagte in einem Interview, dass es ein Fehler gewesen sei, Grasser nach Knittelfeld zu schicken, da sich dieser „offenbar schon entschieden [hatte], zur ÖVP zu wechseln" (Der Standard, 2003). Ob der ehemalige Finanzminister schlussendlich eingeknickt war oder bereits vorab seinen Abschied von der Freiheitlichen Partei geplant hatte, sei dahingestellt. Für Kurt Scheuch, der nach den Geschehnissen in Knittelfeld davon ausgegangen war, dass es gelungen sei, die Partei wieder zusammenzuführen, hatte Grasser die dort getroffene Vereinbarung eindeutig gebrochen. „Wir dachten, das wird jetzt läuternd sein. Und das Ergebnis ist dann aber so gewesen, dass am nächsten Tag die ganze FP-Regierungsmannschaft hingestanden ist und gesagt hat, Knittelfeld war irgendeine Rabaukenparty und sie treten jetzt alle zurück" (Scheuch, 2024). Herbert Haupt zufolge war sogar Haider selbst nicht darauf vorbereitet, was nach Knittelfeld geschah: „Als sie zu dritt hingeschmissen haben bei Knittelfeld, war er blank überrascht, was er da auf einmal für einen Scherbenhaufen gehabt hat" (Haupt, 2024).

Dem Rücktritt Westenthalers, Riess-Passers und Grassers folgte auch der Rücktritt von Infrastrukturminister Matthias Reichhold. Kurz darauf kündigte ÖVP-Bundeskanzler Wolfgang Schüssel die Koalition mit der FPÖ mit den

Worten, dass sich die Bevölkerung „von der Politik Lösungen und nicht Machtkämpfe oder Machtkrämpfe" erwarte (Der Standard, 2002c). Die Nationalratswahl wurde schließlich auf den 24. November 2002 festgesetzt, bei der die ÖVP weiterhin auf Bundeskanzler Wolfgang Schüssel setzte, die SPÖ Alfred Gusenbauer ins Rennen schickte und die FPÖ Herbert Haupt als Spitzenkandidaten nominierte. Schüssel ging als klarer Wahlsieger hervor und erhielt in der Folge von Klestil den Auftrag zur Regierungsbildung. 96 Tage nach der Wahl und etliche Sondierungsgespräche später entschied sich die ÖVP wieder für die FPÖ, die herbe Verluste einzustecken gehabt hatte, als Koalitionspartner. Das Amt des Vizekanzlers und Sozialministers fiel Herbert Haupt zu, durch eine Nominierung der ÖVP blieb Karl-Heinz Grasser weiter Finanzminister, das Justiz- und Verkehrsministerium bekleideten ebenfalls freiheitliche Minister, während sämtliche anderen Ministerien von der ÖVP besetzt wurden. Gernot Rumpold beobachtete diese Entwicklung mit folgenden Worten: „Während Schüssel die ÖVP nach einem perfekten Wahlkampf zum Erdrutschsieg führte, dabei Rot wie Grün in die Schranken verwies, demontierten sich die Freiheitlichen im Alleingang selbst" (Rumpold, o. J., S. 13). Die Unstimmigkeiten innerhalb der FPÖ gingen in den Jahren nach Knittelfeld aber weiter. Mathias Reichhold, Nachfolger Riess-Passers, wurde nach nur 40 Tagen von Herbert Haupt als Parteiobmann abgelöst, auf Haupt folgte 2004 Ursula Haubner (Freiheitliches Bildungsinstitut, 2024e).

2005: Mehr als ein Farbenspiel – Kärnten wird orange

Der Knittelfelder Parteitag hatte in der FPÖ eine massive Erschütterung ausgelöst und einen innerparteilichen Scherbenhaufen hinterlassen. Die Nationalratswahl 2002 war aus freiheitlicher Sicht das Resultat der internen Streitereien, sodass die Partei mit Spitzenkandidat Herbert Haupt weit mehr als die Hälfte der Stimmen verlor und mit zehn Prozent der Stimmen nur knapp vor den Grünen durchs Ziel ging. Was folgte, waren Rücktritte und Parteiausschlüsse. Schlussendlich war die Verlockung einer abermaligen Regierungsbeteiligung aber zu groß, sodass sich die FPÖ Anfang 2003 zu einer weiteren Regierungsperiode mit der ÖVP zusammenraufte. Jörg Haider, der kurz nach der Wahl seinen Rücktritt als Landeshauptmann angeboten hatte, blieb als Landeshauptmann in Kärnten, wurde jedoch immer wieder als möglicher Nachfolger Herbert Haupts am Parteivorsitz gehandelt. Seine Position übergab Haupt dann auch tatsächlich 2004 an Haiders Schwester Ursula Haubner; bereits ein Jahr zuvor hatte Hubert Gorbach Haupt als Vizekanzler abgelöst. In weiterer Folge traten die Minister Böhmdorfer und Miklautsch zurück, während Heinz-Christian Strache, Obmann der Wiener Freiheitlichen, zum Vizeparteichef gekürt wurde. Zwischen Haider und Strache entstand eine Reihe von Konflikten, da sie sich in wesentlichen Punkten hinsichtlich der Parteiausrichtung uneinig waren. Beispielsweise kokettierte Haider 2004 damit, EU-Beitrittsverhandlungen mit der Türkei zu führen, was für Strache undenkbar war. Auch Haiders Androhung, eine „FPÖ neu" zu gründen, löste bei Strache Unverständnis aus: „Das ist etwas, was ich überhaupt nicht unterstützen kann. Dafür liegt mir die FPÖ und das Dritte Lager zu sehr am Herzen" (profil, 2004a). Straches angebliche Kooperation mit dem allzu rechten Lager der Partei rund um Volksanwalt Ewald Stadler und den damaligen EU-Mandatar Andreas Mölzer wurde von Haider, der sich mittlerweile für eine gemäßigtere und kooperativere Parteilinie aussprach, missbilligt (profil, 2004b). Während Haider nach Knittelfeld auf Bundesebene ein freiheitliches Trümmerfeld vorfand, schaffte er es in Kärnten 2004 allen Unkenrufen zum Trotz und entgegen den Bundestrends, abermals zum Landeshauptmann gewählt zu werden.

Landeshauptmann 2004 – dritte Periode

„An Bessern kriag ma nimma": Mit diesem Plakatslogan trat Jörg Haider zur Landtagswahl 2004 an. Im Falle eines Wahlsieges würde er nach 1989 und 1999 zum dritten Mal das Zepter als Landeshauptmann Kärntens in Händen halten. Zum dritten Mal würde er die Geschicke Kärntens leiten. Und er war sich seines Abschneidens bei der Wahl sicher, wie er im Vorfeld in einem „profil"-Interview sagte: „Wir werden knapp, aber spürbar vorne sein. Ich habe fünf Jahre lang bewiesen, dass ich auch in schwierigen Situationen Lösungen für das Land finden kann [...]. Ich war immer da. Vor allem wenn es Schwierigkeiten gegeben hat. Und das rentiert sich, die Leute sehen: Der kämpft für uns dann, wenn es Probleme gibt. Und die Menschen haben sich ja auch mit den Alternativen, die sich anbieten, auseinander gesetzt und erkennen, dass Kärnten nur mit mir gewinnen kann" (Pink, 2004).

Und Kärnten hatte bereits gewonnen. In seiner zweiten Landeshauptmann-Periode von 1999 bis 2004 konnte Haider mit Aktionen wie dem Heizkostenzuschuss, Gratisimpfungen für Senioren, der Einführung des Kindergeldes sowie des Schulstartgeldes, der Initiierung der Koralmbahn, dem Neubau des LKH Klagenfurt oder der Einrichtung einer Lehrstellenbörse bereits einiges für Kärnten bewegen. Während seiner Regierungszeit setzte er sich auch stark für den Tourismus ein. „Volle Betten statt leere Kassen" gab es unter anderem mit Events wie dem Beach Volleyball Grand Slam, dem Harley-Treffen am Faaker See, der Starnacht am Wörthersee, dem European Body-Painting Festival und dem Ironman Austria. Weiters setzte Haider 1992 erste Schritte zu einem Objektivierungsgesetz, damit parteipolitischer Postenschacher der Vergangenheit angehörte. Verbesserungen dazu kamen von ihm nochmals im Jahr 2000. Massiv forcierte Haider auch den Schuldenabbau des Landes, die Bildung von Rücklagen zur Belebung der Kärntner Wirtschaft und die Schaffung und Erhaltung von Arbeitsplätzen. Eine Mietensenkung 1999, die Technologiemilliarde, die Erhöhung der Ausgaben des Landes für Wohnbeihilfe, die Erhöhung

Bild: © Die Freiheitlichen in Kärnten (FPÖ).

▸ Wahlplakat der Kärntner FPÖ mit dem Slogan: „An Bessern kriag ma nimma."

Bild: © Die Freiheitlichen in Kärnten (FPÖ)

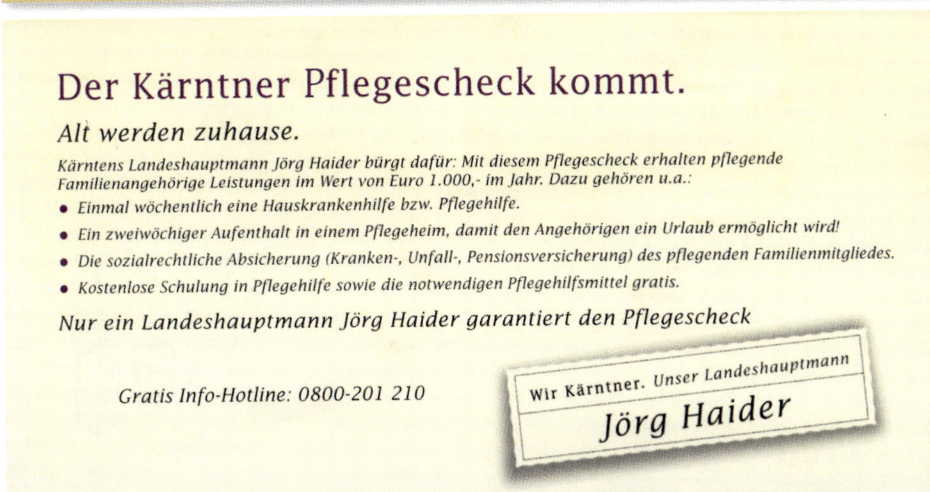

Bild: © Die Freiheitlichen in Kärnten (FPÖ)

▸ **Der Kärntner Pflegescheck, initiiert und eingeführt von Jörg Haider.**

des Pflegegeldes, die Heizkostenaktion für sozial Schwache und die Errichtung von Sozialmärkten gehen neben vielen anderen Initiativen ebenfalls auf Haiders Konto (FPÖ Kärnten, o. J.). Zwei seiner großen Projekte waren der „Familienfonds neu", den er im Feber 2004 als „Wahlzuckerl" ankündigte, und der Kärntner Pflegescheck. Den „Familienfonds neu" rief Haider mit der Zielsetzung ins Leben, nach dem Auslaufen des Kärntner Kindergeldes weiterhin „familienpolitische Hilfestellungen nach sozialen Kriterien" leisten zu können

(Der Standard, 2004). Der Kärntner Pflegescheck in Höhe von 1000 Euro sollte jährlich ausbezahlt werden und Pflegebedürftigen sowie pflegenden Angehörigen zugutekommen, um Leistungen wie eine Hauskrankenhilfe, Schulungen, Pflegehilfsmittel usw. zu finanzieren (Kärntner Landesregierung, 2004). Der erste Pflegescheck wurde im Feber 2004 übergeben.

Damit hatte Haider genügend „Material", um seinen Wahlslogan zu untermauern und einen starken Wahlkampf zu führen. Am 7. März 2004 fiel schließlich die Entscheidung: Mit 42,4 Prozent der Stimmen konnte Jörg Haider das Wahlergebnis von 1999 noch übertreffen. Am 31. März 2004 wurde er zum dritten Mal Landeshauptmann von Kärnten. Doch der Weg war nicht immer so einfach, wie es vielleicht schien, und auch für Jörg Haider waren Personen, auf die er sich verlassen konnte, wichtig, wie er sagte: „Gott sei Dank habe ich eine wunderbare familiäre Situation. Ich brauche diesen Rückhalt im Privatbereich. Wer meine Frau kennt, weiß, dass sie von meinem politischen Engagement nicht immer begeistert ist. Trotzdem steht sie mit innerer Anteilnahme und Loyalität hinter mir. Und das auch in schwierigsten Zeiten. Mein Wahlerfolg bei den Kärntner Landtagswahlen 2004 ist auch ein großer Erfolg von ihr. Sie hat gezeigt, dass sie die Landesmutter ist, die sich der Probleme der Menschen annimmt. Von meiner Gattin bekomme ich viel Kraft" (Worm, 2005, S. 200).

Der familiäre Rückhalt zu Hause war also stark wie eh und je, und Haider wurde zum dritten Mal als Kärntner Landesvater bestätigt. Dennoch war die „heile Welt" Haiders nicht ganz die, die sie zu sein schien, denn politisch schwelte der Konflikt zwischen ihm und der FPÖ-Bundespartei munter weiter und mündete nur ein Jahr später im totalen Bruch.

Gründung des BZÖ

Am 10. März 2005 berichtete „Die Welt": „Der Kampf, den Jörg Haider dieser Tage führt, ist ein Kampf um sein politisches Lebenswerk. Als er auf dem Innsbrucker Parteitag 1986 die FPÖ durch einen ‚Putsch der Jungen' dem Liberalen Norbert Steger entwand, lag die Partei bei mageren 4,98 Prozent. Haider positionierte die FPÖ neu, er zog von modernem Outfit über alte Ressentiments bis hin zu populistischer Systemkritik alle Register – und die FPÖ in die schwindelnde Höhe von 28 Prozent. Doch nun, nach atem- und orientierungslosen Regierungsjahren sowie der beinahe tödlichen Umarmung durch den schwarzen

Polit-Fuchs und Bundeskanzler Wolfgang Schüssel, droht die FPÖ wieder auf vier Prozent abzustürzen. Das will Haider unter allen Umständen verhindern" (Stuiber, 2005). Parteiinterne Streitigkeiten, die kein Ende zu finden schienen, ein ständiges Köpferollen, verlorene Landtagswahlen und das drohende Damoklesschwert der Nationalratswahl 2006, für die die Wahlprognosen alles andere als gut standen, zwangen Haider schließlich zum Handeln.

„Ich habe im Vorfeld dieses Montages, dieses 4. April, dieses Grundbrodeln vernommen [...]. Da braut sich etwas zusammen", sagte Gerald Grosz, der 2005 Pressesprecher von Staatssekretär Dolinschek war. Zuvor war Folgendes geschehen: „Vorausgegangen ist, dass der Jörg seine Schwester zur Parteiobfrau installiert hat und dass die Parteibasis mit dieser Regierungsmannschaft nicht mehr zufrieden war. Logisch, weil wir ja reihenweise Wahlen verloren haben. Und wenn Wahlen verloren werden, halbieren sich die Mandate und halbiert sich die berufliche Zukunft einzelner Mandatare" (Grosz, 2024). Bereits im Jänner 2005 kündigte Haider erstmals die Neugründung der Partei an, nahm es aber wieder zurück. Das Ziel war es, den rechten Parteiflügel rund um Ewald Stadler, Andreas Mölzer, Karl Wimleitner und Jugendchef Johann Gudenus zu entmachten (Die Presse, 2008). Denn die Stimmen gegen Haider und Haubner mehrten sich. Sie konnten sich in den Bundesgremien der FPÖ mit ihrer Linie nicht mehr durchsetzen (Freiheitliches Bildungsinstitut, 2016, S. 19). An ihrer Stelle sollte das „aufstrebende Talent" Heinz-Christian Strache den neuen Parteiobmann stellen. Haider habe man loswerden wollen, berichtete Gerald Grosz: „Das hat der Jörg natürlich gespürt. Und natürlich wollte diese Gruppe [um Stadler und Mölzer] raus aus der Regierung. Auch das hat der Jörg gespürt. Und der Jörg hatte natürlich, wie wir alle, eine große Sorge, dass, wenn wir ein zweites Mal die Regierung nach Knittelfeld sprengen, die FPÖ auf Dauer nicht mehr als regierungsfähig angesehen wird. Und dann passierte ein entscheidender Punkt. Der einfachere Weg wäre gewesen, Strache einzubinden und Stadler und Mölzer aus der Partei zu werfen. [...] Der Jörg ist [aber] nicht den einfacheren Weg gegangen [...], sondern der Jörg war [...] unsicher. Soll er selbst das übernehmen, soll weiterhin seine Schwester [Parteiobfrau] sein? Aber dort, wo er sich sicher war, war in dieser Getroffenheit, dass plötzlich die eigene Partei, für die er 25 Jahre gelaufen ist, so nonchalant sagt bei Sitzungen: ‚Der Haider soll weg, der Strache soll kommen'" (Grosz, 2024).

Also ging Jörg Haider seinen Weg. Während alle gespannt auf den Parteitag der Bundes-FPÖ am 23. April 2005 warteten, überraschte Haider, als er am 4. April 2005 im Rahmen einer Pressekonferenz das Bündnis Zukunft Österreich (BZÖ) aus der Taufe hob. Er holte es wörtlich vor den weißen Vorhang, den er gemeinsam mit seiner Schwester und damaligen FP-Obfrau Ursula Haubner, Vizekanzler Hubert Gorbach, Parlamentsklubchef Herbert Scheibner und Uwe Scheuch enthüllte. Dem BZÖ vorstehen werde er selbst, wie Haider dem ORF sagte: „Wir sind übereingekommen, dass ich an der Spitze dieser Bewegung stehen soll und dass ich meine Aufgabe als Führungsfunktionär hier wahrnehme" (ORF, 2005). Haubner wandte sich mit einem persönlichen Schreiben an die Parteimitglieder und begründete ihren Wechsel zum BZÖ unter anderem mit diesen Worten: „Wir wollen den unzähligen freiheitlich gesinnten Menschen mit der Gründung des ‚Bündnis Zukunft Österreich' eine neue politische Heimat geben. Stehen wir gemeinsam in Fortsetzung unserer Tradition für eine ehrliche und positive Politik für Österreich und zu der von uns übernommenen Verantwortung in der Regierung" (FPÖ Kärnten, 2005). Gerald Grosz erinnerte sich, dass „die Gründung des BZÖ durchaus von hehren Zielen getragen war. Es ging damals darum, Regierungsfähigkeit zu beweisen. Es ging damals darum, einen moderaten rechtspopulistischen Kurs zu garantieren [...]" (Grosz, 2024).

„Der Standard" veröffentlichte die APA-Meldung zur Gründung: „Der Kärntner Landeshauptmann Jörg Haider wird Chef des neuen ‚Bündnisses Zukunft Österreich'. Das teilte er bei der Neugründungs-Pressekonferenz Montagnachmittag mit. [...] Haider bekannte sich ausdrücklich zur Regierungsarbeit. Er habe 30 Jahre dafür gekämpft, dass Österreich von dem Zugriff eines Zweiparteiensystems und eines ausufernden Proporzsystems befreit werde. Dies habe er nicht getan, um ewig in Opposition zu verharren" (Der Standard, 2005). Die Regierung blieb also bestehen. Ab sofort regierten ÖVP und BZÖ in Österreich.

Der feierlichen Enthüllung und offiziellen Präsentation des BZÖ vorausgegangen war eine Entscheidung, von der kaum jemand wusste. Kurt Scheuch, damals Landtagsabgeordneter in Kärnten, war bei der Entschlussfassung dabei: „In Wirklichkeit wurde die Entscheidung darüber, das BZÖ zu gründen, in einer kleinen Runde in einer abendlichen Sitzung am Katschberg getroffen. Die Gründung des BZÖ war eine rationale Entscheidung. Es war ein langes Ringen über Für und Wider, und letztendlich hat man sich dann entschlossen, das BZÖ zu gründen. Es war sozusagen ein mehrjähriger Versuch, in die Partei wieder irgendeine Linie zu bringen. Und dann ist man zu dem Schluss gekommen, dass das Ding einfach neu verpackt gehört, um auch bei den Menschen draußen einen Neustart zu bekommen. Sogar die Namensgebung BZÖ war untypisch für uns, eigentlich nicht genau geplant, sondern es war eigentlich [ein] relativ sehr schneller Prozess" (Scheuch, 2024). Ein Prozess und eine Entscheidung, die im Nachhinein gesehen auch der FPÖ genutzt haben, wie er weiter erzählte: „Die FPÖ war ein vollkommen havariertes Fahrzeug, kaputt. […] Wenn du damals auf die Straße gegangen bist und bei der FPÖ warst, die haben dich beschimpft in der Öffentlichkeit. Das war eine andere Welt. Dass die FPÖ wieder [die] geworden ist, [die sie war], daran war maßgeblich auch die Gründung des BZÖ schuld. Das heißt, die ganze Regierungsgeschichte, das ganze Affentheater ist von der FPÖ weggegangen und zum BZÖ hin, und die FPÖ hat können sozusagen weiter Opposition üben, und nur deswegen hat sie auch leben können" (Scheuch, 2024).

Viel wahrscheinlicher als die Gründung des BZÖ wäre für viele im Vorfeld wohl die Schlichtung der innerparteilichen Meinungsverschiedenheiten und eine Einigung von Haider und Strache gewesen, über die im Nachhinein berichtet wurde. Die APA titelte am 5. April 2005: „Die obsolete Vereinbarung Haider-Strache". Angeblich habe es 14 Tage vor besagter APA-Meldung eine Vereinbarung zwischen Jörg Haider und Heinz-Christian Strache, dem damals stellvertretenden Bundesparteiobmann der FPÖ, gegeben, „mit der die Streitereien in der Partei beendet werden sollten". Haider und Strache wollten die Partei gemeinsam führen. Nach einem 14-tägigen Auslandsaufenthalt in Kanada und einer Unterredung fühlte sich Haider angeblich nicht mehr an die Vereinbarung gebunden. Eine geplante Pressekonferenz fand daraufhin auch statt – allerdings „zu dem Zweck, die Abspaltung des BZÖ von der FPÖ zu verkünden" (APA, 2005). Tatsächlich hatte es diese Vereinbarung gegeben, bestätigte Heinz-Christian Strache: „[Haider] kam ja sogar nach der Presseerklärung der Abspaltung für das BZÖ ins Lokal, wo wir uns ausgemacht haben, uns zu treffen, um sich zu verabschieden. Das war für mich natürlich damals schon ein Schlag, weil ich mich darauf verlassen habe, dass die Vereinbarung, die wir beide damals getroffen haben, halten wird. [Dass] wir beide eine Pressekonferenz abgeben, die freiheitliche Partei zu retten. Und das war eine Situation, die ich damals natürlich nicht verstanden habe und die mich auch emotionalisiert hat" (Strache, 2024).

Der Weg ins BZÖ

Am 17. April 2005 fand der Gründungskonvent des BZÖ in Salzburg statt. Bündnisobmann wurde Jörg Haider, geschäftsführender Parteiobmann Hubert Gorbach, Uwe Scheuch „Bündnissprecher". In einer APA-Pressemitteilung erklärte das BZÖ: „Der Zuspruch ist enorm! Mit der heutigen Veranstaltung haben wir gezeigt, dass die Gründung nicht nur auf großes Interesse, sondern auch auf eine gewaltige Zustimmung quer durch alle Bundesländer und alle Bevölkerungsschichten stößt!" (Bündnis Zukunft Österreich, 2005).

Zur politischen Ausrichtung des BZÖ hieß es in der Präambel der Bündnispositionen unter anderem: „Das Bündnis Zukunft Österreich versucht bewußt, unerschlossenes Terrain der Politik für Freiheit und Selbstbestimmung zu betreten – weg von starren ideologischen Konventionen, schwerfälligen Strukturen und korsettartigen Parteiapparaten, abseits von kurzsichtiger Interessenspolitik, von gruppendynamischem Destruktivismus und der Kapitulation vor globalen Herausforderungen. Das BZÖ will eine Politik, die auf zeitlosen Werten basiert wie Freiheit, Heimat, Verantwortung und Gemeinschaftssinn. Wie Beschäftigung, Leistung, Bildung, soziale Gerechtigkeit und Fürsorge garantiert werden können, ist die Herausforderung des 21. Jahrhunderts. Die Bürger müssen sich wieder von der Politik verstanden und vertreten fühlen. Das BZÖ setzt sich für soviel [sic] Freiheit wie möglich in einem fürsorglichen und ordnenden Staat sowie für die Stärkung der Eigenverantwortung ein. Im Vordergrund stehen die Freiheit des Individuums auf dem Fundament einer soliden und leistungsgerechten Gemeinschaft mit sozialem Antlitz und die Sicherung sinnstiftender Grundbedürfnisse wie Arbeit, Eigentum, soziale Geborgenheit und Nachkommenschaft" (BZÖ, 2005, S. 1 f.).

Das BZÖ war geboren. Eine Partei, die offenbar genauso auf Freiheit und Eigenverantwortung setzte, sich an die Seite der Bürger stellte und für soziale Gerechtigkeit eintrat wie Jahre zuvor die haidergeführte FPÖ. Dennoch bedeutete schlussendlich das BZÖ einen Neustart für die frühere FPÖ-Landesgruppe in Kärnten, eine „Neuverpackung" der Partei, ein vermeintliches Entkommen aus den parteiinternen Uneinigkeiten und einen Neubeginn unter oranger Flagge – für Haider und seine Freiheitlichen. Der Entschluss für einen neuen Weg war aber sicherlich kein einfacher. Auf die Frage, wie es dem Geschwisterpaar Haider-Haubner damit gehe, nun nicht mehr in der Freiheitlichen Partei zu sein, antwortete Haider dem ORF am Tag der Vorstellung des BZÖ: „Das ist keine leichte Entscheidung. Das kann jeder sich vorstellen. Aber wir wollen ja in Wirklichkeit eine freiheitliche Idee wiederbeleben und sie mit positiver Gestaltungsarbeit erfüllen" (ORF, 2005). Dieser Gedanke war es vielleicht auch, der dazu führte, dass die Mehrzahl der Kärntner Parteimitglieder Haider trotz aller Widrigkeiten zum BZÖ folgten. Leicht war es allerdings auch für sie nicht, wie beispielsweise Kurt Scheuch erzählte: „Also, in Wirklichkeit hat es mir auch im Herzen tief wehgetan, dass ich eine Partei verlasse, irgendwie, die mein Großvater gegründet hat, und zwar maßgeblich. […] Und für die ich alles getan habe, und auch meine Familie" (Scheuch, 2024). Christa Jessenitschnig, die von September 2004 bis Mai 2005 Haiders Büroleiterin war, ging es ähnlich: „Auch ich war nicht sehr glücklich über diesen Prozess, denn ich war ein ‚FPÖ-Urgestein' und bin […] in diesen Kreisen groß geworden. Auch mein Vater, ein FPÖler der ersten Stunde, war nicht glücklich über diese Entwicklung. Da das Ganze aber von Jörg Haider, den er über alles geschätzt und verehrt hat, initiiert wurde, hat er es mitgetragen" (Jessenitschnig, 2024). Herbert Haupt als langjähriger Freund und Wegbegleiter Haiders stellte den Wechsel nicht infrage: „Ich war lange bei der FPÖ und habe dann am Parteitag in Klagenfurt für den Jörgl geredet. Als dann die Kärntner Landesgruppe mit 80 Prozent dem BZÖ beigetreten ist, war ich damit dann auch beim BZÖ" (Haupt, 2024). Ebenso Manfred Stromberger, der zum Zeitpunkt der Spaltung FPÖ-Landesgeschäftsführer war: „Für mich war ganz klar, ich bleibe. Ich war immer ein Jörg-Haider-Anhänger. Ich habe keine Sekunde nachdenken müssen. […] Wir haben den Jörg Haider gekannt und wir haben so viel Vertrauen gehabt zu ihm, dass wir gewusst haben, wenn er das jetzt gemacht hat, dann wird er sich das sicherlich überlegt haben und wird gewusst haben, was er tut" (Stromberger, 2024).

Schlussendlich wechselten die „gesamte Regierungsmannschaft und fast der gesamte Parlamentsklub mit Haider zum BZÖ […]. Doch bis auf die Kärntner Landesgruppe blieben mehr oder weniger alle FPÖ-Landesgruppen bei der Mutterpartei" (Freiheitliches Bildungsinstitut, 2024a). Gernot Rumpold erinnerte sich: „Der Jörg hat damals gesagt, er ist so populär, er wird das schon allein ziehen, und dadurch ist dann das BZÖ entstanden. Weil er gesagt hat: ‚Ich brauche die Partei nicht, weil sie braucht mich nicht, und darum mache ich meine eigene Geschichte.' War natürlich auch ein fataler Fehler, weil er ja nicht damit gerechnet hat, dass die Strukturen in der Partei so stark sind, dass viele mit Herz an dieser FPÖ hängen und nicht an Personen, und dadurch ist die Struktur in der Partei geblieben und er hat nur Kärnten mitnehmen können und der Rest von Österreich ist dann geblieben" (Rumpold, 2024). Die Trennung war vollzogen. Es blieben „FPÖ alt" und BZÖ/Die Freiheitlichen in Kärnten. Wie man schon der Namensgebung entnehmen konnte, hatte sich rein ideologisch nach der Abspaltung des BZÖ von der FPÖ nichts verändert, so empfanden es zumindest Mitglieder und Mitarbeiter, wie Haiders ehemaliger Büromitarbeiter Herbert Zankl erklärte: „Bei uns Parteimitgliedern war es *de facto* so, dass wir immer die Freiheitlichen in Kärnten waren. Das heißt, wir sind das auch geblieben. [...] Für uns hat sich das nicht geändert. Bei ihm im Büro war es dann ja auch so: Wir haben sehr oft schriftlich mit ihm kommuniziert, weil er oft spät in der Nacht ins Büro gekommen ist, und dann hat er, als wir schon BZÖ waren, geschrieben ‚FPÖ Klub zur Kenntnis'. Also für ihn war es immer noch freiheitlich. Das Kürzel hat dann auch statt FPÖ/Die Freiheitlichen in Kärnten geheißen BZÖ/Die Freiheitlichen in Kärnten" (Zankl, 2024). Bestätigt wurde dies auch, als das BZÖ im Jahr 2006 in Kärnten „30 Jahre Jörg Haider – 20 Jahre freiheitliche Erneuerung" feierte und BZÖ-Chef Peter Westenthaler auf der Bühne im Konzerthaus Klagenfurt fragte: „Wo kommen wir denn da hin, dass man seine Ideologie nicht mehr preisgeben darf? Wir bleiben die Freiheitlichen!" (Der Standard, 2006). In seiner Kärnten-Erklärung vom 26. Oktober 2005 sagte der damalige Landeshauptmann Haider: „Im Jänner 2000 haben wir die Wende geschafft, nach einem 15-jährigen harten Kampf in ganz Österreich. Weil diese politische Wende etwas sehr Entscheidendes war und weil sie von unserer Kärntner Gesinnungsgemeinschaft ausging, ist es mir wichtig, euch einmal zu sagen, dass diese, unsere Gesinnungsgemeinschaft viele Namen gehabt hat. [...] Im Jahr 2005 ist schließlich das ‚Bündnis Zukunft Österreich' als Dachorganisation der positiven freiheitlichen Kräfte in Österreich entstanden. Immer war es so, dass nicht der Name der Partei entscheidend war, sondern die Persönlichkeiten und das, wofür wir alle gestanden sind. [...] Es ist also nicht die Partei. Es ist nicht die Farbe. Es ist nicht die Bezeichnung. Es sind die Persönlichkeiten und der Geist, der hinter einer Bewegung steht!" (Haider J., 2005).

Die Freiheitlichen in orange

Die ideologische Haltung blieb freiheitlich, die Verpackung änderte sich. „BZÖ" zierte in orangen Lettern das Parteilogo. Doch warum ausgerechnet orange? Kurt Scheuch und Gerald Grosz wussten, wie die Farbauswahl zustande kam: „Die Farbe Orange war genau zu dieser Zeit so etwas von modern, weil es dort in der Ukraine die Politikerin Timoschenko [und die Orange Revolution gab].[11] [...] Und da hat sich Orange logischerweise angeboten" (Scheuch, 2024). „[A]lso hat [man sich] gedacht: ‚Ach, das ist eine super Farbe, die nehmen wir'" (Grosz, 2024). Zusätzlich spielte ein logischer Grund in die Entscheidung hinein: „Im Übrigen waren Rot und Schwarz und Blau besetzt. Grün auch. Und somit hat es nicht mehr gar so viele andere Möglichkeiten gegeben. So einfach ist dann oft die Antwort" (Scheuch, 2024).

Haiders damaliger Büroleiter Herbert Zankl, der wie die meisten von der Gründung des BZÖ überrascht war, war als einer der Ersten bereits einige Zeit davor mit der Farbe Orange in Kontakt gekommen, als er im Auftrag Jörg Haiders die Veranstaltung „Kärnten macht Zukunft" (ViennaOnline, 2005) in Wien organisieren sollte, die nur zwei Tage nach der Gründung stattfand: „Dann sind wir die Einladungen durchgegangen und ich habe versucht, sie eher in einem Blau zu halten [...]. Und [Haider] hat dann gesagt: ‚Du, Herbert, Blau ist vielleicht nicht so gut. Das sollten wir eher ein bisschen im Bereich Orange machen.' Dann habe ich gesagt: ‚Ja, das ist eh eine lässige Farbe, machen wir in Orange.' Dann haben wir das gesamte Branding auf Orange gemacht für die Veranstaltung." Zwei Monate wurde die Veranstaltung vorbereitet. „Ein paar Tage, bevor diese Veranstaltung stattgefunden hat, war auf einmal: ‚Haider gründet neue Partei BZÖ'. Die Woche danach bin ich dann zu ihm gegangen und habe gesagt: ‚Du, Jörg, als wir damals diese Geschichte besprochen haben mit den Farben, hast du da schon etwas gewusst?' Dann hat er gesagt: ‚Ja, du hast nichts gewusst. Und ich vielleicht ein bisschen'" (Zankl, 2024).

---

11 Julia Timoschenko war 2004 Galionsfigur der prowestlichen „Orangen Revolution" in der Ukraine.

Was lief schief?

Schon ab der Gründung des BZÖ schien auch der sprichwörtliche Wurm im orangen Parteigefüge drin zu sein. Denn gleich zu Beginn folgte 2005 einzig die Kärntner Landespartei fast vollständig Jörg Haider zum Bündnis Zukunft Österreich. Alle anderen Landesparteien blieben in der FPÖ. „Damit war eigentlich das gesamte BZÖ nur mehr die FPÖ Kärnten [...], und acht andere Landesgruppen gab es nicht mehr", sagte Gerald Grosz rückblickend (Grosz, 2024). Manfred Stromberger war sich sicher: „Das war vielleicht auch das, was der Jörg Haider unterschätzt hat. Er hat damit gerechnet, dass viel mehr vor allem österreichweit ihm folgen werden. Das ist leider nicht passiert" (Stromberger, 2024).

Keine rosige Ausgangslage, die sich auch in den Wahlen niederschlug. Am 2. Oktober 2005 fand als erste Wahl nach der Gründung die steirische Landtagswahl statt, bei der das BZÖ lediglich 1,7 Prozent erreichte. Die Wien-Wahl am 23. Oktober 2005 brachte ein noch schlechteres Ergebnis von mageren 1,2 Prozent, bei der Wahl im Burgenland trat das BZÖ erst gar nicht an. Nachdem im November 2005 Haider von Martin Strutz das Amt des Kärntner BZÖ-Landeschefs übernommen hatte, beendete am 28. Feber 2006 „die neu gekürte Kärntner SPÖ-Chefin Gaby Schaunig die ‚Chianti-Koalition'[12] mit den Kärntner BZÖ-Freiheitlichen" (oe24.at, 2009), was angeblich durch einen Disput im Kärntner Landtag um das „Babygeld" ausgelöst worden war. Neuwahlen gab es dennoch keine, Haider blieb Landeshauptmann. Die nächste Landtagswahl in Kärnten fand 2009 statt.

Bei der Gründung des BZÖ ebenso unterschätzt wurde die starke Positionierung Haiders als FPÖ-Freiheitlicher. „Haider war ja 25 Jahre der Freiheitliche. Die Menschen haben das nicht begriffen, dass er jetzt plötzlich BZÖ ist. Das heißt, bei allen Wahlen, die danach waren, sind die Menschen auf den Jörg zugekommen: ‚Haider, ich wähle Sie, wie immer FPÖ'", erzählte Grosz (Grosz, 2024). Ein weiterer Punkt, den Grosz rückblickend als Fehler bezeichnete, aber damals selbst unterstützt hatte, war die Spitzenkandidatur von Peter Westenthaler 2006: „Ein altes freiheitliches Gesicht. Das war der nächste Fehler. Und

12 Die „Chianti-Koalition" wurde 2004 zwischen Jörg Haider und dem damaligen SPÖ-Parteichef Peter Ambrozy geschlossen und mit Chianti besiegelt, als man auf die Zusammenarbeit anstieß. Nachdem im Oktober 2005 Gaby Schaunig den SPÖ-Vorsitz in Kärnten übernommen hatte, beendete sie die Koalition am 28. Feber 2006.

so hat sich ein Fehler nach dem anderen gereiht, weil wir in Wahrheit mit alten freiheitlichen Gesichtern eine neue Partei begründet haben und uns gewundert haben, dass die FPÖ wieder stärker wird und wir in Wahrheit absacken" (Grosz, 2024). Peter Westenthaler erinnerte sich daran, wie es zu seiner Kandidatur kam: „Es kam dann die Nationalratswahl 2006 und das BZÖ ist in den Umfragen bei einem Prozent gelegen. Mit Jörg Haider. Da war ein grober Schaden damals angerichtet, weil diese ganze Trennung von FPÖ und BZÖ, das ist alles nicht gut angekommen. Und ich komme eines Tages, das war im Feber, wieder in mein Büro nach Oberwaltersdorf in die Magna-Zentrale. Dort kommt mir meine Sekretärin schon am Gang aufgeregt entgegen und sagt: ‚Du, der Jörg Haider sitzt in deinem Büro!' Sag ich: ‚Wieso, ich habe ja gar keinen Termin.' Sie war total verdattert. ‚Ja, der ist gekommen, er muss etwas mit dir reden, einen Kaffee trinken.' Ich gehe ins Büro, er sitzt dort, begrüßt mich, trinken wir einen Kaffee und plaudern halt so ein bisschen über Gott und die Welt, über die Politik. Und er war damals wirklich verzweifelt, weil er gesehen hat, das ganze Projekt geht den Bach runter. BZÖ. Es war furchtbar. Damals hat er mich gefragt, ob ich Spitzenkandidat und Parteichef vom BZÖ werden möchte, weil sie brauchen einen Paukenschlag. ‚Du musst das machen, nur so überleben wir überhaupt, kommen wir wieder hinein.' Und er hilft mir in Kärnten. Und das Modell soll sein, ich soll Parteiobmann sein, Spitzenkandidat und Vizekanzler statt Hubert Gorbach. [...] Es war ziemlich emotional [...]. Und wenn dich ein Freund emotional fragt, ihm zu helfen, dann bin ich jemand, der nicht Nein sagt. Das war eigentlich der damalige Punkt. Ich habe nicht gleich Ja gesagt, ich habe gesagt: ‚Ich überleg es mir.' [...] Und so bin ich dann Spitzenkandidat geworden" (Westenthaler, 2024).

Zudem ging Westenthaler als Bündnisobmann in die Nationalratswahl, die am 1. Oktober 2006 stattfand. Für die Wählerstimmen „gekämpft" wurde in Kärnten mit einem Zehn-Punkte-Programm, das unter anderem die Einführung des österreichweiten Müttergeldes, das Verhindern der Ortstafelflut, ein österreichweites Jugendstartgeld, die Einführung des Pflegeschecks und den Schutz der Heimat beinhaltete. Trotz aller Wahlanstrengungen ging das BZÖ mit nur 4,1 Prozent aus der Wahl und schaffte damit gerade noch den Einzug ins Parlament. Die FPÖ unter Heinz-Christian Strache erreichte elf Prozent. Mit der Trennung von FPÖ und BZÖ wurde also auch das Wählerpotenzial gespalten. Zudem haftete der „Makel des Verrates" sowohl für Parteimitglieder als auch bei einem Großteil der Wähler am BZÖ. „Diesen Makel des Verrates sind wir nie losgeworden, obwohl ich bis heute betone, die Geschichte ist mit der FPÖ geklärt […], das haben wir seit Jahren bereinigt. Irgendwann muss man auch einen Deckel auf die Geschichte machen können", sagte Grosz (Grosz, 2024).

„Bei den Wahlen im Jahr darauf im Burgenland (Oktober 2007) trat das BZÖ nicht an, die Grazer Gemeinderatswahl Anfang 2008 brachten [sic!] dem BZÖ 4,31 Prozent. Bei den Landtagswahlen in Niederösterreich erreichte das BZÖ mit seinem Spitzenkandidaten Hans Jörg Schimanek nur 0,72 Prozent" (ORF Kärnten, o. D.). Damit schritten Haider und sein BZÖ-Team ihren steinigen Weg voran bis zur Nationalratswahl. Am 12. August gab Jörg Haider bekannt, dass er als Spitzenkandidat des BZÖ für die Nationalratswahlen am 28. September 2008 antreten werde.

2008: Phoenix aus der Asche

„Der Mensch denkt und Gott lenkt", so lautet ein bekanntes Sprichwort. Traurigerweise trifft dies wohl auch auf die Tage vor dem Unfalltod Jörg Haiders zu, in denen sich vieles zugetragen hat, das für gravierende Veränderungen in der politischen Landschaft Österreichs sorgen sollte. Damals wusste noch keiner, dass das Schicksal andere Pläne hatte.

Nachdem das BZÖ in den letzten Jahren bei seinen Wahlergebnissen im einstelligen Prozentbereich gekratzt hatte, beschloss Jörg Haider 2008, das Zepter der Partei wieder selbst in die Hand zu nehmen – als Bündnisobmann und Spitzenkandidat für die Nationalratswahl 2008.

Bild: © Die Freiheitlichen in Kärnten (FPÖ)

▸ Einladung zum Bundeswahlauftakt am 30. August 2008 mit Spitzenkandidat Jörg Haider in Graz.

„Die Macht der Bilder, die Kraft des Wortes und die Zugkraft Jörg Haiders" waren die zentralen Elemente der Wahlkampagne, zusammen mit dem Slogan „Deinetwegen. Österreich". Die Wahlkampfthemen drehten sich um Soziales, Teuerung, Sicherheit, Ausländer und Heimat. „Zugpferd" Jörg Haider stand im Mittelpunkt der Kampagne: „Er ist es, der deinetwegen Österreich noch einmal in den Ring steigt, um mitzuhelfen, Österreich wieder nach vorne zu bringen und von Rot und Schwarz zu befreien", schrieb das BZÖ (BZÖ Parlamentsklub, 2008).

Der Plan ging auf, Jörg Haider zog das BZÖ wieder aus dem Graben. Die Wahlsieger der Nationalratswahl waren BZÖ und FPÖ. Während SPÖ und ÖVP große Stimmenverluste zu verzeichnen hatten, verbesserte die FPÖ ihr Ergebnis von elf Prozent im Jahr 2006 auf 17,5 Prozent. Das BZÖ konnte sich von 4,1 Prozent im Jahr 2006 auf 10,7 Prozent fast verdreifachen. Es überholte die Grünen und lag nun an vierter Stelle im Parlament. Der ORF berichtete: „Bei der FPÖ spricht man von einem Blauen Wunder, das Parteichef HC Strache bewirkt hat. Die Stimmung erreicht kurz vor 19 Uhr, als der Parteichef kommt, ihren Höhepunkt. Das trifft auch auf das BZÖ zu. Jörg Haider wird von seinen Anhängern wie ein Wahlsieger gefeiert" (ORF, 2008). „Auch in Kärnten dominierte die Farbe Orange. Dort brachte es das BZÖ sogar auf 38,5 Prozent der Stimmen und war damit die stimmenstärkste Partei in diesem Bundesland, noch vor der SPÖ. Haider errang [damit] im September 2008 zwar nicht seinen größten politischen Triumph, sicher aber einen seiner schwierigsten und wichtigsten" (Zeppelzauer u. Zeppelzauer, 2009, S. 237 f.).

Wie konnte dieses Wahlergebnis passieren? „profil" schrieb dazu: „Die große Koalition der neunziger Jahre, verfangen im permanenten Belauerungszustand, und das Beziehungsdrama der vergangenen 18 Monate hätten es jeder populistischen Opposition leicht gemacht. Da brauchte es nur mehr das Raubtier Heinz-Christian Strache plus einen charismatischen Grenzgänger wie Haider, um aufzugabeln, was an Verärgerten und Verlorenen herumstreunte" (Rainer, 2008a, S. 15). Diese „Verärgerten" und „Verlorenen" bildeten dennoch ein Wählerpotenzial von fast 30 Prozent, was für das „rechte Lager" einen historischen Sieg bedeutete, der gleichzeitig Haiders letzter sein sollte.

Zum Wahlergebnis titelte „profil" Ende September 2008: „Der große Sieger. Abgewrackt, aber fit", und schrieb: „Haider ist der mit Abstand meistbeschriebene österreichische Politiker der letzten 20 Jahre. Generationen von Journalisten haben sich an ihm abgearbeitet. Fast jeder erlag irgendwann der Versuchung, den Mann politisch für tot zu erklären. In den Zeitungsarchiven lagern dicke Stapel von wohlformulierten, sauber argumentierten Haider-Nachrufen, die allesamt nur einen Fehler haben: Der angeblich Verblichene ist nach wie vor putzmunter" (Schwaiger, 2008, S. 33). Nachdem sich „profil" schon in dieser Ausgabe mehrfach korrigierte, die Autorin Rosemarie Schwaiger über verfrühte Nachrufe schrieb und die Grenzen politischer Logik überarbeitete, sollte auch ihr letzter Satz des Artikels bald *ad absurdum* geführt werden – leider –, der da lautete: „Jörg Haider wird der heimischen Politik wohl noch länger erhalten bleiben. Nachrufe sind derzeit nicht in Planung."

Bild: © Die Freiheitlichen in Kärnten (FPÖ)

▸ **Delegiertenkarte und Stimmzettel zum BZÖ-Bundeskonvent.**

Haider und das BZÖ waren zurück, genauso wie Strache und die FPÖ. Angesichts der massiven Konflikte, die Haider und Strache bis zu diesem Zeitpunkt trennten, schien eine Wiedervereinigung der Parteien und damit des Wählerpotenzials aber ausgeschlossen. „Da war wirklich leider durch diese Spaltung ein massiver Konflikt. Legendär war dann unsere Fernsehauseinandersetzung 2008", sagte Strache im Interview (Strache, 2024) und bezog sich damit auf die TV-Konfrontation im ORF 2008 im Vorfeld der Nationalratswahl, die 915.000 Zuschauer verfolgten und in der es zum legendären Entzug des „Du-Wortes" durch Strache kam (ORF, 2008).

Nach Wahlen ist die Welt aber bekanntlich oft eine andere, und so kam es aller Wahrscheinlichkeit zum Trotz am 8. Oktober 2008 – nur drei Tage vor Haiders tragischem Unfall – zur Aussprache zwischen Haider und Strache, wie „Die Presse" berichtete: „Haider nannte das Treffen der beiden politischen Rivalen ein ‚Zusammentreffen der Sieger'. Das Gespräch sei von gegenseitigem Respekt gekennzeichnet gewesen. Schließlich sei man keine ‚feindlichen Brüder', sondern ‚selbstbewusste Verwandte'" (APA/Red., 2008).

Ausschlaggebend für die Aussprache dürften auch persönliche Aspekte der beiden ehemaligen Rivalen gewesen sein, wie Strache sagte: „Der Jörg Haider war für mich der Antrieb, in die Parteipolitik zu gehen. Wir haben einige schöne Jahre gehabt. Er war der, der mich begeistert hat und politisiert hat. Da gehört es auch dazu, dass man Reifeprozesse hat, dass man sich aneinander reibt. [Ein] Wachstumsprozess. Das muss halt auf einer respektvollen Ebene verlaufen" (Strache, 2024). Eine erste Annäherung gab es bereits am Wahlabend: „Am Wahlsonntag haben wir uns dann mit *Handshake* zum Foto gestellt und gesagt, wir sollten reden. Und ich habe ihn dann eingeladen zu einem Gespräch eben, dem ist er dann nachgekommen, dort haben wir dann die Aussprache gehabt. Das war natürlich schon sehr spannend, weil wir schon damals menschlich gesagt haben: ‚Hören wir auf, uns da weiter persönlich was auszurichten', sondern dass wir wieder zusammenrutschen. Wir sind aus einem freiheitlichen Lager, wir sollten gemeinsam arbeiten und uns auch absprechen und akkordieren, weil wir gemeinsam stärkste Kraft sind. Und da können wir schon ordentlichen politischen Druck aufbauen, auch was eine Regierungsverantwortung betrifft" (ebd.).

Die Pläne zwischen Strache und Haider waren beinahe in Form gegossen, an einer Regierungsbeteiligung der beiden Parteien sollte kein Weg vorbeiführen. Ein damaliger Mitarbeiter erinnerte sich, dass im Parlamentsklub bereits erste Vorbereitungsarbeiten für gemeinsame Anträge des BZÖ und der FPÖ durchgeführt wurden. Doch so weit kam es nicht, denn nur wenige Tage später wurde die politische Welt Österreichs erschüttert und die Zeit stand für einen Augenblick still.

Am Samstag nach dem gemeinsamen Gespräch verstarb Jörg Haider. Für Strache „dramatisch". Rückblickend auf das Gespräch mit Haider war er sich sicher: „Ich glaube, da hätten wir viel gemeinsam weitergebracht" (ebd.). Auf die konkrete Nachfrage: „Das heißt, es hätte eine Wiedervereinigung gegeben?", antwortete Strache: „Es wäre ein Fenster da gewesen. Mit Sicherheit" (ebd.).

Auch ein wesentlicher Punkt ihres Gespräches: Die Regierung 2008 sollte so, wie sie schlussendlich war, nicht zustande kommen: „Das war der Plan. Das war das, was wir besprochen hatten. Da wollten wir den Druck aufbauen, dass der Weg nicht an uns vorbeiführt. Aber natürlich war das durch den Tod *passé*" (ebd.).

Ein Tod, der bis heute für viele unbegreiflich scheint, nach dem es aber dennoch weitergehen musste. Wie? Vor allem menschlich, das vermittelten die bewegenden und gleichzeitig ermutigenden Worte Claudia Haiders in ihrer Rede auf dem Landesparteitag in Klagenfurt am 15. November 2008: „Diesmal ist es ein Parteitag, bei dem es gilt, dass jeder Einzelne aktiv seinen Beitrag dazu leistet, das politische Erbe Jörg Haiders zum Wohle der Menschen weiterzutragen. Nicht die Farbe der Optik war Jörg Haider wichtig, sondern die Farbe des Herzens war ihm immer ein großes Anliegen. In diesem Sinne, passen Sie auf unser Kärnten auf – seinetwegen, der Menschen wegen" (Haider C., 2008).

Von der Symbolfigur zum Mythos

„Der Tod eines Unsterblichen" (Miklautz, 2023, S. 34).

Jörg Haider, die Symbolfigur des zivilen Widerstandes gegen das Establishment, der Politiker, der das Unmögliche schaffte und die FPÖ zur salonfähigen Regierungspartei machte, der Mann, der Politik predigte wie kein Zweiter, der Mensch, der mit einem Schlag zum Mythos wurde.

Am 11. Oktober 2008 schaute die Welt nicht nur nach Kärnten wie all die Jahre zuvor, als Jörg Haider mit seiner Politik für Aufsehen sorgte, sondern an diesem Tag gingen die Bilder aus Kärnten um die Welt – Bilder vom Tod Haiders.

„Haiders Todesfahrt und ihre Folgen", schrieb der ORF (Hohl, 2008). „Der tödliche Unfall in Klagenfurt", titelte der „Spiegel" (Der Spiegel, 2008). „Jörg Haider ist tot", kam von der Deutschen Welle (Deutsche Welle, 2008). „Rechtspopulist Jörg Haider stirbt bei Autounfall", so die Schlagzeile von „welt.de" (Welt, 2008). Die Meldungen überschlugen sich, alle berichteten, und alle wussten bereits wenige Stunden nach dem Unfall, was passiert war. Aber war dem wirklich so?

Haiders letzter Tag

Wohl kaum ein Ereignis und kaum ein Zeitpunkt in den letzten 20 Jahren gilt als derart umstritten wie der letzte Tag im Leben Jörg Haiders. Durchforstet man die Medienberichte und Nachrufe zum Tagesablauf und Unfallhergang, liest man die Bücher seiner Familie und der Wegbegleiter und beschäftigt man sich mit den Spekulationen rund um eine mögliche Verschwörung, dann wird eines klar: Niemand weiß, was wirklich geschah. Zu viele Fragezeichen ranken sich rund um die Geschehnisse. Trotzdem wagen wir den Versuch einer Rekonstruktion.

Wir blicken zurück auf den letzten Tag im Leben eines Ausnahmepolitikers. 10. Oktober 2008: Adrett gebunden waren die Krawatten der Wartenden, die sich im Kärntner Landhaushof versammelt hatten, um den Landesfeiertag zu begehen. Viele der anwesenden Frauen hatten ihre Dirndlkleider aus den Schränken geholt, während ein Großteil der Männer den klassischen Kärntner Anzug gewählt hatte. In den Farben haselnuss- bzw. kastanienbraun gehalten, mit grünen Aufschlägen und einer geblümten Samtweste existiert der traditionelle Kärntner Anzug bereits seit 1911, als er per Dekret als offizielle Landestracht für Männer der Öffentlichkeit präsentiert wurde (Grill, 2020). Meist wird er gewählt, um einer Veranstaltung einen feierlichen Rahmen zu geben – oder als schlichter Ausdruck für die Verbundenheit mit dem Land Kärnten. So eben auch am 10. Oktober 2008 – am Tag der Kärntner Volksabstimmung –, als viele Kärntner gespannt auf die Rede des damaligen Landeshauptmannes Dr. Jörg Haider warteten. Natürlich ließ auch er es sich nicht nehmen, seinen Stolz auf das Kärntner Heimatland zu zeigen, und trat im Kärntner Anzug mit roter Krawatte vor die lauschende Menge. Es folgte eine rund 23-minütige Rede des Landeshauptmannes, in der er besonders die Bedeutung des 10. Oktober betonte: „Viele feiern den 10. Oktober, aber wissen nicht mehr, warum wir eigentlich so stolz auf diesen 10. Oktober sein können. Wir müssen deshalb so stolz sein, weil unsere politischen Vorfahren in einer schwierigen Stunde viel an persönlicher Verantwortung auf sich genommen haben, um die Einheit und die Freiheit dieses Landes zu retten und dem Land eine Zukunft zu geben." Seine Rede endete mit einem Bekenntnis zu „seinem" Kärnten: „Der Wind des Zeitgeistes, meine lieben Kärntnerinnen und Kärntner, hat sich gedreht. Menschen wissen wieder Bescheid um den Wert der Heimat, wissen Bescheid um die Bedeutung dessen, was einem anvertraut ist und die Heimat, in der man Wurzeln geschlagen hat. Daher wollen wir auch in Stolz und Friedfertigkeit mit unseren Nachbarn die Zukunft dieser Heimat gestalten. Diese Friedfertigkeit muss von zwei Seiten entwickelt werden. An unserem positiven Beispiel wird es auch in Zukunft nicht fehlen, ganz nach dem Dichterwort: ‚Achte jedermanns Vaterland, doch das deinige liebe'. Wenn wir das im Herzen tragen, wenn wir das in uns aufnehmen, dann wissen wir, dass Österreich eben nicht nur ein Zeitungsname ist, sondern ein gemeinsames Bewusstsein darstellt, und dann wissen wir, dass Kärnten keine

Modemarke ist, sondern dass Kärnten ein Bekenntnis ist, das die Menschen in ihrem Herzen tragen. Es lebe unsere Kärntner Heimat, es lebe die Republik Österreich" (Haider J., 2008).

Unter den vielen Feiernden, die im Anschluss an Haiders Rede das Kärntner Lied anstimmten, war auch Haiders Mutter Dorothea, die just an diesem Tag 90 Jahre alt geworden war. Später sollte Dorothea Haider sagen, dass die Feier im Landhaushof wirklich sehr schön gewesen sei und sie dort viele liebe Leute getroffen habe. „Mutti, pfiat di, wir sehen uns eh bald. Und morgen haben wir das große Fest", waren die letzten Worte ihres Sohnes an Dorothea. (Zeppelzauer u. Zeppelzauer, 2009, S. 244 f.) Gut gelaunt und in Vorfreude auf ihre bevorstehende Geburtstagsfeier im Bärental mit der ganzen Familie verabschiedete sich Dorothea Haider nach der Feier von Jörg. Stunden später, als viele Kärntner Anzüge noch zum Lüften auf den Balkonen hingen, die Spuren der Feierlichkeiten im Landhaushof noch nicht beseitigt waren und die Familie Haider gemeinsam den 90. Geburtstag von Dorothea begehen wollte, wurde die Geschichte auf besonders tragische Weise neu geschrieben: Jörg Haider war tot.

Wie aber kam es dazu, und was geschah im Vorfeld? Die Feier im Landhaushof war nur einer von zig Terminen, die Jörg Haider an diesem Tag wahrnahm. Tatsächlich begann sein Arbeitstag bereits um 9:30 Uhr, als er am Zentralfriedhof Annabichl der Kranzniederlegung beiwohnte.

Nach der Auszeichnung der Sieger des Kärntner Jungmaurerwettbewerbes in Klagenfurt besuchte Haider laut Medienberichten auch kurz die Geburtstagsfeier von Konzerthausdirektor Franz Widrich. Manfred Stromberger war an diesem Tag auch an Jörg Haiders Seite und erzählte, dass sie – das Team um Haider und die Partei – sich wieder im „Hoch" befunden hätten, und „auf einmal sind die Leute wieder hergekommen: ‚Servus Jörg, jetzt werden wir die Absolute machen'. Und ich weiß noch, dann waren wir unten und er sagt: ‚Jetzt gehen wir nochmals zurück hinauf.' Dann sind wir in die kleine Gasse hinauf etwas essen, bei der Pizzeria hinterm Alten Platz. Da sagt er: ‚So, Burschen, jetzt haben wir genug. Ich gehe noch zum Dottolo von der Kleinen Zeitung, großes Interview.' Das war dann in der Früh [in der Zeitung] drin, als er schon nicht mehr gelebt hat. Wir sind dann heimgefahren und er ist dann noch eine Runde gezogen, hinauf nach Velden" (Stromberger, 2024). Um 15:30 Uhr traf er sich mit den Redakteuren der „Kleinen Zeitung" Hubert Patterer und Reinhard Dot-

Haiders letzter Tag

09:30 Uhr	Kranzniederlegung am Zentralfriedhof Annabichl in Klagenfurt	
11:00 Uhr	Brauchtumsfeier im Landhaushof Klagenfurt	
13:30 Uhr	Auszeichnung der Sieger des Kärntner Jungmaurerwettbewerbs im Innungshaus Bau und Technik in Klagenfurt	
15:30 Uhr	Interview mit den Redakteuren der „Kleinen Zeitung" Hubert Patterer und Reinhard Dottolo im Kaffeehaus Moser-Verdino	
17:00 Uhr	Treffen mit Wolfgang Auer von Welsbach im Moser-Verdino	
17:30 Uhr	Einkauf in der Boutique Bon Bon in der Klagenfurter Innenstadt	
19:30 Uhr	Eröffnung des Speiselokals „Bem Vindo" am Kardinalplatz 7 in Klagenfurt	
21:30 Uhr	Vorstellung der Zeitschrift „Blitzlicht Revue" in der Diskothek „Le Cabaret" im Casino Velden	
23:15 Uhr	Radio-Interview mit Antenne-Kärnten-Reporter Arne Willrich im Casino Velden	
0:15 Uhr	Besuch des Lokals „Zum Stadtkrämer" in Klagenfurt	
1:06 Uhr	Abfahrt in Klagenfurt (laut Routenplaner)	
1:15 Uhr	Unfall auf der Bundesstraße in Lambichl	

Layout: Sabrina Staudacher / Canva; Stockfotos: Canva

▸ **Der letzte Tag Jörg Haiders gemäß Medienberichten und Gerhard Wisnewski (Wisnewski, 2009). Die Aufstellung zeigt die wesentlichen Stationen und unternimmt den Versuch einer Rekonstruktion der letzten zwei Stunden im Leben Haiders.**

tolo im Kaffeehaus Moser-Verdino zu seinem letzten Zeitungsinterview. „Haider wirkte heiter und genoss es, wie er sagte, an diesem Freitag ‚frei von allem Zeitdruck' zu sein", schrieb Hubert Patterer (Patterer, 2023). Anschließend folgten ein weiterer Termin im Moser-Verdino und ein kurzer Einkaufsbummel in der Innenstadt.

Um 19 Uhr schließlich schickte Jörg Haider seinen Fahrer Friedrich Schager, der fast den ganzen Tag mit ihm unterwegs gewesen war, nach Hause. Dieser erinnerte sich: „Als ich ihn daheim rausgelassen habe, habe ich ihn noch gefragt: ‚Soll ich dich ins Bärental fahren?' ‚Nein', hat er gesagt, ‚das mach ich allein'. Und dann bin ich heim [...]. ‚Pfiat di, mach dir einen schönen Abend!' Das waren die letzten Worte" (Schager, 2024). Seinen Fahrer heimschicken – eine völlig übliche und routinemäßige Entscheidung Haiders. „Ich habe ihn immer nach Klagenfurt gebracht zum Haus, weil er sich umgezogen hat, danach ist er selber ins Bärental gefahren. Es hat sich erst später rausgestellt, dass jemand angerufen hat, dann haben sie ihn in Velden oben gesehen, im Casino", so Schager (ebd.). Haider war also in seinem Haus in Klagenfurt, um sich dort umzuziehen, wie sich auch Manfred Stromberger erinnerte: „Sie hatten ja in Klagenfurt ein Haus, das war eine Station, weil er ja nicht immer ins Bärental gefahren, sondern oft auch dort geblieben ist. Da ist er dann hin, sein Kärntner Gewand ausziehen, weil dann hat er ja normale Kleidung angehabt, und hat sich dann wahrscheinlich umgezogen und hat sich gedacht: ‚Ach, ich schau doch noch nach Velden'" (Stromberger, 2024).

Bevor Haider aber ins „Le Cabaret" im Casino Velden zur Vorstellung der Zeitschrift „Blitzlicht Revue" fuhr, besuchte er die Eröffnung des Speiselokals „Bem Vindo" in Klagenfurt. Inhaber Hans-Peter Gasser führte auch das damalige Szenelokal „Zum Stadtkrämer", das Haider nach Mitternacht noch besucht haben soll. Um 23:15 Uhr gab Jörg Haider im Casino Velden Antenne-Kärnten-Reporter Arne Willrich sein letztes Radiointerview. Jörg Haider war „gut gelaunt, locker und wie immer auch jederzeit für einen Scherz zu haben", hieß es in der Anmoderation zum Interview (HerrAbisZ2, 2011).

Die letzte Stunde

Die Uhr schlug Mitternacht, der Kärntner Landesfeiertag war vorbei, der 10. Oktober 2008 Geschichte. Während die für den Tag gehissten Fahnen als stille Zeugen eines feierlichen Tages vielerorts noch aufgezogen blieben, läutete der Mitternachtsschlag die letzten Minuten im Leben Jörg Haiders ein. Die letzten Minuten, rund eine Stunde, über deren Verlauf sich die Geister bis heute scheiden. Autor Gerhard Wisnewski, der in seinem Buch „Jörg Haider. Unfall, Mord oder Attentat?" die Geschehnisse rund um den Tod Haiders sehr genau beleuchtet hat, beschrieb den zeitlichen und örtlichen Ablauf nach Mitternacht so:

> 11. Oktober 2008:
> 0:15 Uhr Besuch des Lokals „Zum Stadtkrämer" in Klagenfurt
> 1:06 Uhr Abfahrt in Klagenfurt (laut Routenplaner)
> 1:15 Uhr Unfall auf der Bundesstraße in Lambichl

Lange Zeit wurde darüber gemutmaßt – und wird es vielleicht immer noch –, ob und wann Jörg Haider im „Stadtkrämer" zugegen war. Wenn ja, warum war er dort? Wisnewski hatte sich dazu mit „Barmann Martin" unterhalten, demzufolge Haider etwa eine Dreiviertelstunde im „Stadtkrämer" gewesen sei – also von ca.

0:15 bis 1:05 Uhr. Was wollte er im „Stadtkrämer"? Dazu schrieb Wisnewski: „Er wollte eigentlich gar nicht hier sein. Stattdessen habe er sich mit den Worten an die Theke gesetzt: ‚Habt's drüben eh schon zu?' ‚Drüben', nur etwa 150 Meter weiter um die Ecke, liegt das ganz normale und bürgerliche Bem Vindo, bei dessen Eröffnung Haider am selben Tag zu Gast war. Auf dem Heimweg wollte Haider in dem Lokal offenbar noch einmal vorbeischauen. Da es aber schon geschlossen hatte, muss er ums Eck in den Stadtkrämer gegangen sein. Dass der vom selben Wirt geführt wurde, wusste er offenbar" (Wisnewski, 2009, S. 114).

Bestätigt würde dies auch durch den Leserbrief von Hans-Peter Gasser, der am 19. Oktober 2008 in der „Kronen Zeitung" veröffentlicht wurde:

> „Tatsache ist, dass Dr. Jörg Haider auf meine Bitte hin bei der Lokaleröffnung im ‚Bem Vindo' anwesend war. Ebenso ist es richtig, dass dieser kurz im Städtkrämer anwesend war. Dr. Haider hat sich aber nur kurz mit Gästen unterhalten und dann das Lokal verlassen. Inwieweit er alkoholisiert war, kann ich nicht beantworten, da er kein Getränk selbst bezahlen musste. Die im Internet aufgetauchten Vorwürfe sind für mich unfassbar. Unser Landeshauptmann hat meine Lokale lediglich anlässlich der Eröffnung meines Restaurants ‚Bem Vindo' besucht. Ich fühlte mich geehrt, dass er die Einladung angenommen hat und damit einmal mehr seine Nähe zum Kärntner Volk bewiesen hat" (Kronen Zeitung, 19.10. 2008, zit. n. Wisnewski, 2009, 95).

Laut Wisnewski kann dennoch nicht mit Sicherheit geklärt werden, dass Jörg Haider an jenem Abend überhaupt im „Stadtkrämer" zugegen war – besonders aufgrund der Zeugen: „Ob Freund oder politischer Gegner – niemand hatte jedenfalls ein Problem, mit mir über Haiders letzten Abend zu reden und seine letzte Begegnung mit Jörg Haider zu schildern. Angst und Anonymität beginnen erst da, wo man es mit den letzten Menschen zu tun bekommt, die Haider lebend gesehen haben (wollen): Sie wollen entweder um jeden Preis anonym bleiben und/oder werden äußerst nervös, wenn man sie auf Haider anspricht. Es sollte einem zu denken geben, dass nicht nur der eine oder andere, sondern praktisch alle, die Haider zuletzt gesehen haben, im Dunkeln bleiben wollen oder sollen" (Wisnewski, 2009, S. 116). Wenn Haider tatsächlich an diesem Abend noch im „Stadtkrämer" war, hat er wirklich innerhalb einer knappen Stunde eine Flasche Wodka konsumiert und sich einen Promillewert von 1,8 angetrunken, wie es nach seinem Unfall behauptet wurde? Sollte Haider dort gewesen sein, dann verließ er nach einer Dreiviertelstunde um etwa 1:05 Uhr den „Stadtkrämer". „Beim Hinausgehen habe Haider geschwankt, berichtete der Staatsanwalt unter Berufung auf einen der Öffentlichkeit gegenüber anonymen Zeugen. Haider habe nicht geschwankt, sagt dagegen Barmann Martin" (ebd., S. 116). Es steht Aussage gegen Aussage. Denn „an die Öffentlichkeit gingen nur die [Zeugen], die Haider nüchtern und zurückhaltend trinken sahen. Alle, die Haider angeblich trinken und betrunken sahen, wollen sich der Öffentlichkeit nicht zeigen" (ebd., S. 117).

War Haider an jenem schicksalhaften Abend wirklich im „Stadtkrämer" zugegen, dann stieg er um kurz nach ein Uhr nachts in sein Auto und fuhr auf dem Weg vom „Stadtkrämer" ins Bärental an seinem Haus in Klagenfurt direkt vorbei. Für seine Frau Claudia passte seine angebliche Alkoholisierung nicht ins Bild: „Nachdem er so sportlich war, war er sehr auf seine Gesundheit bedacht. Alkohol passte da nicht dazu", sagte sie und lächelte bei der nächsten Erinnerung: „Er hat im Laufe der Jahre auf seinen Auswärtsterminen Legionen von Pflanzen ‚gedüngt', weil er den Inhalt von so vielen Schnapsgläsern darin versenkt hat. Entweder das, oder er hat das Glas ungesehen einem Mitarbeiter in die Hand gedrückt" (Haider C., 2024).

Wie Claudia und die Interviewpartner Wisnewskis sind sich auch die dazu befragten Interviewpartner des vorliegenden Buches in einem Punkt unumstritten einig: Jörg Haider hatte an diesem Abend nicht bis zum Exzess getrunken – ein Promillewert von 1,8 war für jeden von ihnen unvorstellbar.

Haiders ehemaliger Chauffeur Friedrich Schager war besonders zu Wahlkampfzeiten oft tage- und nächtelang mit Haider unterwegs: „Aber was ich bis heute nicht glaube, das sind die Promille, die sie da angegeben haben. Weil, die ganze Zeit, die ich mit ihm gefahren bin, habe ich nie gesehen, dass er rauschig war. Ich meine, er hat wohl, beispielsweise am Bleiburger Wiesenmarkt, ein Bier in der Hand gehabt, und das hat er den ganzen Vormittag spazieren getragen" (Schager, 2024).

Auch für Peter Westenthaler ist der vermeintliche Promillegehalt unverständlich: „Mir sind die Umstände davor nicht nachvollziehbar und vor allem auch nicht diese Erklärung des hohen Alkoholspiegels. Das kann ich mir einfach in Kenntnis seiner Person nicht vorstellen. Denn der Jörg Haider hat generell nicht viel Alkohol getrunken. Wie gesagt, sportlich, Asket. Er ist fast nie selber mit dem Auto gefahren. Aber wenn er selbst mit dem Auto gefahren ist, dann erst recht nicht, weil er schon gewusst hat, wenn man ihn da erwischt, dann ist seine politische Karriere beendet" (Westenthaler, 2024).

„Das kann ich mir bei ihm absolut nicht vorstellen", sagte auch Christa Jessenitschnig. „Ich war doch sehr viel in seiner Nähe und habe ihn während dieser Zeit nie betrunken erlebt, höchstens sehr gut aufgelegt! Und das auch nur bei ganz besonderen Ereignissen, wie z. B. bei einer Wahlfeier nach einer erfolgreich geschlagenen Wahl, und da hätte er sich nie und nimmer ans Steuer gesetzt. Ich weiß, und das haben jene, die ihn bei diversen Veranstaltungen begleitet haben, erzählt, dass ihm natürlich dort und da ein Schnaps oder Ähnliches angeboten wurde. Aber er hat dem Anstand Rechnung tragend daran genippt und dann entweder weitergereicht oder auch nach Möglichkeit entsorgt" (Jessenitschnig, 2024).

Das bestätigte auch Gerald Grosz: „Ich habe den Jörg in all den Jahrzehnten kein einziges Mal betrunken erlebt. Im Wahlkampf, wo er ständig unterwegs war, habe ich eher das erlebt, das wir alle mit der Zeit einen Festrausch gehabt haben von den ganzen Festen und er an sich vollkommen fit war. Das lag daran, dass er [...] mit dem Schnaps angestoßen hat, kurz daran genippt hat, dann das Glasl so genommen hat, so runter gestellt hat, und dahinter ist der [Mitarbeiter] gestanden und hat ihm das Glasl aus der Hand genommen. Der [Mitarbeiter] hat trinken müssen" (Grosz, 2024).

Am 11. Oktober 2008 soll jedoch alles anders gewesen sein. Ein laut gerichtsmedizinischem Gutachten alkoholisierter Haider war im Auto unterwegs, hinaus aus der Stadt.

Was viele bislang nicht wissen: Auf seinem Weg Richtung Bärental begegnete er angeblich noch einem Taxi. Manfred Stromberger sprach mit den Insassen: „Ich hatte ein recht interessantes Erlebnis mit zwei Urlaubern aus Niederösterreich. Die haben mir gesagt: ‚Wir sind an diesem Abend, als der Jörg Haider heimgefahren ist, ein paar Kilometer vor der Rosentalerstraße mit dem Taxi rausgefahren.' Sie sind dann bei einer roten [Ampel] stehen geblieben, da sagt der eine: ‚Schau, dort drüben im Auto sitzt der Haider.' Dann hat er die Scheibe heruntergedreht, die Hand raus, und ist dann dort weggefahren. Weder rasend, sondern einfach etwas zügig. Die haben dann auch das Fenster heruntergedreht: ‚Servus Jörg!' Dann hat er noch hergezeigt, dann sind sie losgefahren. Da haben sie ihn zuletzt gesehen. Die hatten nicht das Gefühl, dass er schwer betrunken ist oder irgendwas" (Stromberger, 2024).

In einem polizeilichen Aktenvermerk vom 11. Oktober 2008 wurde die telefonische Information des Taxilenkers schriftlich festgehalten und vermerkt, dass sich die beiden Lenker durch die heruntergelassenen Scheiben der beiden nebeneinander an einer Ampel haltenden Fahrzeuge mit Handgesten grüßten. Jörg Haider habe „keinen beeinträchtigten Eindruck" gemacht und seine Fahrt ins Bärental fortgesetzt (diverse Unterlagen Verkehrsunfall Dr. Jörg Haider, 2008).

Eine Fahrt, die nur wenige Minuten dauerte. Minuten, in denen Haider laut Medienberichten noch telefonierte und Nachrichten verschickte:

„1:08:39 Uhr:	Nach drei Minuten Fahrt soll Haider einen Anruf getätigt haben. Der dauerte exakt eine Minute und 8 Sekunden. Die angerufene Nummer wurde angeblich nicht abgespeichert.
1:12:53 Uhr:	Vier Minuten später wird von Haiders Handy eine SMS verschickt.
1:14:38 Uhr:	Jörg Haider empfängt noch eine letzte SMS.
1:16:06 Uhr:	Kein Signal mehr: Der Kontakt des Mobilfunkbetreibers zu Haiders Handy bricht ab.
1:18 Uhr:	Eine Zeugin meldet sich beim Notruf – sie steht vor Haiders völlig zerstörtem Phaeton" (oe24, 2008).

Ein Telefonprotokoll aus dem Internet – der Wahrheitsgehalt ist fraglich. Claudia Haider sagte, die Familie habe es nie erhalten, da es nach Auskunft des Telefonanbieters „im Auftrag der Familie" vernichtet worden sei. Diesen Auftrag habe es nie gegeben, betonte Claudia. Das Handy wurde der Familie später in einem „professionell vernichteten" Zustand übergeben.

Der Unfall

„Guten Morgen, meine Damen und Herren, ich begrüße Sie zu einer Sonderausgabe der ‚Zeit im Bild'. Der Kärntner Landeshauptmann Jörg Haider ist tot."

Mit diesen Worten begann ORF-Journalist Roland Adrowitzer am 11. Oktober 2008 kurz nach 6 Uhr eine „ZiB"-Sondersendung zum plötzlichen Unfalltod des Kärntner Landeshauptmannes. Nur wenige Stunden, nachdem Haider noch gut gelaunt in Velden zu Gast gewesen war, war er an den Folgen eines Autounfalls verstorben. Um 2:59 Uhr erging die erste Meldung über den Unfall per Mail vom Roten Kreuz: „Auf der Rosentaler Straße, Höhe Lambichl, kam es zu einem Verkehrsunfall. Aus bis jetzt noch ungeklärter Ursache überschlug sich ein Fahrzeug, dabei wurde der Fahrzeuglenker so schwer verletzt, dass er noch an der Unfallstelle verstarb" (Hohl, 2008). Eine Stunde später teilte die Polizeidirektion Klagenfurt den Medien mit, dass es sich beim Opfer um Kärntens Landeshauptmann Jörg Haider handelte. Adrowitzer berichtete in der „ZiB" weiter, dass Haider auf dem Weg ins Bärental in der Ortschaft Lambichl nach einem Überholmanöver von der Fahrbahn abgekommen sei, sich mit seinem Auto überschlagen habe und in der Folge verstorben sei. Im Obduktionsbericht vom 11. Oktober 2008 liest sich dazu: „Jörg Haider ist am 11.10.2008 als PKW-Lenker an einem Abriss des verlängerten Marks mit Atem- und Kreislaufstillstand eines gewaltsamen Todes verstorben. [...] Aus gerichtsmedizinischer Sicht besteht daher kein Zweifel an der unmittelbaren Todesursache. [...] Die Verletzungen des Dr. Jörg Haider waren in einer derartigen Ausprägung vorhanden, dass selbst sofortige notärztliche Hilfe ein Überleben des Dr. Jörg Haider nicht sichern hätte können" (diverse Unterlagen Verkehrsunfall Dr. Jörg Haider, 2008). In einem „ZIB spezial" um 7 Uhr gab es bereits detaillierte Informationen zum Unfallhergang. Ernst Frießnegger, Polizeidirektor von Klagenfurt, erklärte, dass sich das Fahrzeug mehrmals überschlagen habe; der medizinische Direktor des LKH Klagenfurt, Thomas Koperna, ergänzte, dass der Landeshauptmann angeschnallt gewesen sei, aus dem Fahrzeug geborgen und aufgrund einer geringen Überlebenschance ins LKH Klagenfurt gebracht worden sei, wo er bei Ankunft jedoch bereits verstorben gewesen sei (ORF, 2008a). Haider wurde zur Obduktion nach Graz überstellt. In der Zwischenzeit wurde medial bereits verlautbart, dass zu hohe Geschwindigkeit für den tödlichen Unfall verantwortlich gewesen sei. Die technischen Untersuchungen am Fahrzeugwrack – einem VW Phaeton – hätten am 12. Oktober 2008 bereits ergeben, dass es keinerlei Anhaltspunkte für einen Sabotageakt gebe, das Fahrzeug sei demnach in einem technisch einwandfreien Zustand gewesen, sagte Gottfried Kranz, der leitende Staatsanwalt aus Klagenfurt (ORF, 2008b). Am 15. Oktober 2008 wurde medial publik, dass Haiders Blutalkoholwert bei 1,8 Promille gelegen habe; für die Staatsanwaltschaft stand mit 16. Oktober 2008 daher bereits fest, dass ein Fremdverschulden auszuschließen war: Haider sei zu schnell und angetrunken unterwegs gewesen (Der Standard, 2008).

Liest man hier die nüchternen Fakten und lässt (bewusst) weitere Informationen beiseite, so wird man den Unfalltod Haiders als das einstufen, was medial nur wenige Stunden nach seinem Tod bereits in Umlauf gebracht wurde: dass ein alkoholisierter Landeshauptmann mit seinem Auto in den Tod gerast war. Die Lebensgeschichte Jörg Haiders so einfach enden zu lassen, war für viele seiner Anhänger, aber vor allem auch für die Kärntnerinnen und Kärntner in keiner Weise befriedigend. Haider wurde in Kärnten als Landeshauptmann geschätzt, er galt als Landesvater. Am Morgen dieses 11. Oktober war – wie es Gerhard Dörfler dann etwas pathetisch formulierte – für viele Kärntner tatsächlich die Sonne vom Himmel gefallen. Dass der Tod des Landeshauptmannes, noch während halb Kärnten in einer Schockstarre verharrte, innerhalb weniger Tage aufgeklärt werden konnte, kam nicht nur überraschend, sondern nährte natürlich den Boden für Spekulationen in verschiedenste Richtungen. Noch bevor über andere Unfallerklärungen als jene, die von der Staatsanwaltschaft schnellstmöglich und mit medialer Unterstützung ausgegeben wurden, nachgedacht werden konnte, wurden diese als Verschwörungstheorien schubladisiert. Die kritischen Stimmen wurden jedoch immer lauter und sind bis heute nicht verstummt, sodass auch ihnen in diesem Buch Platz geboten werden muss. Verschließt man sich nicht davor und zeigt sich bereit, auch andere Tatsachen zu berücksichtigen, so wird man nicht umhinkommen, zu erkennen, dass der Tod Jörg Haiders nach wie vor viele Fragen aufwirft.

Was geschah wirklich? War es ein Unfall, wie er leider täglich auf Österreichs Straßen passiert, einfach durch simples menschliches Versagen, Sekundenschlaf oder Unachtsamkeit? War es die „selbstmörderische Verantwortungslosigkeit, die ihm den Tod gebracht hat", wie Hans Winkler in der „Kleinen Zeitung" schrieb (Winkler, 2008, S. 6) und wie es sich viele Kritiker Haiders nach seinem Tod auf die Fahnen hefteten, um noch einmal Anklage gegen jenen Mann zu erheben, dem sie zu Lebzeiten nichts entgegenzusetzen gehabt hatten und der sich nun nicht mehr wehren konnte? Oder war es der Versuch, mit allen nötigen Mitteln die Machtverhältnisse im Land aufrechtzuerhalten, indem man einen Politiker stoppte, der dabei war, Österreichs Politlandschaft ein weiteres Mal umzukrempeln?

Ein stummer Zeuge

Haider verunglückte in einem VW Phaeton: besonders leistungsstarke Premiumlimousine mit erhöhtem Komfort und bester Sicherheitsausstattung. Ein schweres Auto, das mehr als 2,5 Tonnen wog. Ein normaler Pkw bringt es heute auf ein Gewicht von ca. 1,4 Tonnen. Dieses „Panzerfahrzeug" hatte sich laut Polizeidirektor Frießnegger – in der „ZiB" um 7 Uhr am 11. Oktober – „mehrmals überschlagen". Zuvor sollte Haider im 70-km/h-Gebiet eine Autofahrerin mit 140 km/h überholt und sich danach nicht mehr auf der Fahrbahn einordnen gekonnt haben. Stattdessen sei das Fahrzeug über eine Böschung, in der Folge über einen Gartenzaun und dann auf einen Betonsockel gefahren, bis es gegen einen Wasserhydranten gerutscht sei und sich mehrfach überschlagen habe. Diese Unfallversion führte bereits zu vielen Spekulationen. Ein herkömmlicher Wasserhydrant soll eine solche Kraft auf den Phaeton mit seinen 2,5 Tonnen ausgeübt haben, dass dieser in die Luft geschleudert wurde? Unwahrscheinlich, sagten viele. Die Recherchen für dieses Buch haben keine physikalischen oder ballistischen Berechnungen umfasst, weshalb an diesem Punkt weiterhin ein Fragezeichen bleiben muss. Merkwürdig erscheint aber nach wie vor, und das wurde Ende 2008 auch von einem Gutachter bestätigt, dass sich der Phaeton überschlagen haben soll (oe24, 2008), obwohl das Autodach nur wenige Beschädigungen aufwies. Der Phaeton selbst, dem wir als „stummem Zeugen" einen Besuch abgestattet haben, kennt ebenfalls keine andere Wahrheit. Das Dach – wie auch die Beifahrerseite – sind im Vergleich zur Motorhaube und zur Fahrerseite in einem bemerkenswert guten Zustand – man könnte meinen, sie seien anderen Einwirkungen bzw. Kräften ausgesetzt gewesen als jener Bereich im Fahrzeug, in dem sich Jörg Haider befand. An diesem Punkt könnte man weitere Theorien zum Unfallhergang bemühen; das ist aber gar nicht nötig, denn die offiziellen Meldungen, die seitens der Behörden ausgegeben wurden, lassen bereits genügend Platz für Spekulationen und Unklarheiten.

Völlig unverständlich ist, dass der Ablauf des Unfalls, der in einer Nacht von Freitag auf Samstag geschah, bereits vor Vorliegen eines Gutachtens medial hinausposaunt wurde. Am 12. Oktober, an einem Sonntag (!), wurde die

▸ **Der Unfallwagen: Haiders schwer beschädigter VW Phaeton.**

Bilder: © Sabrina Staudacher

▸ **Der Unfallort im Jänner 2024: Bis heute ehren Freunde und Fans das Andenken des Ausnahmepolitikers Jörg Haider.**

Bilder: © Sabrina Staudacher

technische Untersuchung des Unfallwracks von Sachverständigen für beendet erklärt. Später wurde publik, dass – laut Auskunft von VW – das „Unfallfahrzeug in Anwesenheit der Staatsanwaltschaft von Volkswagenmitarbeitern äußerlich besichtigt werden [konnte]. Eine detaillierte Untersuchung bzw. fotografische Dokumentation hat sich die Staatsanwaltschaft vorbehalten" (Volkswagen Markenkommunikation, 2009). Das heißt: Die in Windeseile durchgeführten Untersuchungen am Unfallauto fanden rein äußerlich statt. Das ist in etwas so, als würde man eine Leiche nur von außen anschauen und über die Todesursache orakeln, ohne zu wissen, ob es irgendwelche inneren Verletzungen, Erkrankungen oder dergleichen gibt. Warum die Staatsanwaltschaft trotz fehlender Erkenntnisse so schnell ein technisches Gebrechen oder dergleichen ausschloss, ist nicht nachvollziehbar. Im Polizeiakt liest sich mit Datum 14. Oktober 2008: „LH Haider ist bei einem tödlichen VU oder Anschlag gestorben (bedenklicher Todesfall)" (diverse Unterlagen Verkehrsunfall Dr. Jörg Haider, 2008), was ebenfalls darauf hindeutet, dass die Kommunikation nach außen weitaus anders gestaltet wurde, als es der interne Wissenstand eigentlich geboten hätte.

Die Tage danach

Bereits um 5:25 Uhr – nur rund vier Stunden, nachdem Jörg Haider mit seinem VW Phaeton auf dem Weg von Klagenfurt ins Bärental verunglückte – gab es die ersten APA-Meldungen und Beileidsbekundungen. Die engsten Mitarbeiter Haiders wussten bereits seit einigen Stunden über den tragischen Unfall Bescheid, sein Pressesprecher Stefan Petzner war sogar im Krankenhaus und sah den Leichnam Haiders. Seiner Familie wurde die Nachricht erst sehr spät überbracht. Warum Petzner als Erster nach dem Unfall angerufen wurde, ist bis heute unklar. Claudia Haider selbst war nicht dort: „Wir wurden erst gegen halb fünf Uhr in der Früh zu Hause im Bärental über den Unfall meines Mannes informiert. Die Nachricht überbracht hat die ehemalige Protokollchefin Jörgs, Christine Kogler, in Begleitung eines Beamten der Sicherheitsdirektion. Mein Schwiegersohn ist dann am Nachmittag ins Krankenhaus gefahren, hat Jörg aber nicht mehr gesehen. Wir als Familie konnten erst Tage später in der Aufbahrungshalle von ihm Abschied nehmen" (Haider C., 2024).

Was danach geschah, ist nach wie vor mehr als undurchsichtig und aus rechtlicher Sicht auch äußerst fragwürdig. Haider wurde zur Obduktion nach Graz überstellt, wo man Blut und Gewebe untersuchte und dem toxikologischen Gutachten zufolge einen Alkoholwert von 1,8 Promille im Blut fand, gängige K.o.-Tropfen oder sonstige Suchtmittel jedoch nicht nachweisen konnte. Die Anordnung einer Obduktion kann seitens des behandelnden Arztes (beispielsweise zur Qualitätskontrolle einer Therapie oder Diagnose), durch die Gesundheitsbehörde oder – wie im Falle Dr. Jörg Haiders – im Auftrag der Staatsanwaltschaft erfolgen. § 128 StPO Abs. 2 regelt die Leichenbeschau und Obduktion wie folgt: „Eine Obduktion ist zulässig, wenn nicht ausgeschlossen werden kann, dass der Tod einer Person durch eine Straftat verursacht worden ist." Für den Durchschnittsbürger, der kein findiger Jurist ist, lässt sich daraus schließen, dass die offizielle Angabe, wonach der Unfall explizit als Unfall einzustufen sei, vielleicht doch etwas zu voreilig getätigt wurde. Wie ist es sonst zu erklären, dass nicht einmal Jörg Haiders Schwiegersohn seinen toten Schwiegervater im Krankenhaus sehen konnte und die Familie auch über die Obduktion nicht in Kenntnis gesetzt wurde? Wie lässt sich nachvollziehen, dass im Obduktionsbericht die „geringfügigen biologischen Spuren im Unfallsfahrzeug" als „auffällig" bezeichnet wurden (diverse Unterlagen Verkehrsunfall Dr. Jörg Haider, 2008)? Hätten die mannigfaltigen Verletzungen, die sich Jörg Haider durch den Unfall zuzog – u. a. wurde der linke Arm nahezu gänzlich abgetrennt –, nicht zu großflächigeren Blutansammlungen oder dergleichen führen müssen? Dass Haiders Leichnam ohne Rücksprache bzw. Einverständnis seiner Familie einbalsamiert wurde, lässt die Geschehnisse nach dem Tod zusätzlich in einem äußerst strittigen Licht erscheinen. „Die Einbalsamierung wurde ohne Wissen der Familie angeordnet. Wir wissen auch bis heute nicht, wer sie angeordnet und bezahlt hat", sagte Ehefrau Claudia (Haider C., 2024).

Für mediales Aufsehen sorgte 2018 die Tatsache, dass die sichergestellten Körperflüssigkeiten (Blut, Urin, Gewebe) von Jörg Haiders Leichnam vernichtet worden waren. Tatsächlich müssen solche Proben nach internationalen Standards lediglich für zwei Jahre fachgerecht aufbewahrt werden (Lindorfer, 2019). Für Missverständnisse dürfte zehn Jahre zuvor jedoch ein Schreiben der Sachverständigen des Institutes für Gerichtliche Medizin in Graz gesorgt haben. In diesem wurde Staatsanwalt Dr. Kranz in Klagenfurt darauf hingewiesen, dass „die bei uns sichergestellten Asservate 10 Jahre lang aufbewahrt werden und dann, sollte von Ihnen kein entsprechender schriftlicher Gegenbericht erfolgen, entsorgt [werden]" (diverse Unterlagen Verkehrsunfall Dr. Jörg Haider,

2008). Was genau mit „Asservate" gemeint war, wurde nicht näher ausgeführt. Fakt ist jedoch, dass die Informationen hinsichtlich etwaiger Aufbewahrungsfristen mehr als schwammig waren und somit widersprüchliche Interpretationen zuließen, weshalb die Familie Haider auch erst Anfang 2018 das Ersuchen auf Herausgabe der gesicherten Blut-, Harn- und Gewebeproben stellte, welches seitens der Staatsanwaltschaft mit der Begründung, dass es schlichtweg keine Proben mehr gebe, abgelehnt wurde (Eder, 2019).

Neben diesen harten Fakten, die wohl kaum etwas mit Verschwörungstheorien zu tun haben können, sondern eindeutig belegbar sind, gibt es viele weitere Punkte, die nicht schlüssig erscheinen. Beispielsweise wurden mehrfach die Harn- und Blutproben auf Hinweise für mögliche Wirkstoffe, die man auch in K.o.-Tropfen finden kann, untersucht. Die Ergebnisse dieser Untersuchungen, die u. a. vom Gerichtsmedizinischen Institut in Innsbruck kamen, zeigten keinerlei Spuren von Amphetaminderivaten, Benzodiazepinderivaten, Buprenorphin, THC, Kokain, Methadion, Opiaten, LSD oder dergleichen (diverse Unterlagen Verkehrsunfall Dr. Jörg Haider, 2008). Zum Zeitpunkt der Obduktion, im Zuge derer die Blut-, Harn- und Gewebeproben sichergestellt wurden, konnte vermutlich keine Testung auf die Nachweisbarkeit des Stoffes Gamma-Hydroxybutyrat (GHB) bzw. Gamma-Butyrolacton (GBL) durchgeführt werden. Als „Liquid Ecstasy" lassen sich GHB und GBL nur ca. drei bis vier Stunden lang im Blut und maximal zwölf Stunden lang im Harn nachweisen (Andresen, Stimpfl, Sprys, Schnitgerhans u. Müller, 2008). Zwischen Tod und Leichenöffnung lagen nahezu 16 Stunden. Ob es möglicherweise schon im Klagenfurter Krankenhaus zu einer Blutabnahme kam, bei der diese Wirkstoffe ausgeschlossen werden konnten, wissen wir nicht. Grundsätzlich wäre eine rechtzeitige Testung auf diese chemischen Substanzen jedoch nicht uninteressant gewesen, zumal es 2008/09 in Klagenfurt immer wieder Opfer von K.o.-Tropfen-Angriffen gab (Kronen Zeitung, 2008; Magnet, 2009). Weitere Mutmaßungen betreffen die Schwere der Schäden am Phaeton wie auch die Aussagen der Autolenkerin, die Haider überholte.

Die Unfallzeugin gab am 11. Oktober 2008 um 8:30 Uhr bei ihrer Zeugenvernehmung in Klagenfurt an, dass sie um ca. 1:15 Uhr von einem Pkw überholt worden und kurz darauf das Fahrzeug von einer Staubwolke umhüllt gewesen sei. „Ich fuhr auf das Fahrzeug zu und beleuchtete es, wobei ich mich nicht aussteigen traute. Aus dem Fahrzeug bzw. im Bereich der Lenkertüre hingen ein paar Füße heraus. Ich hatte einen derartigen Schock, sodass ich sofort meinen Gatten verständigte, der dann zur Unfallstelle kam. Nach diesem kurzen Gespräch verständigte ich dann die Polizei, von welcher dann die weiteren Einsatzkräfte verständigt wurden. Kurz danach kam von der Polizei ein Rückruf, da die Örtlichkeit vorerst offensichtlich von der Polizei nicht richtig aufgenommen wurde. Danach kam ein Fahrzeug aus der Gegenrichtung, wobei der Lenker dieses Fahrzeuges anhielt, ausstieg und zum verunfallten Fahrzeug lief. Diesem mir nicht bekannten Mann gab ich zu verstehen, dass ich bereits alles verständigt habe. Nach einiger Zeit kam dann die Polizei, die Rettung und auch die Feuerwehr. Bis zum Eintreffen der Einsatzkräfte begab sich mein inzwischen an der Unfallstelle eingetroffener Gatte zum verunfallten Fahrzeug, wobei er den Lenker anzusprechen versuchte. Der Lenker war nicht ansprechbar und lag in Linksseitenlage am Lenkersitz und hatte die Füße heraus hängen" (diverse Unterlagen Verkehrsunfall Dr. Jörg Haider, 2008). Um 12:42 Uhr, also rund vier Stunden nach der polizeilichen Einvernahme, wurde die Zeugin zu einem Ortsaugenschein beigezogen. Die Aussagen, was nach dem Unfall geschehen sei, überraschen hierbei: „Ich bin vor dem beleuchteten verunfallten Fahrzeug stehen geblieben und habe mir vorerst die Situation angeschaut. Ich habe noch in meinem Fahrzeug befindlich gesehen, dass sich im verunfallten Fahrzeug eine Person befunden hat und die Person hat sich nicht gerührt. Ich habe mittels Handy dann sofort die Polizei alarmiert. Aufgrund der Situation habe ich der Polizei auch die Dringlichkeit eines Notarzteinsatzes mitgeteilt. Daraufhin hat sich aus meiner Richtung gesehen, von links her ein Passant angenähert, der ein Handy geschwenkt hat, daraufhin habe ich auch mein Fahrzeug verlassen und bin zum Unfallsfahrzeug hingegangen. Der Unfalllenker ist am Fahrersitz gesessen, hat sich nicht gerührt, beide Beine sind nach links hin verschwenkt gewesen und haben bereits den Boden berührt, es hat so gewissermaßen den Eindruck gemacht, als ob diese Person das Fahrzeug verlassen hätte wollen. Der Kopf des Unfalllenkers hat Richtung linke Schulter gewiesen und hat gewissermaßen die Schulter berührt. Ich habe in weiterer Folge nicht versucht, Kontakt mit dem Unfalllenker aufzunehmen. Ich habe auch das Fahrzeug bzw. den Lenker nicht berührt" (diverse Unterlagen Verkehrsunfall Dr. Jörg Haider, 2008). Man könnte meinen, hier hätten zwei verschiedene Zeugen über den Unfall berichtet. In der jüngeren Erzählung der Zeugin war keine Rede mehr von einem Fahrzeug aus der Gegenrichtung, dem Ehemann, der hinzugerufen worden sei, oder davon, dass sie das Auto nicht verlassen habe. Im Gegenteil: Die Zeugin erklärte, selbst zum Unfallfahrzeug hingegangen zu sein und einen Lenker vorgefunden zu haben, der den Eindruck erweckt habe, das Auto verlassen zu wollen. Dass zudem ein Passant das Ganze gefilmt habe, ist ein weiteres Detail, das in der Vernehmung um 8:30 Uhr noch nicht erwähnt worden war. Diese Diskrepanzen in den Aussagen der Zeugin wurden aber nicht weiter thematisiert. Ebenso nicht die Frage, wie plausibel es ist, dass der Zeitraum zwischen Unfall, Meldung an die Polizei und Absperrung der Unfallstelle nur rund fünf Minuten betragen haben soll und in der Folge nach dem Eintreffen der Einsatzkräfte von der Bergung Haiders aus dem Fahrzeug über den Abtransport im Krankenwagen bis zu dem Zeitpunkt, als Jörg Haider offiziell um 1:30 Uhr auf dem Weg ins LKH verstarb, nur zehn weitere Minuten verstrichen sein sollen. Dass dazwischen möglicherweise noch der Ehemann der Zeugin Zeit gehabt haben soll, selbst zur Unfallstelle zu kommen, lässt Zweifel am zeitlichen Ablauf zu.

Die Meinungen darüber, was abseits der offiziellen Unfallmeldung geschehen sein könnte, gehen weit auseinander. Tatsache ist, dass Jörg Haider vom Klagenfurter LKH in die Grazer Gerichtsmedizin überstellt, dort obduziert, sein Alkoholgehalt festgestellt und in weiterer Folge sein Leichnam einbalsamiert wurde, ohne mit der Familie Haider vorab zu sprechen. Zu guter Letzt sickerte der Promillewert von 1,8 innerhalb weniger Tage durch und wurde bereits am 15. Oktober – nur vier Tage nach Haiders Tod – medial ausgeschlachtet, obwohl ein interner Aktenvermerk vom 16. Oktober (9:15 Uhr) darauf hinwies, dass das Ergebnis der Blutalkoholuntersuchung „vorerst weiteren Personen nicht bekanntzugeben" sei (diverse Unterlagen Verkehrsunfall Dr. Jörg Haider, 2008). Anzumerken ist, dass sich sämtliche seiner Wegbegleiter nicht vorstellen konnten, dass er in so kurzer Zeit derart viel Alkohol konsumiert haben sollte. Dass die Einbalsamierung vorgenommen wurde, statt weitere Analysen und Untersuchungen durchzuführen, lässt weiteren Raum für Spekulationen zu. Haider war ein Asket, ein Sportsmann und vor allem ein Politiker. Er wusste, dass ihn eine Sufffahrt wahrscheinlich den Landeshauptmannsessel gekostet hätte. Dafür, dass er dann innerhalb einer Stunde eine ganze Flasche Wodka hätte trinken müssen, um in so kurzer Zeit diesen Promillewert zu erreichen und danach sturzbetrunken zur Familienfeier ins Bärental zu fahren, gibt es keine nachvollziehbare Erklärung. Unabhängig von sämtlichen Ungereimtheiten und offenen Fragen rund um den Unfalltod Jörg Haiders bleibt für die, die ihn gut kannten, vor allem die Ungewissheit, wie ein stark alkoholisierter Haider hinterm Steuer ins bekannte Bild ihres Freundes, Vaters und Ehemannes passte.

Haider Mutter Dorothea erklärte 2009 zum Unfall: „Es gibt so viele Ungereimtheiten. Es ist eine große Tragödie, die nur schwer zu akzeptieren ist. Auch wenn wir wüssten, wie sich das Ganze abgespielt hat, würde Jörg nicht mehr lebendig werden. Aber man könnte einmal die eigene Ruhe finden" (Zeppelzauer u. Zeppelzauer, 2009, S. 256). Aus heutiger Sicht muss man wohl leider sagen, dass diese Ruhe niemals gefunden werden wird. Der Fall wurde vor langer Zeit „abgeschlossen", von Ämtern und Staatsanwaltschaft zu den Akten gelegt und jede zweifelnde Vermutung im Keim erstickt. „Auf Nachfragen hin ist man immer gegen eine Mauer des Schweigens gestoßen. Antworten gab es so gut wie keine. Mir ist auch bis heute unbegreiflich, dass der Akt zum Tod meines Mannes bereits nach wenigen Tagen geschlossen wurde, immerhin war er Landeshauptmann von Kärnten", sagte Ehefrau Claudia (Haider C., 2024).

Der Moment der traurigen Wahrheit

„Wissen Sie noch, wo Sie waren, als Sie vom Tod Jörg Haiders erfahren haben?" Diese Frage war zu Beginn der Recherchen dieses Buches als solche gar nicht angedacht. Doch bereits nach den ersten Interviews war klar, dass die persönliche Erinnerung an die Todesnachricht dermaßen prägend war, dass fast alle Interviewpartner – danach gefragt oder nicht – diese sofort detailliert abrufen konnten. Im Englischen gibt es hierfür eine Bezeichnung: *Flashbulb memory*. Im Zuge der 9/11-Anschläge hat sich bei vielen Amerikanern diese sogenannte Blitzlichterinnerung manifestiert, die auf autobiografischem Wissen über ein „emotional aufgeladenes Ereignis" basiert (Ruppert, 2022, 2. Abs.). In diese Kategorie fallen Ereignisse der Geschichte wie die Ermordung John F. Kennedys, der Fall der Berliner Mauer, die Terroranschläge vom 11. September und eben auch – in Österreich zumindest – der Tod des Kärntner Landeshauptmannes Jörg Haider.

Friedrich Schager: „Vor dem Unfall waren wir Tag und Nacht unterwegs. Und da habe ich ihn, als ich ihn daheim rausgelassen habe, gefragt: ‚Soll ich dich ins Bärental fahren?' ‚Nein', hat er gesagt, ‚das mach ich allein'. Und dann bin ich heim, so gegen fünf, sechs am Abend. [...] Und dann hat das Telefon geklingelt. Ich habe das nicht gehört. Meine Frau hat mich geweckt, dann sagt sie: ‚Du, dein Telefon läutet.' Dann habe ich gesagt: ‚Der Chef ist nicht da, weil er gesagt hat, er bleibt im Bärental [...] und ein anderer ist mir jetzt egal.' Und dann hat das Telefon nicht aufgehört. Bis es mir zu blöd war, dann bin ich raus vom Bett, weil das Telefon habe ich immer in der Diele draußen. Es war die Polizei. Das Erste, was sie mir gesagt haben: ‚Der Chef hat einen Unfall gehabt.' Da war ich noch im Halbschlaf. Darauf habe ich gesagt, sie sollen ein Taxi holen, mit dem er heimfahren kann. Ich würde morgen schon irgendein Auto auftreiben bei uns in der Garage und dann ins Bärental fahren. Und die zweite Antwort, die sie mir dann gegeben haben am Telefon: ‚Er ist tot.' Und dann war ich schlagartig munter" (Schager, 2024).

Mitarbeiter: „Ich kann mich noch genau erinnern, es war ein Samstag, da wir unserem Sohn immer erlaubten, am Samstag in der Früh den Fernseher einzuschalten, damit wir uns noch etwas ausschlafen konnten. Plötzlich kam er in unser Zimmer gestürmt und sagte: ‚Der Haider ist tot!' Ich verstand nicht ganz und fragte noch: ‚Der Alfons Haider?' Dann ging ich die Treppe runter und sah im ORF-Bericht, dass es Jörg Haider war, der gestorben war. Auch wenn ich die Bilder sah, konnte ich es dennoch nicht glauben" (o. N., 2024).

Peter Westenthaler: „Wir sind relativ spät von einer Feier nach Hause gekommen, und plötzlich hörte ich Schritte auf unserer Stiege. Ich dachte an einen Einbrecher, da stand aber meine Schwiegermutter vor uns und flüsterte: ‚Der Haider ist tot.' Ich glaubte es gar nicht, da es so ein Gerücht schon einmal früher gegeben hatte. Ich ging dann hinunter, und dann stand es in riesiger Schrift im Teletext: ‚Jörg Haider tot'. Danach versuchte ich sofort, den Stefan Petzner zu erreichen, der es mir unter Tränen bestätigte. Sehr früh rief bereits der ORF an, ob ich um sechs Uhr ins Studio zu einer Sonderberichterstattung kommen könnte. Ich sagte noch, dass ich mich erst sammeln müsse, da ein Freund von mir gestorben wäre. Ich bin schlussendlich dann aber um sieben Uhr im ORF-Studio gesessen, da ich nicht wollte, dass jemand anderes das Andenken an Jörg beschmutzt. [...] Also es ist merkwürdig, [der Unfall] wird für immer ungeklärt bleiben, es wird für immer ein Mythos bleiben, es wird sich nicht mehr erklären lassen. Leider" (Westenthaler, 2024).

Heinz-Christian Strache: „Ja, das war arg. Das hat sich natürlich eingebrannt, sozusagen. Ich habe damals eine Beziehung gehabt. Ich war zu Hause, meine Kinder auch. Ich habe schon geschlafen. Meine damalige Lebensgefährtin ist nach Hause gekommen von irgendeiner Freundschaftsrunde, so um vier Uhr früh, hat mich aufgeweckt, dass der Jörg Haider verstorben sei. Ich wollte es gar nicht wahrhaben, so im Halbschlaf. Dann habe ich das Fernsehen eingeschalten, im Teletext sehe ich das dann, das war natürlich ein irrsinniger Schock. Und das Unglaubliche war, das habe ich auch noch in Erinnerung, da waren schon 20 Nachrichten von irgendwelchen Journalisten auf meinem Handy drauf für ein Interview. Aber das habe ich dann nicht gemacht. Aber es zeigt, wie vergänglich die Welt ist. Das war ein irrsinniger Schock, denn damit rechnest du nicht. Er war in der Blüte seines Lebens, in der Wahrheit im Königsalter, er hat noch viel vor sich gehabt" (Strache, 2024).

Gerald Grosz: „Ich bin in Rovinji gewesen und war wunderbar zu Abend essen mit einem sehr lieben Freund, der leider auch schon tot ist. Und wir sind beim Abendessen im Restaurant Monte gesessen und haben wirklich gut getrunken und gut gegessen. Bei diesem Abend ist sehr oft das Gespräch auf den Jörg gekommen, wo ich mich so gefreut habe darüber, dass sich der Jörg so über das Wahlergebnis freut. Und ich habe gesagt: ‚Und jetzt hat er es wieder allen gezeigt.' Und dass er irgendwie innerlich ausgeglichen wirkt, sehr ruhig wirkt, sehr aufgeräumt wirkt und sehr zufrieden wirkt. Ich habe mich gefreut, dass der Jörg sich über das Steiermark-Ergebnis so gefreut hat, weil wir das zweitstärkste Ergebnis nach Kärnten hatten. [...] Und es war dann ca. 23 Uhr, 23:30 Uhr, wie ich ins Hotelzimmer gekommen bin [...], steck das Handy an, auf lautlos, und leg es hin. Um drei Uhr in der Früh, 3:30 Uhr, so um die Zeit, kann auch vier Uhr gewesen sein, sehe ich, wie ständig im Zimmer das Handy aufleuchtet. Minuten ist es so gegangen. Ich schon mit einem Auge und denk mir: ‚Ö3-Newsflash um vier Uhr in der Früh, welcher Trottel schreibt mir denn?' Und gehe hin zum Handy. Und sehe mehrere Nachrichten. Erste Nachricht war Manfred Stromberger: ‚Bitte ruf mich zurück, dringend.' Zweite Nachricht, Peter Westenthaler: ‚Bitte ruf mich zurück, dringend.' Dritte Nachricht, Peter Westenthaler. 14 Anrufe, unbeantwortete vom Stromberger und vom Westenthaler. ‚Jörg ist tot. Wahnsinn!' Ich denk mir: ‚Wie bitte?' Ruf den Stromberger als Erstes zurück an, sag: ‚Manfred, was ist los?' Sagt er: ‚Ich muss dir eine traurige Mitteilung machen.' Sag ich: ‚Ja, was ist passiert?' ‚Der Jörg hat einen schweren Autounfall gehabt.' Dann sag ich: ‚Ja und, geht's ihm gut?' Sagt er: ‚Er ist leider tot.' [...] Ja, in Wahrheit ist die Welt stillgestanden. Es war ein Zeitvakuum. Und das Zeitvakuum hat mich Monate, wenn nicht sogar, also, sicherlich ein, zwei Jahre nicht verlassen. Also, es waren jetzt einmal keine schönen Jahre, bis du dich damit abgefunden hast" (Grosz, 2024).

Christa Jessenitschnig: „Es war für mich ein traumatisches Erlebnis. Es war so schrecklich, es hat mich der Dobernig[13] angerufen, es war so um zwei oder um drei Uhr früh, den genauen Zeitpunkt weiß ich nicht mehr. Danach habe ich vieles nur mehr automatisiert getan. Wahrgenommen habe ich gar nichts mehr. Das habe ich total ausgeblendet, verdrängt. [...] Das erste Mal, wo ich wieder wacher war, war dann die Verabschiedung. Es war eine totale Ausnahmesituation. Und so wie er eine Ausnahmepersönlichkeit war, so war auch sein Leben und sein Sterben außerhalb der Norm" (Jessenitschnig, 2024).

Pfiat Gott

Im öffentlichen Bewusstsein und vor allem in der medialen Darstellung waren nach Haiders Unfalltod plötzlich die Weltpolitik rund um die Bankenkrise, die Suche nach einer neuen Bundesregierung oder Diskussionen über die Abschaffung der Studienbeiträge unwichtig geworden. Mit einem Schlag ging es nicht mehr nur um Politik, sondern um einen der bekanntesten Politiker seiner Zeit. Die heimischen Medien hatten einen ihrer größten „Showmen" verloren. Jahrelange hatte Jörg Haider die Cover hiesiger Zeitschriften geziert, Aufmerksamkeit heischende Schlagzeilen über den „Polit-Popstar" versprachen eine gute Auflage, sodass es kaum überraschte, dass die Tage nach Haiders Tod und auch die Folgewochen noch immer gefüllt waren mit Storys rund um die Unfallnacht. Womit jedoch wohl kaum zu rechnen war, war die Brutalität, mit der manche Medien Spekulationen zu Schlagzeilen werden ließen und manch öffentliche Stelle Schlagzeilen zu Fakten erklärte. Dabei vergessen wurde oft, dass sich Haider zwar als Politiker implizit dafür entschlossen hatte, sein Leben öffentlich darzustellen – und auch gekonnt mit der Öffentlichkeit spielte –, seine Familie aber dennoch den Verlust des geliebten Menschen betrauern musste. Die Geschichten, die nach Jörg Haiders Tod ihren Weg in die Presse fanden, waren vielfach verzerrt von Spekulationen und sensationsgierigen Darstellungen.

Sein plötzlicher Tod hatte zweifellos eine Welle von Gerüchten ausgelöst, wobei viele davon von den Medien intensiv verbreitet wurden. Inmitten dieses

---

13 Harald Dobernig war vor dem Tod Jörg Haiders dessen Büroleiter gewesen.

Bilder: © Archiv Claudia Haider

- In unzähligen persönlichen Zuschriften gedachten Kärntner, Österreicher und Menschen aus aller Welt ihrem Hoffnungsträger Jörg Haider und tun es bis heute.

Trubels wurde jedoch auch einiges bewusst der Öffentlichkeit verschwiegen bzw. weder ethisch noch faktisch korrekt dargestellt. Die Wahrheitsfindung gestaltet sich 16 Jahre danach natürlich äußerst schwierig, da unmittelbar nach dem Tod Haiders so viele unterschiedliche Personen, Organisationen, aber auch Interessenlagen involviert waren, deren Aussagen und Berichte voneinander abweichen. Eine einheitliche und verlässliche Version der Ereignisse scheint daher kaum rekonstruierbar zu sein. Dennoch kann man – wie vorhin dargestellt – den Abend vor seinem Tod bis zu einem gewissen Grad nachvollziehen und somit ein Bild von den darauffolgenden Geschehnissen zeichnen, das mehr Interpretationsspielraum darüber zulässt, wie es zu dem tragischen Unfall kam, als von manchen Stellen glaubhaft gemacht wird.

Zu all den Mutmaßungen und Gerüchten rund um den Unfalltod ihres Mannes sagte Claudia Haider: „An Spekulationen beteilige ich mich nicht. Wenn Gott einen Punkt macht, soll man dort kein Fragezeichen setzen. Man bekommt ohnehin keine Antwort. Und die Wahrheit, wie wir alle wissen, ist eine Tochter der Zeit …" (Haider C., 2024). Auf die Frage, wie sie damit umgegangen sei, antwortete Claudia: „Man kann so etwas nicht abschließen, aber ins Leben integrieren. Das heißt für mich, es anzunehmen als Bestandteil meines Lebens, vielleicht als Prüfung. Meine Aufgabe ist es, weiterzuleben" (ebd.).

Trost brachte Claudia auch eine buddhistische Trauerdelegation, entsandt vom Dalai Lama. „Nach dem Glauben der Buddhisten ist mit dem Tod die Lebensaufgabe der Seele erfüllt. Für sie ist der Tod ein Neubeginn. Ein tröstlicher Gedanke, der hilft, weiterzuleben", erzählte sie. „Und ich erfuhr die Gnade, dass Jörg und ich mit einem Lächeln auseinandergegangen waren. Sehr tröstlich war für mich auch, dass die Menschen in Kärnten mit mir trauerten" (ebd.). Über die schwere Zeit nach dem Unfall sagte, sie dass sie „getragen wurde von den Kärntnern" (ebd.). Getragen von jenen Menschen, die das Andenken ihres Mannes bis heute in Ehren halten.

Haiders Erbe

Jörg Haiders Leben und sein Unfall waren, wie es seine Mitarbeiterin bezeichnete, „außer der Norm". Er hatte die Fähigkeit, Themen direkt und volksnah zu adressieren, wusste zu provozieren und so nicht nur Normen, sondern auch Denkweisen aufzubrechen. Man mag über das „Wie" diskutieren, Fakt ist jedoch, dass es Haider zu verdanken ist, dass das althergebrachte rot-schwarze Lagersystem infrage gestellt und die österreichische Parteienlandschaft komplett umstrukturiert wurde. Etwas in einem Zustand zu belassen, nur aus Bequemlichkeit und Nützlichkeitserwägungen, widerstrebte Haider. Er wollte etwas verändern. Dazu bediente er sich strittiger Themen, die er mit einer gewissen Portion Populismus vertrat, um maximale Aufmerksamkeit auf diese zu lenken. Haiders politisches Vermächtnis lebt in der gestärkten Rolle der Freiheitlichen Partei in Österreich und vor allem in der Etablierung neuer politischer Diskurse weiter. Ein paar Stimmen zur Bedeutung Haiders für die österreichische Politik und zu seiner „legitimen Polit-Erbfolge" seien an dieser Stelle noch eingefangen:

Christian Rainer, Chefredakteur „profil", schrieb als Nachruf auf Haider in der Ausgabe am 20. Oktober 2008: „Haider war authentisch, und dies war die zentrale Eigenschaft, die ihm all den Erfolg brachte. Er spielte nicht, lavierte nicht, taktierte nicht. Er glaubte das, was er sagte, und an das, was er tat. Aber er glaubte heute das und morgen das Gegenteil, tat gestern das eine und übermorgen das andere. [...] Jörg Haider wird uns allen fehlen. [...] Er wird uns fehlen, weil die meisten profil-Journalisten in den vergangenen 20 Jahren beinahe täglich an ihn gedacht haben und denken mussten" (Rainer, 2008b, S. 11).

„Politisch war er Dutzende Male für tot erklärt worden – und blieb doch all die Jahre eine Schlüsselfigur der Republik. Seine Mesalliance mit Wolfgang Schüssels Volkspartei mobilisierte die gesamte EU gegen Österreich. Er markierte gern den Starken, wie er es in den Jugendtagen in Bad Goisern gelernt hatte; dabei war er oft unschlüssig, sein ewiges Hin und Her nervte sogar die Getreuen. Bis zuletzt blieb er der Gefangene seiner alten Prägungen, so anziehend, aber auch so abstoßend für viele" (Kurier, 2008, S. 2).

Jörg Haider wird nicht wieder lebendig. Doch sein menschliches und politisches Erbe ist es nach wie vor. „Dieses freiheitliche Erbe ist ein ganz Wesentliches. Da gibt es immer wieder Ausnahmepersönlichkeiten, die dieses freiheitliche Gedankengut und dieses Erbe massiv in Österreich vorangetrieben haben. Und auch in Mitteleuropa. Und Jörg Haider war einer der großen Vertreter dieses freiheitlichen Erbes. Und es gilt natürlich, das weiter zu halten. [...] Er hat gezeigt, dass dieses freiheitliche Lager nicht zwangsläufig bei fünf bis sechs Prozent steckenbleiben muss, sondern nachhaltig in die Mitte der Gesellschaft rücken kann, um zu einer Volkspartei zu werden. Und das war sein Verdienst. Er hat aufgezeigt, dass man das rot-schwarze Eis aufbrechen kann. [...] Das ist dann danach auch nachhaltig gelungen. Das zeigt, dass wir heute eigentlich in der Mitte der Gesellschaft angekommen sind. Das ist so wichtig, das auch nachhaltig so zu gestalten, dass das auch so bleibt", sagte Heinz-Christian Strache (Strache, 2024).

Der ehemalige Klagenfurter Bürgermeister Harald Scheucher, der mit Haider einen Freund verloren hatte, sagte zu Haiders Tod: „Er hat Kärnten bekannter gemacht, als es war. Kärnten hat durch ihn eine Rolle gespielt, die ist jetzt wieder futsch. Wir sind wieder ein stinknormales kleines Bundesland im österreichischen Verbund" (Lux, Wiedergut u. Sommersguter, 2008, S. 115).

In einem Interview im Jahr 2013 sagte Haiders Schwiegersohn Paolo Quercia auf die Frage, ob es einen politischen Erben von Jörg Haider gebe: „Es gibt keinen politischen Erben von Jörg Haider. Vielleicht gibt es ein politisches Erbe. Er schuf einen politischen Raum außerhalb der Rot-Schwarz-Hegemonie. Dieser politische Raum würde heute ohne Jörg Haiders politisches Wirken in Österreich nicht existieren. Heute liegt der Wert dieses politischen Raums bei rund 1,5 Millionen Stimmen oder 30 Prozent der Wähler. Also jeder dritte Österreicher. Am Ende sind diese Menschen die Erben von Jörg Haider" (Metzger, 2013).

Haider, ein Mann, der Menschen und Politik nachhaltig prägte. Auch die Interviewpartner waren sich einig: Wäre Jörg Haider heute noch am Leben, würde die politische Landschaft in Österreich anders aussehen. Haider wäre Bundeskanzler, sagte Herbert Haupt (Haupt, 2024), laut Manfred Stromberger wäre er immer noch Landeshauptmann. „Mit ziemlicher Sicherheit mit absoluter Mehrheit" (Stromberger, 2024). Und Heinz-Christian Strache war sich sicher: Wäre Haider noch am Leben, wäre die politische Landschaft „vielfältiger, spannender" (Strache, 2024). Für Peter Westenthaler fehlt Jörg Haider „an allen Ecken und Enden bis heute. Ich habe mir seitenlange Gedanken immer wieder gemacht, bei verschiedensten politischen Situationen, was wäre, wenn der Jörg Haider jetzt da wäre. Und es wäre eine komplett andere, eine völlig andere Politik, eine völlig andere Gemengelage" (Westenthaler, 2024).

Eine völlig andere Politik, ein völlig anderes Kärnten, eine völlig andere Familie. Jörg Haider hat in allen Bereichen seines Lebens eine große Lücke hinterlassen, aber ebenso große Spuren, die bis heute von seinen Taten und seinem Wirken zeugen. Er fehlt, aber bleibt mit Sicherheit unvergessen.

Begebenheiten eines bewegten Lebens

Kaum etwas vermag, den Mythos Jörg Haider zu erschüttern. Er war einer der wenigen Politiker, die weit über die Grenzen Österreichs hinaus Bekanntheit erlangten. In diesem Buch wurden einige Meilensteine seines politischen Tuns herausgearbeitet. Ein Anspruch auf Vollständigkeit kann nicht bestehen, denn Jörg Haider lässt sich nicht mit wenigen Worten beschreiben und in keine ideologische Schublade einordnen. Er polarisierte wie kaum ein Politiker seiner Zeit. Er fiel auf, um dadurch zu verändern. „Es bedarf eben dieser Kraftsprüche, um Veränderungen herbeizuführen. Mit Glacé-Handschuhen lassen sich keine Veränderungen, die ins Mark treffen, erreichen. Man muß Box-Handschuhe anziehen. Und Jörg Haider zieht sie an, wenn er es für nötig und nützlich erachtet" (Aglas, 1991, S. 116), konnte man bereits 1991 lesen. Und selbst Jahre nach seinem tragischen Unfalltod wird in den Medien in regelmäßigen Abständen immer wieder das Phänomen Haider thematisiert. Dieses Buch hat versucht, die politischen Geschehnisse in Jörg Haiders Leben systematisch zu beleuchten und mit Interviewaussagen und Originaldokumenten zu belegen. Dass der politische Zeigefinger hier nicht von vornherein erhoben wurde, mag für jene Menschen, die sich ein abwertendes Urteil über Haiders Politik und Handeln erlauben, wenig nachvollziehbar sein. Eine Beurteilung seines Lebens steht uns ohnehin nicht zu, da sich der Mensch Jörg Haider zwar maßgeblich von der Politik, die er auch prägte, leiten ließ, aber ebenso über viele andere Eigenschaften und Erfahrungen charakterisiert wurde.

In diesem letzten Kapitel öffnen wir daher die Türen zu ein paar Erlebnissen und Anekdoten, die das Leben von Jörg Haider so besonders gemacht haben. Durch eine Auswahl an bemerkenswerten Ereignissen, aber auch kleinen, persönlichen Lebensgeschichten und Aussagen seiner Freunde und Wegbegleiter soll der Blick über die politische Person Haider hinausgehen. Ob es vertraute

Rituale, unerwartete Begegnungen oder auch spannende Reisen waren – jede dieser Situationen und jeder dieser Momente erzählt eine Geschichte, die die Vielfalt eines bewegten Lebens wiedergibt und die Menschlichkeit hinter der öffentlichen Fassade zeigt.

Haiders sportliches Engagement

… Haider und die Natur

„Er hatte sehr viel Freude daran, wenn er Zeit in der Natur verbringen konnte. Oft ging er schon vor Sonnenaufgang auf den Matschacher Gupf oder den Kossiach und anschließend zur Arbeit. Auch am Abend vor der 10.-Oktober-Feier 2008 war er am Matschacher Gupf" (Haider C., 2024).

▸ **Jörg Haider bei einer seiner zahlreichen Bergtouren.**

… Haider ist immer voraus

„Ein unglaublicher Sportler, ein Ausdauersportler, Tennisspieler, ein Läufer, ein Bergsteiger. Also, wir sind ja nur hinterhergehechelt, obwohl wir jünger waren" (Westenthaler, 2024).

Bild: © Archiv Claudia Haider

▶ Jörg Haider bei einer seiner zahlreichen Bergtouren.

... Haider holt sich Kraft und Energie

„Haider war oben, wo sonst nicht viele waren. Der Reinhold Messner, der sicherlich kein Freund von uns [FPÖ] ist, hat in einem Interview einmal was gesagt. [...] Man hat ihn gefragt, was er vom Haider hält, weil er ja die Pallavicinirinne durchstiegen hat. Das ist eine sehr schwierige Route am Großglockner. Der Messner hat dann damals gesagt, ja, es ist außer Zweifel, dass der Haider ein guter Bergsteiger ist, was aber nicht heißt, dass er ein guter Politiker ist. Dieser These würde ich widersprechen. Dieser von Reinhold Messner. Es sagt schon viel über jemanden aus, der so einen Einsatz bietet und so ruhelos ist. Weil der muss irgendwo die Kraft herholen. Auch der Jörg Haider ist kein *Perpetuum mobile*" (Scheuch, 2024).

... Haider am Großglockner

„Einmal sind wir auf den Großglockner gegangen. Wir sind in der Früh auf die Adlersruh gekommen, da sind wir in der Nacht weggegangen. Haider hatte so einen großen gelben Parka an. Da wars schon beim Raufgehen grauenhaft kalt. Über Kals sind wir dort gegangen. Dann ist oben übers Glocknerleitl ein ganz scharfer Wind gewesen. Und nachdem du die ganze Anstrengung vom Raufgehen hast und vom Glocknerleitl praktisch nur mehr ein kurzer Weg hinauf ist, haben wir uns gedacht, das schaffen wir schon. Ich werde das nie vergessen. Dann sind wir von der Adlersruh von der Hütte weg. Da ist ein langer Gletscherzug hinauf. Da ist der Wind gegangen. Wahrscheinlich mit 180 bis 200 km/h. Und der [Bergsteigerkollege] Peter hat gesagt, wir können das nicht machen. Aber der Jörg wollte gehen. Er hat aber dann auch gewusst, er kann sich den anderen anvertrauen. Wenn der Peter am Berg gesagt hat, das tun wir jetzt nicht, dann war das kein Thema. Dann war das kein verletzter Stolz, nie. Man kann einen Berg nicht besteigen oder besiegen, man kann nur dankbar sein, dass dich der Berg hinauflässt. Das hat ein mental durchaus starker Mensch wie der Jörg gewusst. Jedenfalls sind wir dann zurückgegangen. Der Wind hat geblasen, der Parka von Haider ist geflattert, der Peter mit seinen 90 kg ist gegangen, ich mit meinen 95 kg auch gegen den Wind. Es hat fast schon ausgesehen, als würde es mich runterwehen. Kann man sich eh vorstellen, der Wind war so stark, ich hatte das Gefühl, ich fange an zu fliegen. Auf einmal sehe ich, wie der Jörg, der mit seinem gelben Parka in der Mitte war, wie er, der ja nur klein war, fast abgehoben ist. Dann ist der Peter auf ihn drauf und hat ihn niedergehalten. Er hat ihn mit beiden Händen niedergehalten. Ich bin dann auch hinzugekommen. Er war dann so zwischen uns drin. Peter sagte ihm dann: ‚Das wird heut nichts mehr. Ich kann dich ja nicht beim Hax mit einem Strick anbinden!' Dann sind wir wieder runtergegangen, sind lange auf der Hütte gesessen, das war sehr schön" (Scheuch, 2024).

… Haider läuft

„Laufen war sein Hobby. Oder einmal im Jahr den Glocknerlauf, den hat er mitgemacht. Da waren wir zuerst bei der Eröffnung von ‚Wenn di Musi spielt' in Bad Kleinkirchheim. Um halb zwölf, früher sind wir nicht weggekommen, sind wir Heiligenblut gefahren, und in der Früh ist er den Glocknerlauf gelaufen. Also ich muss sagen, durchtrainiert war er. Das war sein großes Hobby, das Laufen. Oft einmal ist er im Bärental bergauf gelaufen, da hat er trainiert für den Glocknerlauf" (Schager, 2024).

... Haider und der Marathon

Der New-York-City-Marathon, der London-Marathon, der Alaska-Marathon – Jörg Haider ist sie alle gelaufen, genauso wie einige Male den Vienna-City-Marathon, den Wörthersee-Halbmarathon und die anspruchsvolle Strecke des Großglockner-Berglaufes. Der Marathonlauf von Alaska zählt mit einem Höhenunterschied von 1000 Metern zu den schwierigsten Läufen der Welt. Haider bewältigte die Strecke in drei Stunden und 29 Minuten.

Bild: © Archiv Claudia Haider

▸ **Teilnehmerhemden von den New-York-Marathons 1996 und 1999 sowie Haiders Startnummer und Medaille vom Lauf 1999.**

... Haiders Laufschuhe

Schuhe sind so viel mehr als Schuhe: Sie erzählen vom Leben eines Menschen, von einem Teil Geschichte, die sich rund um diesen Schuh zugetragen hat, und sie lehren über die Zeit und die Gesellschaft, in der sie getragen wurden. Im Schuhmuseum von Gerhard Steiner in Obervellach finden sich mehr als 600 historische Schuhpaare und eine über 300-jährige Schuhgeschichte wieder. Mittlerweile stehen dort auch Laufschuhe von Jörg Haider.

Bild: © Sabrina Staudacher

▸ **Museumsleiter Gerhard Steiner mit den Laufschuhen von Jörg Haider.**

… Haider furchtlos

„Und er hat auch vor nichts Angst gehabt. Wenn einer zu ihm gesagt hat: ‚Komm, machen wir einen Bungee-Sprung!' – ‚Okay, machen wir.' Oder vom Flieger raus mit dem Fallschirm. ‚Geht schon.' Also, er hat vor nichts Angst gehabt" (Schager, 2024).

Im Mai 1991 eröffnete Jörg Haider das Jauntal Bungee Jumping mit seinem viel beachteten Sprung von der 96 Meter hohen Jauntalbrücke.

Wie er leibte und lebte

… unerschütterlich

Nur wenige Stunden vor einem TV-Duell mit Alexander Van der Bellen im September 2008 unterzog sich Haider einer Operation mit Vollnarkose. Nachdem er aus der Narkose erwacht war, flog er direkt nach Wien zur Übertragung. Ihm sei um den Verband im Bauchbereich eine Folie gelegt worden, „damit ich im

Fernsehen nicht nässe", erklärte er hinterher dazu (Österreich – Zeitungsverlag GmbH, 2008).

... Haider, der Übersetzer
„Er war wirklich einerseits ein brillanter Denker, der aber profan, mit einfachster Rhetorik, komplizierte Zusammenhänge einfach formulieren konnte. Er hat sie nicht vereinfacht, er hat sie übersetzt. Er war in Wahrheit ein Übersetzer politisch komplexer Inhalte in ein einfaches, verständliches, breites Kleid" (Grosz, 2024).

... Haider alias Mick Jagger
„Wir wurden zu einer diplomatischen Begleittour des Kärntner Wahlkampfes im März 1994 eingeladen, einfach um zu erleben und zu bezeugen, dass alles demokratisch ablief. Und das war ebenso eindrucksvoll wie instruktiv. [...] Der Wirtshaussaal war proppenvoll. Der örtliche Parteifunktionär hielt eingangs als Vortruppe eine stotternde Begrüßungsrede. Dann tänzelte Haider mit der üblichen Verspätung von 20 Minuten als Star in den überfüllten Saal, so wie ich mir Mick Jagger nach einer mäßigen Vorgruppe vorstellte, grüßte dabei nach links und rechts jede Menge Leute persönlich, bis er zur Bühne kam und sofort das Wort ergriff. Binnen kürzester Zeit gelang es ihm, alle 150 Leute jenes Landgasthofes zu faszinieren" (Rothacher, 2023).

... Haider anrufen
„Da war mal eine Veranstaltung in Mauterndorf, auf einmal bei mir Telefon: ‚Grüß Gott, könnten Sie mir den Haider bitte zum Telefon holen?' ‚Das tut mir leid, das ist jetzt ein bisschen ungut, er hält gerade eine Rede, ich kann ihm aber gern was ausrichten, und wenn es dringend ist, wird er Sie sicher zurückrufen, das verspreche ich Ihnen.' Dann hat die Frau gesagt: ‚Wissen Sie, ich wäre heute so gern selbst gekommen, aber ich kann nicht, weil ich so starke Fußschmerzen habe, könnten Sie ihm das bitte ausrichten?' Da siehst du, das ist die Auswirkung einer guten Politik. Was Schöneres gibt es nicht. Sowas habe ich ihm immer erzählt, und das baut dann auch auf" (Stromberger, 2024).

... Haider wusste, wie

„Beim Gailtaler Speckfest war es dann spannend. An jedem von Hunderten Standeln wurde dem Jörgl a Speck und a Schnapserl gereicht. [...] Einer seiner Mitarbeiter musste nach seinem Nippen und der sehr guten Belobigung des Getränkes mit den Worten: ‚Den musst du auch kosten!', den Schnaps austrinken und wurde nach gut einer halben Stunde im Vollrausch auf einer Pritsche im Begleitfahrzeug durch den nächsten Kameraden abgelöst, während der Chef durch absolute Disziplin nüchtern blieb" (Rothacher, 2023).

... Haider, der Erste

„Damals war dieser Wahlkampf mit den Kochlöffeln: ‚Wir müssen ein bisschen umrühren'. Da haben wir in ganz Österreich Kochlöffel verteilt. Und ein Erlebnis ist uns heute noch immer in Erinnerung. Da waren wir oben am Annaberg, in Niederösterreich [...]. Da sind wir raus ins Dorf. Da hat eine Frau vom Balkon runtergeschaut und gefragt, wer wir sind. Da haben wir gesagt, wir sind von den Freiheitlichen. ‚Habens schon mal was gehört davon?' ‚Ja, gehört habe ich schon, aber hier haben wir noch nie einen Freiheitlichen gesehen.' Wir waren die Ersten!" (Stromberger, 2024)

... Haider gibt 200 Prozent

„Das Verhältnis beim Jörg war so: Du hast gewusst, wenn du mit und unter dem Jörg arbeitest, hat er von dir 100 Prozent deines Einsatzes und deines Lebens gefordert. Ich habe mir damit aber sehr leicht getan, weil er nicht 100 Prozent, sondern 200 Prozent gegeben hat. Das heißt: Du hast niemals das Gefühl gehabt, dass du von deinem Arbeitspensum oder von irgendetwas anderem ihn überhaupt einholen kannst. Und das war natürlich eine Situation, die wahrscheinlich auch sein Umfeld dazu angespornt hat, mit ganzem und vollem Einsatz zu arbeiten. Es war bedingungslos. [...] Wir wären alle unisono für den Jörg Haider durchs Feuer gegangen" (Scheuch, 2024).

... Haiders Vielfalt

„Jörg Haider hatte so viele Facetten, die alle zu beschreiben ist eigentlich unmöglich. Als Dr. iur. war er ein exzellenter Verfassungsrechtler, er war durch und durch strukturiert, hatte eine extrem schnelle Auffassungsgabe. Er war ein Perfektionist, er musste alles bis ins Detail wissen und hatte ein Gedächtnis mit unendlichen Speicherkapazitäten. Er war ein Visionär, er dominierte politisch die Gegenwart, sein entscheidender Blick galt aber der Zukunft. *Always think in the long run.* Er hatte immer einen Plan, den er hartnäckig bis zur Umsetzung verfolgte. Er überließ nichts dem Zufall. Und man konnte es spüren, wie er die Menschen liebte. Er ging auf sie zu, konnte ihnen zuhören, nahm ihre Sorgen und Ängste wahr und brachte sie aufs politische Tapet" (Petritz, 2024).

... Haiders spirituelle Ader

„Was auch eine liebe Geschichte ist, ist, als ich eine Phase hatte und Steinsuchen war. Diese Seite der Spiritualität hatte auch der Jörg. Da habe ich dann gesagt, dass ich Steinsuchen war. Dann habe ich schon gewusst, das interessiert ihn. [...] Dann haben wir [einen Bergführer] organisiert und sind gegangen. Aufs Reisseck. Dort hat es ihn irrsinnig gefreut, da hat er richtig schöne Kristalle gefunden. Er hat sie für seine Töchter dann machen lassen" (Scheuch, 2024).

Ein Bergkristall als Edelstein, der kraftvolle Energie ausstrahlt, wurde nach seinem Tod im Zuge der Obduktion in seiner Kleidung gefunden (diverse Unterlagen Verkehrsunfall Dr. Jörg Haider, 2008). Er trug einen solchen immer bei sich. Nach seinem Tod ließ Claudia Haider sich aus ebendiesem Bergkristall einen Anhänger für eine Kette fassen.

... Haiders musikalisches Talent

„Mein Mann war ein begeisterter und talentierter Sänger von Kärntnerliedern. Das Lied ‚Pfiat Gott, liabe Alm' hat er nur wenige Tage vor seinem Tod aufgenommen" (Haider C., 2024).

Die CD/DVD, auf der auch 24 Kärntner Chöre zu hören und sehen sind, erschien im November 2008. Der Erlös kam der Aktion „Licht ins Dunkel" zugute (Dengel, 2008).

... Haider, der Freund

„Er war aber mein Chef und zugleich aber auch ein sehr enger Freund. Von Haus aus. Das hat er gar nicht wollen, ein Chef-Boss-Verhältnis, sondern wir sind alle Freunde, wir haben ein Ziel, das ist eben, die FPÖ in die Höhe zu bringen, in die Regierung zu bringen. Obwohl es klare Strukturen gab. Für ihn war das nicht so wichtig. Wir haben einen ganz kleinen, engen Kreis gehabt über Jahre hinweg, wo vielleicht fünf, sechs Leute sich immer wieder getroffen haben – privat und beruflich" (Westenthaler, 2024).

... Haider auf der Überholspur

„Ich möchte nichts missen. Haider hat immer wieder die neue Chance gesehen, blickte vorwärts. Eigentlich auch das, was die Gesellschaft damals gebraucht hat und heute brauchen würde. Man braucht Menschen, die Optimismus und positives Denken ausstrahlen. Das hat er können. Deswegen reden noch immer so viele Leute vom Haider, da würde alles anders laufen. Ich bin überzeugt, dass bei allen Schwierigkeiten die Lösungskompetenzen von Jörg ausgereicht hätten, um Kärnten wieder auf die Überholspur zu bringen" (Scheuch, 2024).

... Haider, der Visionär

„Heute predigen Zukunftsforscher und Politiker unisono das Thema Nachhaltigkeit. In den 1990er-Jahren war dieser Begriff kaum bekannt, Haiders Politik war jedoch schon damals von einer sozialen und ökologischen Nachhaltigkeit geprägt. Hier seien nur drei Beispiele dazu aufgezeigt: Das Kindergeld, der Lakeside Park und natürlich sein Jahrhundertprojekt, die Koralmbahn. [...] Mit seinem ‚Masterpiece', der Koralmbahn, bewies Jörg Haider am eindrucksvollsten seine politische Weitsicht und seine Hartnäckigkeit, dieses ambitionierte Projekt für Kärnten umzusetzen. [Lakeside Park]: Jörg Haider wollte Kärnten zur Jahrtausendwende ein neues, modernes und technologiefreundliches Image verpassen: Kärnten als attraktiver Wirtschaftsstandort, um eine weitere Abwanderung junger Arbeitskräfte zu verhindern. [...] Heute sind im Lakeside Park 75 Unternehmen untergebracht, die derzeit insgesamt 1700 Mitarbeiter beschäftigen. Ein Campus, in dem sich jedes Jahr zukunftsorientierte Betriebe gründen. Eine einzigartige Erfolgsgeschichte" (Petritz, 2024).

... Haiders künstlerische Politplakate

Für Jörg Haider hatte die Kunst eine große Bedeutung. Er scheute sich auch nicht davor, Kunst und Politik zusammenzubringen. Die hier abgebildete Postkarte zeigt das Gemälde „Zur Dritten Republik" des Künstlers Werner Lössl, das Haider nicht nur für die Karte verwendete, sondern im Wahlkampf 1994 auch in ein Plakat integrierte. Der damalige Slogan lautete: „Die Zukunft Österreichs ist unsere Kunst" (Landerer, 2019).

Bild: © Archiv Claudia Haider

▸ **Gemälde des Künstlers Werner Lössl, mit Zitat von Jörg Haider als Postkarte herausgegeben.**

„Was wenige wissen: Er war ein großer Opernliebhaber. Und so erlebten wir viele großartige Aufführungen in Salzburg, Mailand, Bayreuth, Wien und auch Klagenfurt. Sein Credo war: Politik hat Bedingungen zu schaffen, dass Kunst sich entwickeln kann, aber auch die Freiheit hat, sie kritisch zu hinterfragen" (Haider C., 2024).

Haider in der Welt

… Haider in jedem Fleckl

„Am letzten Tag, bevor der Jörg Haider gestorben ist, sind wir von der 10.-Oktober-Feier runtergegangen, und dann haben wir gesagt: ‚Weißt du eigentlich, dass wir in Österreich in jedem Fleckl dieses Landes unterwegs waren?' Vom Montafon bis nach Bregenz, von Kaunertal bis nach Reute in Tirol und hinauf bis nach Braunau, Schärding, bis nach Hollabrunn und hinaus bis nach Strasshofen, runter bis ins tiefste Burgenland bis Radkersburg. Und da auch von den Karawanken weg, es hat keinen Ort gegeben, wo wir nicht waren. Also, Bezirksstädte sowieso und die größeren Gemeinden auch alle. Er hats geschafft" (Stromberger, 2024).

... Haider, der Lernende

Intellektuell, belesen, weltoffen – drei Attribute, die man Jörg Haider neidlos zugestehen muss. Seine Offenheit gegenüber fremden Kulturen, anderen Lebens- und Denkweisen sowie neuen Welten hat er im Laufe der Jahre immer wieder ausgelebt. Vorrangig waren für ihn dabei eine stetige Fortbildung sowie das Knüpfen und Halten internationaler Kontakte.

In den Sommermonaten 1996 und 1997 unternahm Jörg Haider zwei Studienreisen an die Harvard-Universität in Boston. 1996 absolvierte er dort den Kurs „Globale Reform und Privatisierung öffentlicher Unternehmen".

Im Jänner 1997 wurde Haider als einziger europäischer Politiker zum „Kongress für Gleichberechtigung der Rassen" nach New York eingeladen. Ebenfalls in den *Big Apple* zog es ihn am 2. Oktober 2001, wo er knapp einen Monat nach den Anschlägen den *Ground Zero* besuchte. „Als erster österreichischer Politiker finde ich mich am 2. Oktober 2001 am Ground Zero in New York ein – der Beginn einer intensiven Friedensmission", schrieb er darüber (Haider J., 2003, S. 97). Das Bemühen um Verstehen und Vermittlung führte ihn auch zu Besuchen bei hohen Vertretern der US-Administration in Washington.

„Auf seine solide Grundausbildung als Verfassungsjurist baute er lebenslanges Lernen auf. Die regelmäßige Lektüre internationaler Zeitungen und politischer Bücher gehörte für ihn einfach dazu" (Haider C., 2024).

... Haider im Vatikan

Ganz besonders in Erinnerung geblieben ist Claudia der Empfang bei Papst Johannes Paul II. am 25. Juni 1993 im Vatikan: „Es war ein sehr ergreifendes Erlebnis. Jörg und ich sind beide gläubige Menschen, und es hat uns sehr viel gegeben, dass diese Privataudienz zustande kam. Der Papst hat uns sehr aufgeschlossen empfangen und auf Deutsch angesprochen. Er war sehr gut über uns informiert und hat auch private Fragen gestellt. Der geweihte und vom Papst überreichte Rosenkranz begleitet mich bis heute" (Haider C., 2024).

... kurz und bündig

„Er war ein humorvoller Mensch. Humor setzt Intelligenz voraus" (Grosz, 2024).

MS. ROZA MADARO FATCH
Economist
Ministry of Planning and Development
P.O. Box 30136
Lilongwe 3
MALAWI

MR. BARTOLOMEU AUGUSTO GUILICHE
Financial Manager
Ministry of State Administration (PROL)
Av. Guerra Popular
N. 20 7. Andar
Maputo
MOZAMBIQUE

DRS. OTHO HADI
Head, Division for Operation and
Maintenance Analysis
Bureau for Price Analysis,
Operation and Maintenance
The National Development Planning Agency
(BAPPENAS)
Jl. H.R. Rasuna Said Blok X-1
Kav. 3
Jakarta 12950
INDONESIA

DR. JORG HAIDER
Chairman
Liberal Party of Austria
A 9020 Klagenfurt
Lemischg. 4
AUSTRIA

4

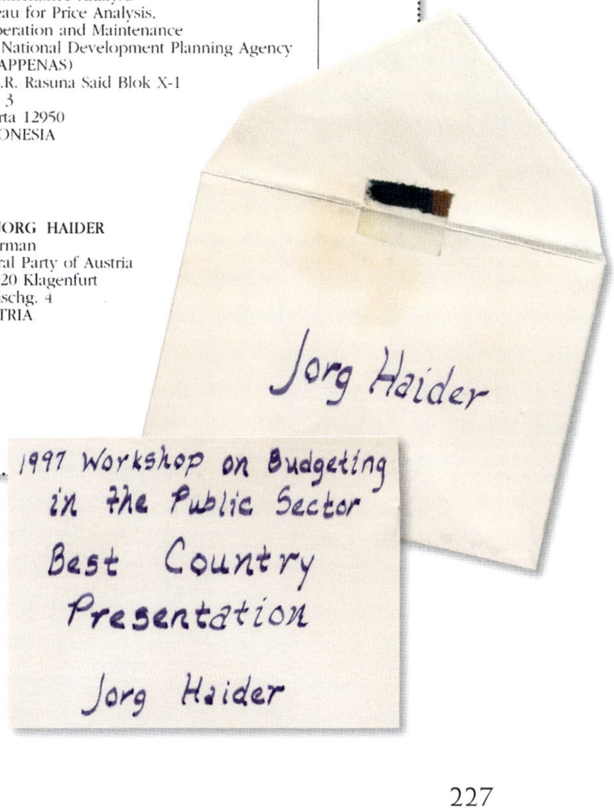

▸ **Jörg Haiders Eintrag im Harvard-Jahrbuch 1997 sowie eine handschriftliche Belobigung.**

Bild: © Archiv Claudia Haider

▸ Jörg Haider und seine Claudia auf einer ihrer zahlreichen Reisen.

„Jörg war immer sehr selbstdenkend" (Scheuch, 2024).

„Er war ehrlich, direkt und seiner Zeit voraus" (Haider C., 2024).

„Er war immer ein Teamplayer" (Westenthaler, 2024).

„Er war sehr diszipliniert, auch im Umgang mit seinem eigenen Körper" (Zankl, 2024).

„Jörg Haider war aber vor allem ein Machtpolitiker. Er verstand aber ‚Macht' im Sinne von Machen, Umsetzen, Gestalten, soll heißen: Regieren" (Petritz, 2024).

„Wir haben ein super Verhältnis gehabt. Jeder hat geschaut, dass er dem anderen hilft" (Schager, 2024).

„Also ein ganz einzigartiger Mensch. So einzigartig, wie er in der Politik war, war er im Privaten auch" (Westenthaler, 2024).

„Haider […], der ist erschienen. Und das ist etwas, das hast du oder hast du nicht" (Stromberger, 2024).

„Er war ein Freund der Menschen und konnte bei Gesprächen das ehrliche Gefühl vermitteln: ‚Momentan bist du der wichtigste Mensch für mich'" (Haider C., 2024).

Last, but not least ...

Wir sind weder Historiker noch Politiker oder professionelle Journalisten. Wir konnten als Autorinnen unvoreingenommen an das Schreiben dieses Buches herangehen, haben versucht, allem und jedem offen gegenüberzutreten und Geschehnisse, Fakten, genauso wie persönliche Erinnerungen unserer Gesprächspartner zu einem Bild zusammenzufügen.

Als Jörg Haider 2008 verunglückte, wussten wir über ihn nicht viel mehr als die meisten Jugendlichen heute über aktuelle Spitzenpolitiker. Natürlich wussten wir, dass Jörg Haiders Politik kontroversiell diskutiert wurde. Natürlich kannten wir die Bilder vom verheerenden Autounfall, die über sämtliche TV-Kanäle liefen. Natürlich hatte auch jede von uns ihm einmal die Hand geschüttelt. Selbst ein gemeinsames Foto von einem Maturaball in Spittal fand sich noch in einem Fotoalbum. Auch wenn wir von seinem politischen Leben nicht viel wussten, so wussten wir dennoch, dass es große Spuren waren, die er hinterlassen hatte. Wie groß, das wurde uns erst während der Arbeit an diesem Buch bewusst.

Jörg Haider war ein politisches Ausnahmetalent. Ihm war es gelungen, das Zweiparteiensystem in Österreich nachhaltig aufzubrechen. Nach außen hin gab er den Politrebellen, polterte, zeigte sich als *Showman*. Hinter den Kulissen war er viel mehr. Er hatte visionäre Gedanken, strebte nach Weiterentwicklung, blickte über den Tellerrand, tänzelte nicht nur am heimischen Politik- und Wirtschaftsbankett, sondern gab auch über die Grenzen Kärntens und Österreichs hinaus immer wieder den Takt vor. Beim Schreiben des Buches erfuhren wir, wie maßgeblich Haider Österreich geprägt hat. Nicht nur die Politik: Dem gesamten öffentlichen Diskurs hat er jahrzehntelang seinen Stempel aufgedrückt. Er nahm es in Kauf, dämonisiert zu werden, und kokettierte mit seinen Äußerungen. Damit gelang es ihm, wichtigen Themen eine Bühne zu verschaffen. Waren die Scheinwerfer der Kameras aus, arbeitete er fleißig, sachlich und ohne großes Aufsehen zu erregen für Kärnten und jeden seiner Bürger.

Die vielen Gespräche, die wir im Laufe der Recherchen geführt haben, und insbesondere der intensive Austausch mit Claudia Haider haben auch bei uns Spuren hinterlassen. Wir haben viel erfahren über den Politiker Jörg Haider und den Menschen dahinter. Wir haben über lustige Anekdoten gelacht, bei spannenden Erzählungen genau hingehört, aber auch bei bewegenden Erinnerungen mitgefühlt.

Wir wissen, dass nicht nur Jörg Haider – selbst jetzt, mehr als 16 Jahre nach seinem tragischen Tod – Kontroversen erzeugt, sondern auch alles, was über ihn berichtet wurde und wird. Auch diese Publikation wird unterschiedliche Reaktionen bei ihren Lesern hervorrufen. Manchen wird sie gefallen, einigen nicht.

Jörg Haider war ein Mensch mit vielen Facetten. Wir hoffen, dass wir mit dem vorliegenden Werk dazu beitragen konnten, diese Facetten ein Stück weit aufzufächern und zu zeigen, dass er mehr war als der polternde Politrebell. Leidenschaftlicher Sportler, Kulturbegeisterter, Freund und allem voran Familienmensch – Haider war eine Persönlichkeit, die bis heute nichts von ihrer Faszination, ihrer Anziehungskraft und dem Quäntchen Mythos, das sie umgibt, verloren hat.

An dieser Stelle möchten wir unseren Dank an FPÖ-Landesparteiobmann Erwin Angerer richten, der uns zu diesem Buch ermutigt hat, und an das Team des Leopold Stocker Verlages, das uns mit seinem fachlichen Wissen unterstützt und unsere Worte in Buchform gegossen hat.

Abschließend bedanken wir uns bei Claudia Haider, die uns ihr Vertrauen geschenkt hat, dieses Buch zu schreiben, die uns Zugang zu ihrem Leben und ihren persönlichsten Erinnerungen gewährt hat, und ohne die dieses Werk nicht zustande gekommen wäre. Danke, liebe Claudia, es war uns eine Freude und Ehre, mit dir zusammenzuarbeiten!

Unser digitales Nachschlagewerk für Sie – Nachlesen erwünscht!

Ein Buch über Jörg Haider zu schreiben war an sich bereits eine Herausforderung – dahingehend, dass es wohl über nur wenige politische Persönlichkeiten Österreichs derart viel zu lesen, hören und sehen gibt wie über ihn. Angefangen bei den Büchern, die er selbst schrieb, über literarische Werke, die andere über ihn verfassten, Zeitungsartikel, Fernsehaufzeichnungen und Presseaussendungen bis hin zur schier unendlichen Welt des Internets, die ebenso umfangreiche Aufzeichnungen über Haiders Tun und Wirken bereithält. Besonders interessant waren in diesem Zusammenhang auch die stenografischen Protokolle zu seinen Reden in Landtag und Parlament, die ein mannigfaltiges Repertoire an Aussagen zu relevanten Themen und Ereignissen boten.

Dies alles in ein Buch einzuarbeiten wäre wohl ein unmögliches Unterfangen gewesen. Doch glücklicherweise leben wir im digitalen Zeitalter, das es ermöglicht, ergänzende Informationen zum Buch, wichtige Dokumente als Belege des damaligen Zeitgeschehens und interessante Fotografien Ihnen, geschätzte Leser, auf andere Art und Weise zur Verfügung zu stellen. Unter haider-das-buch.at wurde eine Homepage angelegt, die Ihnen als erweitertes Nachschlagewerk dienen soll. Sie finden dort die meisten der im Buch erwähnten Dokumente, diverse Unterlagen aus dem FPÖ-Parteiarchiv, Verlinkungen zu verschiedensten Fernsehinterviews und Presseartikeln sowie Fotos, die aus Platzgründen nicht mehr im Buch abgedruckt werden konnten.

Gleich vorwegnehmen möchten wir, dass mit dieser Sammlung kein Anspruch auf Vollständigkeit erhoben wird und laufend Ergänzungen der Dokumente vorgenommen werden.

„Wer in der Zukunft lesen will, muss in der Vergangenheit blättern." Gemäß diesem Zitat von André Malraux wünschen wir Ihnen nun ein informatives Lesevergnügen!

Einfach den QR-Code scannen oder direkt auf haider-das-buch.at einsteigen!

Wir freuen uns auch auf Ihre Zusendungen von Fotos, Berichten, Zeitungsartikeln und anderen Dokumenten, die Sie uns zur Verfügung stellen möchten. Genaue Infos und Kontaktdaten finden Sie auf der Homepage.

Interviewpartner und Wegbegleiter

Bild: © Sabrina Staudacher

▸ Ing. Erwin Angerer

Bild: © Sabrina Staudacher

▸ Gerald Grosz

Bild: © Gerhard Faktor

▸ Claudia Haider

Bild: © Sabrina Staudacher

▸ Mag. Herbert Haupt

Bild: © Sabrina Staudacher

▸ Christa Jessenitschnig

Bild: © Freiheitliche Partei Österreichs

▸ Herbert Kickl

Bild: © Privat

▸ Willy Mitsche

Bild: © Privat

▸ Karl-Heinz Petritz

Bild: © Sabrina Staudacher

▸ Dr. Albrecht Rothacher

Bild: © Sabrina Staudacher

▸ Gernot Rumpold

Bild: © Sabrina Staudacher

▸ Friedrich Schager

Bild: © Sabrina Staudacher

▸ Ing. Kurt Scheuch

Bild: © Sabrina Staudacher

▸ Heinz-Christian Strache

Bild: © Sabrina Staudacher

▸ Manfred Stromberger

Bild: © Sabrina Staudacher

▸ Ing. Peter Westenthaler

Bild: © Sabrina Staudacher

▸ Mag. Herbert Zankl-Omann

Jörg Haiders politische Laufbahn

Jörg Haider wird am 26. Jänner 1950 als Sohn von Dorothea und Robert Haider in Bad Goisern geboren. Er besucht die Volksschule in Bad Goisern, anschließend das Gymnasium in Bad Ischl und maturiert im Jahr 1968. Im Anschluss daran leistet er als Einjährig-Freiwilliger seinen Präsenzdienst.

1969–1973:
Jörg Haider studiert an der Universität in Wien Rechtwissenschaften und wird 1973 zum Dr. iur. promoviert. Während seiner Studienzeit wird er Mitglied der Burschenschaft Silvania und 1970 Bundesobmann des Rings freiheitlicher Studenten (RFS). Bis 1974 bleibt er Vorsitzender des Rings Freiheitlicher Jugend (RFJ).

1973–1976:
Jörg Haider wird Universitätsassistent am Institut für Staats- und Verwaltungsrecht und bleibt bis 1976 in Wien.

1976:
Jörg Haider heiratet Claudia Hofmann. Im selben Jahr wird Tochter Ulrike geboren. Dr. Mario Ferrari-Brunnenfeld, Landesparteiobmann von Kärnten, holt Haider als Parteisekretär nach Klagenfurt.

1979:
Nach den Nationalratswahlen zieht Jörg Haider am 5. Juni 1979 als jüngster Abgeordneter in den Nationalrat ein. Cornelia, die zweite Tochter von Claudia und Jörg Haider, wird geboren.

1983–1986:
Ab dem 9. Juni 1983 gehört Jörg Haider als Landesrat der Kärntner Landesregierung an. Er hat die Referate Tourismus und Gewerbe inne.

1983–1998:
Jörg Haider wird am 24. September 1983 zum Landesparteiobmann von Kärnten gewählt.

1986–2000:
Am 13. September 1986 wird Jörg Haider am Parteitag in Innsbruck Bundesparteiobmann der FPÖ. Bei den Nationalratswahlen, die am 23. November 1986 stattfinden, kann die FPÖ mit Haider ihren Stimmenanteil verdoppeln. Haider wird Klubobmann der Freiheitlichen im Parlament und scheidet aus der Kärntner Landesregierung aus.

1989:
Bei den Landtagswahlen in Kärnten am 12. März 1989 bricht Jörg Haider die absolute Mehrheit der SPÖ. Am 30. Mai 1989 wird er erstmals Landeshauptmann von Kärnten.

1991:
Aufgrund seiner Aussage zur „ordentlichen Beschäftigungspolitik im Dritten Reich" am 13. Juni wird Jörg Haider am 21. Juni 1991 als Kärntner Landeshauptmann abgewählt.

1992–1999:
Nach seiner Abwahl wechselt Jörg Haider wieder nach Wien und wird Klubobmann der Freiheitlichen Partei.

1999:
Bei den Landtagswahlen am 7. März wird die FPÖ stimmenstärkste Partei in Kärnten und Jörg Haider am 8. April 1999 zum zweiten Mal Landeshauptmann. Am 3. Oktober finden Nationalratswahlen statt. Die FPÖ wird mit 26,9 Prozent zur zweitstärksten Partei.

2000:
Am 4. Feber wird die schwarz-blaue Regierung angelobt. Beim FPÖ-Bundesparteitag am 1. Mai 2000 tritt Jörg Haider als Bundesparteiobmann zurück und übergibt an Susanne Riess-Passer.

2004:
Bei den Landtagswahlen in Kärnten erreicht die FPÖ 42,5 Prozent. Am 31. März wird Jörg Haider zum dritten Mal Landeshauptmann von Kärnten.

2005:
Die Regierungsbeteiligung der FPÖ im Jahr 2000 hatte die Partei abermals in eine Grundsatzdiskussion über die Sinnhaftigkeit des Mitregierens geführt. 2005 folgt letztendlich die Spaltung und am 4. April des Jahres die Gründung des Bündnis Zukunft Österreich (BZÖ). Von 2005 bis 2006 ist Jörg Haider Bündnisobmann des BZÖ.

2008:
Bei der Nationalratswahl am 28. September kann das BZÖ – mit Jörg Haider als Spitzenkandidat – seinen Stimmenanteil mit knapp elf Prozent mehr als verdoppeln. Es soll Haiders letzter politischer Triumph sein. In der Nacht vom 10. auf den 11. Oktober verunglückt er bei einem Autounfall auf der Fahrt ins Bärental tödlich.

Bücher von Dr. Jörg Haider

- Die Freiheit, die ich meine. Das Ende des Proporzstaates. Plädoyer für die Dritte Republik, Frankfurt a. M. u. Berlin 1993.
- Friede durch Sicherheit. Eine österreichische Philosophie für Europa, Wien 1996.
- Befreite Zukunft jenseits von links und rechts. Menschliche Alternativen für eine Brücke ins neue Jahrtausend, Wien 1997.
- Zu Gast bei Saddam. Im „Reich des Bösen", Wien 2003.

Bild: © Sabrina Staudacher

▸ „Die Freiheit, die ich meine" schrieb Haider im Jahr 1993. Es zählt zu seinen bekanntesten Werken.

Literaturverzeichnis

Aglas, E. H. (1986). Rebell Jörg Haider. Der Mann, der aus Kärnten kam. Linz: Österreichisches Pressebüro.

Aglas, E. H. (1991). Der Weg zum Ballhausplatz. Linz: Österreichisches Pressebüro.

Andresen, H., Stimpfl, T., Sprys, N., Schnitgerhans, T. u. Müller, A. (2008). Liquid Ecstasy – ein relevantes Drogenproblem. Deutsches Ärzteblatt, 105(36), 599–603.

Angerer, E. (2021). Blau gemacht. Broschüre. Kärnten: Die Freiheitlichen in Kärnten.

APA. (05.04.2005). FPÖ/BZÖ – Die obsolete Vereinbarung Haider-Strache. Haider und Strache „in enger Kooperation, Offenheit und Freundschaft". Wien: APA0388.

APA/Red. (08.10.2008). Treffen Strache-Haider: FPÖ und BZÖ rücken näher zusammen. diepresse.com/420875/treffen-strache-haider-fpoe-und-bzoe-ruecken-naeher-zusammen (15.04.2024).

Basta. (Dezember 1991). Haider: Kreiskys Testament. Basta, S. 46–47.

Baur, D. (02.09.2002). Der Rücktreter. spiegel.de/politik/ausland/die-haider-show-der-ruecktreter-a-212078.html (22.06.2024).

Böhme, E. (2000). Talk in Berlin. dailymotion.com/video/x2owb1p (13.05.2024).

Bruckberger, E. (1986). Erich Bruckberger über Jörg Haider: Eine Gefahr für Österreich? Wien: Ueberreuter GesmbH.

Bundeskanzleramt. (1996). Anfragebeantwortung durch den Bundeskanzler Dkfm. Dr. Franz Vranitzky zu der schriftlichen Anfrage (739/J) des Abgeordneten Dr. Jörg Haider und Genossen an den Bundeskanzler betreffend den Slogan „Österreich zuerst".

Bundesministerium für Inneres. (kein Datum). Sozialleistungsbetrug. bmi.gv.at/magazin/2022_05_06/04_Sozialleistungsbetrug.aspx (19.04.2024).

Bündnis Zukunft Österreich. (17.04.2005). Scheuch: BZÖ-Gründungskonvent voller Erfolg. ots.at/presseaussendung/OTS_20050417_OTS0044/scheuch-bzoe-gruendungskonvent-voller-erfolg (31.05.2024).

BZÖ. (2005). Bündnispositionen. Gründungskonvent.

BZÖ Parlamentsklub. (27.08.2008). BZÖ-Petzner präsentierte Wahlkampagne „Deinetwegen. Österreich.". ots.at/presseaussendung/OTS_20080827_

OTS0130/bzoe-petzner-praesentierte-wahlkampagne-deinetwegen-oesterreich-bild (31.05.2024).
Czernin, H. (2000). Wofür ich mich meinetwegen entschuldige. Haider, beim Wort genommen. Wien: Czernin Verlag.
Daniel, I. (16.10.2008). Jörg Haiders Sehnsucht nach Anerkennung. News(42), S. 58.
Decker, F. u. Lewandowsky, M. (2017). Rechtspopulismus: Erscheinungsformen, Ursachen und Gegenstrategien. bpb.de/themen/parteien/rechtspopulismus/240089/rechtspopulismus-erscheinungsformen-ursachen-und-gegenstrategien/ (05.04.2024).
Demokratiezentrum Wien. (05.2021). EU-Beitritt Österreichs. demokratiezentrum.org/bildung/ressourcen/wissensstationen/eu-beitritt-oesterreichs/ (12.04.2024).
Demokratiezentrum Wien. (05.04.2022). Peter, Friedrich. demokratiezentrum.org/ressourcen/lexikon/peter-friedrich/ (19.04.2024).
Demokratiezentrum Wien. (2024). Benes-Dekrete. demokratiezentrum.org/ressourcen/lexikon/benes-dekrete/ (21.06.2024).
Dengel, W. (18.11.2008). Zweite DVD geplant. Haider feiert posthum großen Erfolg als Sänger. krone.at/122459 (04.07.2024).
Der Spiegel. (11.10.2008). Der tödliche Unfall in Klagenfurt. spiegel.de/fotostrecke/joerg-haider-der-toedliche-unfall-in-klagenfurt-fotostrecke-36045.html (04.07.2024).
Der Standard. (10.08.1993). Interview mit Dr. Jörg Haider.
Der Standard. (08.02.2000). Österreichische Regierung startet internationale Werbeoffensive. derstandard.at/story/161682/oesterreichische-regierung-startet-internationale-werbeoffensive (03.05.2024).
Der Standard. (31.08.2002a). „Ich bin schon weg". derstandard.at/story/1056949/ich-bin-schon-weg
Der Standard. (16.08.2002b). Kärntens Landeshauptmann geht mit der FPÖ hart ins Gericht. derstandard.at/story/1043399/kaerntens-landeshauptmann-geht-mit-der-fpoe-hart-ins-gericht (04.05.2024).
Der Standard. (10.09.2002c). Schüssel kündigt Neuwahlen an. Schüssel kündigt Neuwahlen an – Inland – derStandard.at › Inland (22.06.2024).
Der Standard. (03.09.2003). „Knittelfeld ist das Trauma der FPÖ". derstandard.at/story/1406648/knittelfeld-ist-das-trauma-der-fpoen (02.05.2024).
Der Standard. (11.02.2004). Wahlzuckerl: Jörg Haider präsentiert „Familienfonds neu". derstandard.at/story/1560838/wahlzuckerl-joerg-haider-praesentiert-familienfonds-neu (03.05.2024).
Der Standard. (05.04.2005). FPÖ-Spaltung perfekt: Jörg Haider führt neue Partei „BZÖ" an. derstandard.at/story/2003289/fpoe-spaltung-perfekt-joerg-haider-fuehrt-neue-partei-bzoe-an (02.05.2024).

Der Standard. (24.09.2006). Haider: „Jetzt gehts erst richtig los!". derstandard.at/story/2598291/haider-jetzt-gehts-erst-richtig-los (03.05.2024).

Der Standard. (16.10.2008). Haider hatte außer Alkohol keine Drogen konsumiert. derstandard.at/story/1220460873664/haider-hatte-ausser-alkohol-keine-drogen-konsumiert (05.07.2024).

Deutsche Welle. (11.10.2008). Jörg Haider ist tot. dw.com/de/jörg-haider-bei-autounfall-getötet/a-3705700 (05.07.2024).

Die Presse. (16.09.1986). Vranitzky im Alleingang: Neuwahlen am 23. November.

Die Presse. (26.04.2008). FPÖ seit 2002: „Ordentlich durchgebeutelt". diepresse.com/88111/fpoe-seit-2002-ordentlich-durchgebeutelt (03.05.2024).

Diverse Unterlagen Verkehrsunfall Dr. Jörg Haider. (2008).

Dox, G. (13.10.1996). Erste EU-Wahl in Österreich. tvthek.orf.at/history/Staatsvertrag-bis-EU-Beitritt/9501726/Erste-EU-Wahl-in-Oesterreich/9634314 (09.02.2024).

Eder, W. (12.07.2019). Warum „Skandal" um Haider-Blutproben keiner ist. krone.at/1959109 (04.07.2024).

Faißner, K. (10.2018). 10. Todestag, Mythos Jörg Haider. alles roger?, S. 10–13.

FBI – Freiheitliches Bildungsinstitut. (2016). 60 Jahre FPÖ, Österreich zuerst 1956–2016. Wien: Edition K3-Gesellschaft für Sozialpolitische Studien, Verlags- und Beratungs-Ges.m.b.H.

FBI – Freiheitliches Bildungsinstitut. (2024a). Gründung des BZÖ 2005. fbi-politikschule.at/blauesoesterreich/ereignisse/2005-gruendung-des-bzoe/ (03.05.2024).

FBI – Freiheitliches Bildungsinstitut. (2024b). Nationalratswahl 1990. fbi-politikschule.at/blauesoesterreich/wahlen/nationalratswahlen/1990/ 09.02.2024).

FBI – Freiheitliches Bildungsinstitut. (2024c). Regierungsbeteiligung 2000. fbi-politikschule.at/blauesoesterreich/ereignisse/2000-regierungsbeteiligung/ (15.06.2024).

FBI – Freiheitliches Bildungsinstitut. (2024d). Volksbegehren „Österreich zuerst". fbi-politikschule.at/blauesoesterreich/plebiszite/1993-oesterreich-zuerst/ (09.02.2024).

FBI – Freiheitliches Bildungsinstitut. (2024e). Blaues Österreich – Weblexikon über die Freiheitliche Partei Österreichs. fbi-politikschule.at/blauesoesterreich (23.02.2024).

Ferrari-Brunnenfeld, M. (23.12.1982). Wo steht die FPÖ? (Kärntner Nachrichten, Interviewer)

FPÖ – Freiheitliche Partei Österreichs. (1985). Programm der Freiheitlichen Partei Österreichs. fbi-politikschule.at/fileadmin/user_upload/www.fpoe-bildungsinstitut.at/dokumente/Programm_der_FPOE_1985.pdf(23.02.2024).

FPÖ – Freiheitliche Partei Österreichs. (2024). Wahlprogramm – EU-Wahl 2024. fpoe.at/fileadmin/user_upload/www.fpoe.at/Websites/EU-Wahl_2024/Wahlprogramm/Wahlprogramm_20x20_Web.pdf (09.02.2024).

FPÖ – Freiheitliche Partei Österreichs. (kein Datum). Satzungen der Freiheitlichen Partei Österreichs (FPÖ) – Die Freiheitlichen. fpoe.at/fileadmin/user_upload/www.fpoe.at/dokumente/statuten/Satzungen_aktuell_2019.pdf (03.05.2024).

FPÖ Kärnten (1983). Wahlkampfunterlagen des Parteiarchivs 1983.

FPÖ Kärnten. (1986a). Unterlagen des Parteiarchivs zum ausserordentlichen Landesparteitag der FPÖ-Landesgruppe Kärnten vom 20. Mai 1986.

FPÖ Kärnten. (1986b). Unterlagen des Parteiarchivs zu diversen Parteiaktivitäten 1986.

FPÖ Kärnten. (1988). Wahlkampfunterlagen 1988.

FPÖ Kärnten. (1989a). Alles spricht für uns und unser Programm. Wahlprogramm der FPÖ Kärnten 1989.

FPÖ Kärnten. (1989b). Kärntner Landtagswahl 12. März 1989, Einsatztermine BPO LPO Abg. Dr. Jörg Haider.

FPÖ Kärnten. (1991). So kam es zum Umsturz. Info. Folge 235.

FPÖ Kärnten. (1998). Brief der Landesgeschäftsstelle vom 10.11.1998.

FPÖ Kärnten. (1999a). Ablauf Neujahrstreffen 1999 Eishalle Klagenfurt.

FPÖ Kärnten. (1999b). Diverse Unterlagen zur Wahlkampfplanung 1999.

FPÖ Kärnten. (2002). Was wirklich dahinter steckt. Der Landesparteiobmann informiert.

FPÖ Kärnten. (2005). Brief von Ursula Haubner zur Abspaltung des BZÖ vom 04. April 2005. Unterlage aus dem Parteiarchiv.

FPÖ Kärnten. (o. J.). Nur der Vergleich macht sicher. Kärnten – Erfolgsmodell für Österreich.

FPÖ Landesgruppe Kärnten. (1983). Erfolg für Kärnten. Bilanz der Arbeit des Kärntner FPÖ-Abgeordneten im Parlament. Klagenfurt: FPÖ Landesgruppe Kärnten.

Freiheitliche Argumente. (1979). Heft März.

Freiheitlicher Arbeitskreis Attersee. (o. D.). Der Atterseekreis. atterseekreis.at/index.html (19.07.2024).

Freiheitlicher Pressedienst. (1986). Pressemitteilungen zum Bundesparteitag in Innsbruck.

Freiheitlicher Pressedienst. (12.09.1992a). FPÖ legt ihre EG-Linie fest (Presseaussendung).

Freiheitlicher Pressedienst. (12.09.1992b). Haider: Einstimmiger Beschluß der FPÖ-Bundesparteileitung zur Europa-Frage. (Presseaussendung).

Freiheitliches Bildungswerk. (1996). 40 Jahre Freiheitliche Partei Österreichs. Wien: Freiheitliches Bildungswerk.

Freiheitliches Pressereferat. (01.05.2000). Haider(4): Susanne Rieß-Passer genießt mein volles Vertrauen. ots.at/presseaussendung/OTS_20000501_OTS0072/haider4-susanne-riess-passer-geniesst-mein-volles-vertrauen (09.02.2024).

Geden, O. (2006). Diskursstrategien im Rechtspopulismus: Freiheitliche Partei Österreichs und Schweizerische Volkspartei zwischen Opposition und Regierungsbeteiligung. Wiesbaden: Verlag für Sozialwissenschaften.

Geyer, H. (02.09.2002). Haider hat Recht. Riess-Passer auch. Wirtschaftsblatt. ots.at/presseaussendung/OTS_20020902_OTS0140/haider-hat-recht-riess-passer-auch (22.05.2024).

Glass, S. u. Trinker, W. (10.09.2002). Das Scheitern der Mitte-Rechts-Koalition in Österreich. deutschlandfunk.de/das-scheitern-der-mitte-rechts-koalition-in-oesterreich-100.html (03.05.2024).

Gnam, P. (22.05.1986). Putschgerüchte. Kronen Zeitung.

Graber, R. (12.07.2013). Karl Sevelda: „Als Christus musste ich spielen, predigen, hängen". derstandard.at/story/1373512498603/karl-sevelda-als-christus-musste-ich-spielen-predigen-haengen (04.07.2024).

Grabner, C. (12.10.2008). Der Tod – das mildernde Korrektiv. Kärntner Tageszeitung, S. 2–3.

Grill, Walter (09.10.2020). Punch der Woche: „Kärntner Anzug – für Papst, König & Kaiser". archiv.5min.at/202010318447/punch-der-woche-kaerntner-anzug-fuer-papst-koenig-kaiser/ (09.02.2024).

Grosz, G. (2018). Eine dauerhafte Faszination. alles roger?, S. 15.

Grosz, G. (2024). Interview.

Haider, C. (15.11.2008). Rede von Claudia Haider am Landesparteitag in Klagenfurt.

Haider, C. (2023). Persönliches Gespräch.

Haider, C. (2024). Persönliche Gespräche.

Haider, J. (20.06.1979). 3. Sitzung des Nationalrates vom 20. Juni 1979, Stenographisches Protokoll, Wien. parlament.gv.at/dokument/XV/NRSITZ/3/imfname_109896.pdf (10.05.2024).

Haider, J. (20.04.1983). Mutig für den Bürger – hart gegen Privilegien. Kleine Zeitung.

Haider, J. (1985a). Brief an ORF-Generalintendanten vom 30.09.1985.

Haider, J. (1985b). 30 Jahre Kärntner Freiheitliche. Rede des Landesparteiobmannes der Kärntner FPÖ Landesrat Dr. Jörg Haider. Anlässlich der Festveranstaltung am 15. Juni 1985 im Villacher Kongresshaus.

Haider, J. (1986). Antrittsrede des neugewählten Bundesparteiobmannes Dr. Jörg Haider auf dem ordentlichen Bundesparteitag am 13. September 1986 in Innsbruck. fbi-politikschule.at/blauesoesterreich/geschichte/die-fpoe/der-aufstieg-von-joerg-haider/ (10.05.2024).

Haider, J. (1988a). Rede des BPO Jörg Haider vom 19. ordentlichen Bundesparteitag der FPÖ am 1. und 2. Oktober 1988 in Villach.

Haider, J. (1988b). Schlussrede des BPO Jörg Haider vom 19. ordentlichen Bundesparteitag der FPÖ am 1. und 2. Oktober 1988 in Villach.

Haider, J. (13.02.1989). Fragen an die Spitzenkandidaten. Kärntner Blick.

Haider, J. (1991a). 32. Sitzung des Kärntner Landtages vom 13. Juni 1991. Stenographisches Protokoll.

Haider, J. (1991b). 34. Sitzung des Kärntner Landtages vom 21. Juni 1991. Stenographisches Protokoll.

Haider, J. (1992). Wiener Erklärung. Wien: Freiheitliche Partei Österreichs.

Haider, J. (1993). Neujahrsrede von BPO Dr. Jörg Haider, Graz.

Haider, J. (1994). 155. Sitzung des Nationalrates der Republik Österreich vom 2. März 1994, Stenographisches Protokoll. parlament.gv.at/dokument/XVIII/NRSITZ/155/imfname_142568.pdf (08.03.2024).

Haider, J. (1997a). Befreite Zukunft jenseits von links und rechts. Wien: Ibera und Molden Verlag.

Haider, J. (1997b). Dringliche Anfrage der Abgeordneten Dr. Haider und Kollegen an den Bundeskanzler betreffend Experiment Euro. parlament.gv.at/dokument/XX/J/2585/fname_120137.pdf (03.03.2024).

Haider, J. (1999a). 1. Sitzung des Kärntner Landtages vom 8. April 1999. Stenographisches Protokoll.

Haider, J. (1999b). Neujahrsrede vom 10.01.1999.

Haider, J. (11.06. 2000). Interview mit Jörg Haider. (Berliner Tagesspiegel, Interviewer)

Haider, J. (2003). Zu Gast bei Saddam. Im „Reich des Bösen". Wien: Ibera Verlag.

Haider, J. (2005). Kärnten-Erklärung von Landeshauptmann Dr. Jörg Haider vom 26.10.2005. Congress-Center Villach: Die Freiheitlichen in Kärnten/BZÖ.

Haider, J. (2008). Rede zum 10. Oktober 2008. Klagenfurt.

Haider, J. (2009). Die Freiheit, die ich meine. Udine: Verlag Goliardica Editrice srl.

Hämmerle, W. (13.10.2008). Zweiter zu sein, passte nicht. wienerzeitung.at/h/zweiter-zu-sein-passte-nicht (12.07.2024).

Haupt, H. (2024). Interview.

HerrAbisZ2. (16.04.2011). JÖRG HAIDER letztes Interview mit Antenne Kärnten am 10.10.08 um 23:15. youtube.com/watch?v=bsknuTeEtnc (12.07.2024).

Hohl, A. (11.10.2008). Haiders Todesfahrt und ihre Folgen. orf.at/stories/3053161/ (12.07.2024).

Hörbst, G. (08.02.2000). Haider entzaubert Böhme – Wie eine Talkshow fürchterlich missriet. abendblatt.de/archiv/2000/article204200037/Haider-entzaubert-Boehme-Wie-eine-Talkshow-fuerchterlich-missriet.html (03.05.2024).

IBERA Verlag. (14.11.2000). Neues Buch: „Der Verrat". ots.at/presseaussendung/OTS_20001114_OTS0119/neues-buch-der-verrat (03.05.2024).

Jandl, U. (2009). Wo Freiheit wohnt, da ist mein Vaterland. Vom Bauernbund bis zu Dr. Jörg Haider. Wien: Zukunftsakademie.

Jessenitschnig, C. (2024). Interview.

Jörg Haider Gesellschaft. (2024). Die politische Laufbahn von Dr. Jörg Haider. joerg-haider-gesellschaft.at/person.html (19.01.2024).

JuraForum. (06.05.2023). Demagoge: Definition und Bedeutung im aktuellen juristischen Kontext. juraforum.de/lexikon/demagoge

Kärntner Landesregierung. (05.05.2003). LH Haider: Kärntens Kultursommer soll Identität und Begegnung fördern. ots.at/presseaussendung/OTS_20030531_OTS0029/lh-haider-kaerntens-kultursommer-soll-identitaet-und-begegnung-foerdern (10.03.2024).

Kärntner Landesregierung. (27.02.2004). LH Haider überreichte heute ersten Kärntner Pflegescheck. ots.at/presseaussendung/OTS_20040227_OTS0077/lh-haider-ueberreichte-heute-ersten-kaerntner-pflegescheck (10.03.2024).

Kärntner Landtag. (1991). 32. Sitzung des Kärntner Landtages – 26. Gesetzgebungsperiode vom 13. Juni 1991.

Kärntner Nachrichten. (29.10.1999). Landesparteitag der FPÖ: Die Finanzierung des Kinderschecks ist endgültig gesichert!

Khol, A. (2001). Die Wende ist geglückt. Wien: Molden Verlag Gmbh.

Kittner, D. (17.11.2017). Ablehnung von zwei „Ministern": eine Inszenierung. kurier.at/politik/inland/die-ablehnung-von-zwei-ministern-eine-inszenierung/298.386.278 (04.05.2024).

Kleine Zeitung. (18.08.2023). Welche Politiker in Österreich schon strafrechtlich verurteilt wurden. kleinezeitung.at/politik/innenpolitik/6026252/Grasser-Gratz-Rumpold-und-mehr_Welche-Politiker-in-Oesterreich (05.07.2024).

Kleine Zeitung. (31.01.2024): Reaktorblock in tschechischem Atomkraftwerk Temelin abgeschaltet. kleinezeitung.at/international/18052258/reaktorblock-in-tschechischem-atomkraftwerk-temelin-abgeschaltet (03.05.2024).

Knittelfelder, K. (24.01.2023). Kreisky, Peter und auch später: Wenn Rot und Blau sich finden. diepresse.com/6241841/kreisky-peter-und-auch-spaeter-wenn-rot-und-blau-sich-finden (20.06.2024).

Kostelka, P. (22.03.2000). Entschließungsantrag. parlament.gv.at/dokument/XXI/A/122/fname_599986.pdf

Kronen Zeitung. (28.11.2008). Angriffe auf Frauen mit K.o.-Tropfen häufen sich. krone.at/123742 (12.07.2024).

Kurier. (12.10.2008). Tod auf der Landstraße. Kurier, S. 2.

Kurier. (04.09.2017). Teil eins des Kurz-Programms: Steuern senken, Sozialhilfe für Zuwanderer kürzen. kurier.at/politik/das-ist-teil-eins-des-kurz-programms/284.340.945 (17.03.2024).

Kurier. (12.12.2019). Die FPÖ und ihre lange Geschichte der Abspaltungen. kurier.at/politik/inland/die-fpoe-und-ihre-lange-geschichte-der-abspaltungen/400701744 (04.05.2024).

Kuscher, M. (21.05.1986). FP-Parteitag: Wenn man vor uns Angst hat … KTZ.

Lackner, H. (02.10.2000). Die Zeiten der Wende. profil, S. 26.

Lackner, H. (02.11.2009). Wie Jörg Haider die Anti-Ausländer-Politik erfand. profil, 45. profil.at/oesterreich/wie-joerg-haider-anti-auslaender-politik-erfand-10367652 (06.04.2024).

laenderdaten.info. (27.02.2024). laenderdaten.info/Europa/Oesterreich/bevoelkerungswachstum.php

Landerer, C. (23.05.2019). Die Methode Strache. freitag.de/autoren/christoph-landerer/die-methodik-der-strache-fpoe (20.06.2024).

Landespressedienst. (06.04.2002). LH Haider: Bevölkerung muß bei EU-Osterweiterung mitbestimmen. ots.at/presseaussendung/OTS_20020406_OTS0046/lh-haider-bevoelkerung-muss-bei-eu-osterweiterung-mitbestimmen (10.03.2024).

Lehmann-Horn, K. (1992). Die Kärntner FPÖ 1955–1983. Klagenfurt: Universitätsverlag.

Leonhard, R. (11.11.1997). Haider statt Europa für Österreich. taz.de/Haider-statt-Europa-fuer-Oesterreich/!1371964/ (10.03.2024).

Lindorfer, R. (12.07.2019). Faktencheck: Warum es von Haider keine Blutproben mehr gibt. kurier.at/politik/inland/faktencheck-warum-es-von-haider-keine-blutproben-mehr-gibt/400550090 (05.07.2024).

Lugar, R. (30.03.2011). Dringliche Anfrage der Abgeordneten Josef Bucher, Kolleginnen und Kollegen an den Bundeskanzler betreffend: Genug gezahlt für Pleitestaaten – von der Europhorie zur Eurosklerose (8097/J). parlament.gv.at/dokument/XXIV/J/8097/imfname_211065.pdf (17.03.2024).

Lux, G., Wiedergut, A. u. Sommersguter, U. (2008). Jörg Haider: Mensch – Mythos – Medienstar. Wien, Graz u. Klagenfurt: Carinthia.

Magistratsdirektion Stadt Villach. (2002). Niederschrift Nr. 8 über Gemeinderatssitzung am Freitag, dem 30. November 2001. villach.at/VillachPortal/media/Downloads/Gemeinderatsprotokolle/GR_2001_11_30.pdf?ext=.pdf (03.05.2024).

Magnet, M. (12.03. 2009). K.o.-Tropfen-Attacken nehmen in Kärnten zu. krone.at/136767 (05.07.2024).

Mayringer, L. u. Gantner, A. (12.01.2017). Kern in Wels: „Von heute an werden wir den Kurs ändern". nachrichten.at/nachrichten/spezial/art194059,2453699 (10.03.2024).

Metzger, I. (06.10.2013). „1,5 Millionen Wähler sind Haiders Erbe". kurier.at/politik/inland/todestag-joerg-haider-1-5-millionen-waehler-sind-sein-erbe/29.827.366 (19.07.2024).

Miklautz, F. (10.2023). Der Tod eines Unsterblichen. Kärntner Monat, S. 34–39.

Mölzer, A. (1990). Der Eisbrecher. Jörg Haider und die Freiheitlichen – Perspektiven der politischen Erneuerung. Klagenfurt: Suxxes GmbH.

Neue Freie Zeitung. (06.06.1985). Historische Stunde der Freiheitlichen. Neue Freie Zeitung, S. 8–10.

Neue Volkszeitung. (12.09.1986). Vor Mehrheit für Haider. Neue Volkszeitung.

News. (21.05.2018). Die FPÖ und die EU. news.at/a/befuerworter-gegner-kritiker-fpoe-eu-10086595 (23.02.2024).

o. N. (1986). Unterlagen zur FPÖ Landesgruppe Kärnten 1986. Parteiarchiv der FPÖ Kärnten.

o. N. (2002a). Resolution der Teilnehmer der Veranstaltung in Knittelfeld am 7. September 2002. Parteiarchiv der FPÖ Kärnten.

o. N. (2002b). Delegiertenbesprechung Knittelfeld – 7. September 2002. Vorschlag Landeshauptmann Jörg Haider. Parteiarchiv der FPÖ Kärnten.

o. N. (2024). Interview.

oe24. (03.12.2008). Neue Details: Auto hat sich nicht überschlagen. oe24.at/oesterreich/chronik/neue-details-auto-hat-sich-nicht-ueberschlagen/431582 (06.07.2024).

oe24. (28.10.2008). Protokoll der letzten Minuten am Handy. oe24.at/oesterreich/chronik/protokoll-der-letzten-minuten-am-handy/406736 (06.07.2024).

oe24.at. (16.12.2009). 717 Tage BZÖ – von Gründung bis Ende. oe24.at/oesterreich/politik/1-717-tage-bzoe-von-gruendung-bis-ende/700675 (20.06.2024).

ORF. (1983). 1983: Das Ende der Kreisky-Ära. on.orf.at/video/9454283/1983/1983-das-ende-der-kreisky-aera (17.03.2024).

ORF. (1986). Mittagsjournal vom 28.04.1986 – Konfrontation Haider-Steger in der FPÖ [Aufgezeichnet von Ö1-Journale]. [Technisches Museum Wien]. mediathek.at/journale/suche/treffer/?pool=BWEB&uid=1640E958-008-00200-0000 09A0-164021CD&cHash=ee7fdf101e2019db9ece29bf7ef88ecf (17.03.2024).

ORF. (28.12.1990). „Ansturm" aus dem Osten. tvthek.orf.at/history/Burgenland/13557893/Ansturm-aus-dem-Osten/13967604 (08.02.2024).

ORF. (13.01.1990). ORF Pressestunde. Wien.

ORF. (20.06.1991). Die Geschichte Kärntens. Haider-Kundgebung auf dem Neuen Platz. on.orf.at/video/10103147/haider-kundgebung-auf-dem-neuen-platz (13.06.2024).

ORF. (31.01.2000). Zeit im Bild. Jörg Haider zu den EU-Sanktionen. tvthek.orf.at/profile/Archiv/7648449/Joerg-Haider-zu-den-EU-Sanktionen/9469802/Joerg-Haider-zu-den-EU-Sanktionen/9496404 (03.05.2024).

ORF. (04.04.2005). Gründung des BZÖ. on.orf.at/video/11429262/Gruendung-des-BZOe (13.06.2024).

ORF. (05.10.2008). NR-Wahl 2008 im Rückblick. on.orf.at/video/6503057/NR-Wahl-2008-im-Rueckblick (27.06.2024).

ORF. (22.08.2008). TV-Konfrontation zur Nationalratswahl 2008 Haider & Strache. youtube.com/watch?v=ZbmKRALA9aY (27.06.2024).

ORF. (11.10.2008a). LH Jörg Haider bei Verkehrsunfall gestorben. ktnv1.orf.at/stories/313977 (05.07.2024).

ORF. (12.10.2008b). Haider war zu schnell unterwegs. ktnv1.orf.at/stories/314145 (05.07.2024).

ORF. (07.09.2012). FPÖ für Jahre in der Krise. newsv2.orf.at/stories/2139380/2139352/ (31.05.2024).

ORF Kärnten. (o. D.). Die bewegte Vergangenheit des BZÖ. kaernten.orf.at/v2/news/stories/2607005/ (27.06.2024).

Österreich – Zeitungsverlag GmbH. (04.09.2008). ÖSTERREICH: Haider kurz vor TV-Duell noch in Vollnarkose. ots.at/presseaussendung/OTS_20080904_OTS0325/oesterreich-haider-kurz-vor-tv-duell-noch-in-vollnarkose (20.06.2024).

Patterer, H. (10.10.2023). Jörg Haider: Das letzte Interview Stunden vor der Todesfahrt. kleinezeitung.at/kaernten/6328844/15-Todestag_Joerg-Haider_Das-letzte-Interview-Stunden-vor-der (12.07.2024).

Petritz, K.-H. (2024). Persönliche Kommunikation.

Pink, O. (01.03.2004). Jörg Haider im Interview: „Ich war immer da". profil.at/oesterreich/joerg-haider-interview-10385233 (04.05.2024).

Pink, O. (05.09.2007). Als Wolfgang Schüssel Kanzler war. diepresse.com/314386/als-wolfgang-schuessel-kanzler-war (20.04.2024).

Piringer, K. (1982). Die Geschichte der Freiheitlichen. Beitrag der Dritten Kraft zur österreichischen Politik. Wien: Verlag Orac Pietsch.

Piringer, K. (2001). Chronologie der FPÖ-Entwicklung 1986 bis Jahresmitte 2000. In L. Höbelt, Republik im Wandel. Die große Koalition und der Aufstieg der Haider-FPÖ (S. 356–459). München: Universitas Verlag.

Pollak, J. u. Slominski, P. (2002). Die österreichischen politischen Parteien und die europäische Integration: Stillstand oder Aufbruch? eif.univie.ac.at/downloads/workingpapers/IWE-Papers/WP28.pdf (20.04.2024).

Pressestelle Landeshauptmann Dr. Jörg Haider. (25.06.2008). LH Jörg Haider wendet sich per Brief neuerlich an die über 15.000 Unterzeichner für Volksbefragung über EU-Reformvertrag. ots.at/presseaussendung/OTS_20080625_OTS0176/

lh-joerg-haider-wendet-sich-per-brief-neuerlich-an-die-ueber-15000-unterzeichner-fuer-volksbefragung-ueber-eu-reformvertrag-anhang (27.06.2024).

profil. (1993). Kraftprobe Ausländer-Volksbegehren. profil, 4.

profil. (21.09.2000). Jörgs World: Haider und das profil. profil.at/oesterreich/joergs-world-haider-und-das-profil/401039030 (21.04.2024).

profil. (24.08.2002). Riess-Passer: „Wenn ein Wechsel gewünscht wird …". ots.at/presseaussendung/OTS_20020824_OTS0005/profil-riess-passer-wenn-ein-wechsel-gewuenscht-wird (03.05.2024).

profil. (03.10.2004a). Strache: „Haider steht in der FPÖ allein auf weiter Flur". ots.at/presseaussendung/OTS_20041003_OTS0005/profil-strache-haider-steht-in-der-fpoe-allein-auf-weiter-flur (03.05.2024).

profil. (03.07.2004b). FPÖ-Streit ums Erbe: Sie sehen sich als Haiders Nachfolger. profil.at/oesterreich/fpoe-streit-haiders-nachfolger-10385016 (04.05.2024).

Rachbauer, S. (22.01.2023). 30 Jahre Lichtermeer: Erinnerungen in Zeiten des Liebäugelns mit Ausländervolksbegehren. derstandard.at/story/2000142790599/30-jahre-lichtermeer-erinnerungen-in-zeiten-des-liebaeugelns-mit-auslaender (23.02.2024).

Rahir, K. (30.08.2002). FPÖ-Chefin: „Es gibt eine Schmerzgrenze". faz.net/aktuell/politik/oesterreich-fpoe-chefin-es-gibt-eine-schmerzgrenze-171142.html (03.05.2024).

Rainer, C. (29.09.2008a). Ein super Gau. Die radikale Rechte auf Augenhöhe mit der größten Partei des Landes. Ein einzigartiger Fall in westlichen Demokratien. profil, 40(39), S. 15.

Rainer, C. (20.10.2008b). Haiders letzte Stunden. Protokoll einer Verschleierung. profil, 39(43), S. 11.

Regan, E. (2000). Die Maßnahmen der EU-14 im Widerspruch zum Gemeinschaftsrecht. In F. Akademie, Jahrbuch der Freiheitlichen Akademie 2000 (S. 100–117). Wien: Freiheitliche Akademie.

Reitsamer, A. (1995). 23. Sitzung des Nationalrats vom 9. März 1995. Stenographisches Protokoll. Wien.

Rothacher, A. (2023). Interview.

Rumpold, G. (2024). Interview.

Rumpold, G. (o. J.). Der Wahlkampf 2002. Autopsie einer politischen Niederlage. Vorgenommen von Gernot Rumpold, Mediaconnection Austria.

Sachslehner, L. (22.12.2022). twitter.com/l_sachslehner/status/1605821464770330625 (20.04.2024).

Schager, F. (2024). Interview.

Scheuch, K. (2024). Interview.

Schubert, K. u. Klein, M. (2020). Das Politiklexikon 7, 2020. https://www.bpb.de/system/files/dokument_pdf/Schubert,%20Klein%20-%20Das%20Politiklexikon.pdf (31.05.2024).

Schwaiger, R. (29.09.2008). Der große Sieger. Abgewrackt, aber fit. profil, 40(39), S. 33.

Skorianz, A. (2001). Das Kärntner Modell – Haider als Landeshauptmann. In L. Höbelt, Republik im Wandel (S. 251–270). München: Universitas.

Sommersguter, U. (2000). Unwahrscheinlich viel Kraft. FPÖ-Bundesparteiobmann Landeshauptmann Jörg Haider wird am 26.1. fünfzig. Kärntner Woche.

Spiegel. (31.01.1993). Österreich: Kräfte der Finsternis. spiegel.de/politik/kraefte-der-finsternis-a-67a06634-0002-0001-0000-000013680622 (23.02.2024).

Spiegel. (20.08.2002). Der Kampf um die FPÖ. Haider vs. Riess-Passer. spiegel.de/politik/ausland/haider-vs-riess-passer-der-kampf-um-die-fpoe-a-210239.html (04.05.2024).

SPÖ-Bundesorganisation. (11.01.2017). „Plan A" (3) Kern: Werde alles unternehmen, um das Land zu ändern. ots.at/presseaussendung/OTS_20170111_OTS0173/plan-a-3-kern-werde-alles-unternehmen-um-das-land-zu-aendern (31.05.2024).

Stadtgemeinde Knittelfeld. (2024). Bevölkerungsstatistik. knittelfeld.gv.at/leben-in-knittelfeld/home/servicemenue/gut-zu-wissen/wissenswertes/bevoelkerungsstatistik-und-entwicklung/(04.05.2024).

Steger, N. (1985). Schlusswort des Bundesparteiobmannes Vizekanzler Dr. Norbert Steger am Programmparteitag der Freiheitlichen Partei Österreichs 1. und 2. Juni 1985 in Salzburg.

Stocker, U. (03.06.1985). Die FPÖ hat ihren Atom-GAU vermieden. Kleine Zeitung, S. 3.

Strache, H.-C. (2024). Interview.

Stromberger, M. (2024). Interview.

Stuiber, P. (10.03.2005). Jörg Haider kämpft um sein politisches Lebenswerk. welt.de/print-welt/article557063/Joerg-Haider-kaempft-um-sein-politisches-Lebenswerk.html (04.05.2024).

Stuiber, P. u. Weisgram, W. (28.03.2003). Haider im Standard-Interview: Ein Europa der Vaterländer. derstandard.at/story/1255325/haider-im-standard-interview-ein-europa-der-vaterlaender (03.05.2024).

Tangente. (09.1975). Jugendmagazin des Ringes Freiheitlicher Jugend – Sondernummer 20/A. Ring Freiheitlicher Jugend.

Unterberger, A. (2001). Österreich und die Europäische Union nach den Sanktionen. In S. i. Reiter (Hg.), Jahrbuch für internationale Sicherheitspolitik. Verlag E.S. Mittler & Sohn GmbH. bmlv.gv.at/pdf_pool/publikationen/03_jb01_47_unt.pdf (06.04.2024).

ViennaOnline. (06.04.2005). In eine orange Zukunft. vienna.at/in-eine-orange-zukunft/2577560 (13.06.2024).

Volkswagen Markenkommunikation. (09.04.2009). Unfall Haider. Mailverkehr.

Wachter, H. (14.10.1996). Taufe der neuen FPÖ. News, S. 10.

Welt. (2002). Kampf gegen Haider aufgegeben. welt.de/print-welt/article410645/Kampf-gegen-Haider-aufgegeben.html (04.02.2024).

Welt. (11.10.2008). Rechtspopulist Jörg Haider stirbt bei Autounfall. welt.de/jahresrueckblick-2008/oktober/article2746552/Rechtspopulist-Joerg-Haider-stirbt-bei-Autounfall.html (05.07.2024).

Westenthaler, P. (2024). Interview.

Wiener Freie Zeitung 1/1993, Zeitung der Freiheitlichen Partei Österreichs, Landesgruppe Wien.

Winkler, H. (18.10.2008). Wånn s' mi außetrågn auf an hölzan Schrågn … Kleine Zeitung, S. 6.

Winkler-Hermaden, R. (21.01.2010). Als Österreich der Buhmann der EU war. derstandard.at/story/1263705581215/eu-sanktionen-als-oesterreich-der-buhmann-der-eu-war (06.04.2024).

Wisnewski, G. (2009). Jörg Haider. Unfall, Mord oder Attentat? Rottenburg: Kopp Verlag.

Worm, A. (2005). Ein Streitgespräch mit Jörg Haider. Wien: Verlag Carl Ueberreuter.

Zankel, E. (15.09.1986). Ein Endkampf auf Biegen und Brechen. Kleine Zeitung, S. 3–4.

Zankel, E. (12.08.2008). Er blieb ein Unvollendeter. Kleine Zeitung, S. 6–7.

Zankl, H. (2024). Interview.

Zeppelzauer, R. u. Zeppelzauer, A. (2009). Dorothea Haider: Mein Sohn Jörg. Graz u. Stuttgart: Leopold Stocker Verlag.

Zöchling, C. (1999). Haider. Licht und Schatten einer Karriere. Wien: Molden Verlag.

Zuser, P. (1996). Die Konstruktion der Ausländerfrage in Österreich. Eine Analyse des öffentlichen Diskurses 1990. (Institut für Höhere Studien, Hg.) IHS Reihe Politikwissenschaft, 35.

Aus unserem Programm

ISBN 978-3-7020-2272-3

ISBN 978-3-7020-1857-3

ISBN 978-3 -7020-1871-9

ISBN 978-3-7020-1805-4

Leopold Stocker Verlag

stocker-verlag.com